A ARTE DO
IMPOSSÍVEL

Outras obras de Steven Kotler

The Future Is Faster Than You Think

Roubando o Fogo

Super-humanos

Tomorrowland

Abundância

Bold

West of Jesus

A Small Furry Prayer

Last Tango in Cyberspace

The Angle Quickest for Flight

"ESTE LIVRO É, QUASE AO PÉ DA LETRA, IMPOSSÍVEL. TENHO ACOMPANHADO O TRABALHO DE STEVEN HÁ DEZ ANOS, E NUNCA SERÁ DEMAIS ENFATIZAR COMO ELE É IMPORTANTE."
SALIM ISMAIL, AUTOR DE *ORGANIZAÇÕES EXPONENCIAIS*

A ARTE DO IMPOSSÍVEL

SAIA DA ZONA DE CONFORTO, DESENVOLVA HABILIDADES, ESTIMULE A IMAGINAÇÃO E SEJA EXTRAORDINÁRIO

STEVEN KOTLER

AUTOR DOS BEST-SELLERS *ABUNDÂNCIA* E
BOLD: OPORTUNIDADES EXPONENCIAIS

ALTA BOOKS
GRUPO EDITORIAL
Rio de Janeiro, 2022

A Arte do Impossível

Copyright © 2022 da Starlin Alta Editora e Consultoria Eireli.
ISBN: 978-65-5520-540-4

Translated from original The Art of Impossible. Copyright © 2021 by Steven Kotler. ISBN 9780062977533. This translation is published and sold by permission of HarperCollins Publishers, the owner of all rights to publish and sell the same. PORTUGUESE language edition published by Starlin Alta Editora e Consultoria Eireli, Copyright © 2022 by Starlin Alta Editora e Consultoria Eireli.

Impresso no Brasil – 1ª Edição, 2022 — Edição revisada conforme o Acordo Ortográfico da Língua Portuguesa de 2009.

Dados Internacionais de Catalogação na Publicação (CIP) de acordo com ISBD

K87A Kotler, Steven
     A Arte do Impossível: Saia da zona de conforto, desenvolva habilidades, estimule a imaginação e seja extraordinário / Steven Kotler ; traduzido por Maíra Meyer. – Rio de Janeiro : Alta Books, 2022.
     304 p. ; 16cm x 23cm.

     Tradução de: The Art of Impossible
     Inclui índice.
     ISBN: 978-65-5520-540-4

     1. Autoajuda. 2. Motivação. 3. Aprendizado. 4. Criatividade. I. Meyer, Maíra. II. Título.

2022-1276
CDD 158.1
CDU 159.947

Elaborado por Vagner Rodolfo da Silva - CRB-8/9410

Índice para catálogo sistemático:
1. Autoajuda 158.1
2. Autoajuda 159.947

Todos os direitos estão reservados e protegidos por Lei. Nenhuma parte deste livro, sem autorização prévia por escrito da editora, poderá ser reproduzida ou transmitida. A violação dos Direitos Autorais é crime estabelecido na Lei nº 9.610/98 e com punição de acordo com o artigo 184 do Código Penal.

A editora não se responsabiliza pelo conteúdo da obra, formulada exclusivamente pelo(s) autor(es).

Marcas Registradas: Todos os termos mencionados e reconhecidos como Marca Registrada e/ou Comercial são de responsabilidade de seus proprietários. A editora informa não estar associada a nenhum produto e/ou fornecedor apresentado no livro.

Erratas e arquivos de apoio: No site da editora relatamos, com a devida correção, qualquer erro encontrado em nossos livros, bem como disponibilizamos arquivos de apoio se aplicáveis à obra em questão.

Acesse o site **www.altabooks.com.br** e procure pelo título do livro desejado para ter acesso às erratas, aos arquivos de apoio e/ou a outros conteúdos aplicáveis à obra.

Suporte Técnico: A obra é comercializada na forma em que está, sem direito a suporte técnico ou orientação pessoal/exclusiva ao leitor.

A editora não se responsabiliza pela manutenção, atualização e idioma dos sites referidos pelos autores nesta obra.

Produção Editorial
Editora Alta Books

Diretor Editorial
Anderson Vieira
anderson.vieira@altabooks.com.br

Editor
José Ruggeri
j.ruggeri@altabooks.com.br

Gerência Comercial
Claudio Lima
claudio@altabooks.com.br

Gerência Marketing
Andréa Guatiello
andrea@altabooks.com.br

Coordenação Comercial
Thiago Biaggi

Coordenação de Eventos
Viviane Paiva
comercial@altabooks.com.br

Coordenação ADM/Finc.
Solange Souza

Direitos Autorais
Raquel Porto
rights@altabooks.com.br

Produtor Editorial
Thiê Alves

Produtores Editoriais
Illysabelle Trajano
Maria de Lourdes Borges
Paulo Gomes
Thales Silva

Equipe Comercial
Adriana Baricelli
Ana Carolina Marinho
Daiana Costa
Fillipe Amorim
Heber Garcia
Kaique Luiz
Maira Conceição

Equipe Editorial
Beatriz de Assis
Betânia Santos
Brenda Rodrigues
Caroline David
Gabriela Paiva
Henrique Waldez
Kelry Oliveira
Marcelli Ferreira
Mariana Portugal
Matheus Mello

Marketing Editorial
Jessica Nogueira
Livia Carvalho
Marcelo Santos
Pedro Guimarães
Thiago Brito

Atuaram na edição desta obra:

Tradução
Maíra Meyer

Copidesque
Vanessa Schreiner

Revisão Gramatical
Diego Franco
Aline Vieira

Diagramação
Lucia Quaresma

Capa
Marcelli Ferreira

Editora afiliada à:

ASSOCIADO

ALTA BOOKS
GRUPO EDITORIAL

Rua Viúva Cláudio, 291 – Bairro Industrial do Jacaré
CEP: 20.970-031 – Rio de Janeiro (RJ)
Tels.: (21) 3278-8069 / 3278-8419
www.altabooks.com.br — altabooks@altabooks.com.br
Ouvidoria: ouvidoria@altabooks.com.br

Para minha mãe e meu pai

Desde criança, você sempre sonha com o que pode realizar. À medida que se aproxima desse sonho, aparece outro. Sempre há uma vontade de continuar aprendendo e evoluindo. Aqui está o limite. Vamos tocá-lo levemente. Então você descobre que, na verdade, esse não era o limite. De fato, o impossível está um pouco adiante; então vamos até lá para tocá-lo novamente. Faça isso por tempo o suficiente, e você acaba se acostumando.

— MILES DAISHER

Agradecimentos

A lista de pessoas que contribuíram com esta obra é incrivelmente longa. Sem o amor e o apoio impressionantes de minha esposa maravilhosa, Joy Nicholson, e todos os nossos cães do passado e do presente, este livro jamais teria acontecido. Também sou profundamente grato a meus pais, Norma e Harvey Kotler. Sem a ajuda deles, eu nunca teria dado início a esta jornada ou sequer chegado perto de seu fim. Meu grande amigo e editor de longa data, Michael Wharton, teve um papel enorme em me fazer escrever este livro e ajudar a elaborar uma boa parte do produto finalizado. Rian Doris, como sempre, foi um furacão. Paul Bresnick, agente e amigo de longa data, continua a nadar. Peter Diamandis, foi uma longa jornada, irmão, e adorei cada minuto. Joshua Lauber, como sempre. Karen Rinaldi, minha editora-chefe na Harper Wave, foi maravilhosa, mais uma vez. Além disso, sou extremamente grato à equipe excelente da Harper Wave, que ajudou a dar vida a este livro. E sem Ryan Wickes para andar pelas montanhas, eu nunca teria me mantido são ao longo do caminho.

Tenho uma dívida de gratidão à equipe fantástica do Flow Research Collective, mas especialmente a Conor Murphy, que sempre me manteve sorrindo e realmente me forçou a pensar com mais profundidade ao longo da jornada, e a Scott Barry Kaufman, por me emprestar seu cérebro poderoso e seu coração de ouro em conversas sem fim sobre o fluxo. Heidi Williams também merece menção honrosa pela batalha heroica com as notas deste livro. Além disso, agradeço a Clare Sarah, Brent Hogarth, Sarah Sarkis, Chris Bertram, Michael Mannino, Otto Kumbar, Will Kliedon, Troy Erstling, Jeremy Jensen, Viola Eva, Scott Gies e Anne Valentino.

A ARTE DO IMPOSSÍVEL

A grande maioria dos cientistas e/ou pessoas de desempenho máximo cujas ideias preenchem estas páginas têm sido amigos de longa data, companheiros de aventuras e conselheiros importantes em minha pesquisa. Muito obrigado a: Andrew Newberg, Michael Gervais, Scott Barry Kaufman, David Eagleman, Adam Gazzaley, Mark Twight, Paul Zak, Kristin Ulmer, Keoki Flagg, Andrew Huberman, Laird Hamilton, JT Holmes, Jeremy Jones, Glen Plake, Ned Hallowell, Jason Silva, John Kounios, Ray Kurzweil, Salim Ismail, Andy Walshe, Glenn Fox, Andrew Hessel, Mendel Kaleem, Miles Daisher, Gretchen Bleiler, Jimmy Chin, Dirk Collins, Micah Abrams, Danny Way, Leslie Sherlin, Mike Horn, Robert Suarez, Mihaly Csikszentmihalyi, Gregory Berns, Patricia Wright, Arne Deitrich, Burk Sharpless, Don Moxley, Doug Stoup, Doug Ammons, Nichol Bradford, Chase Jarvis, Christopher Voss, Jeffery Martin, Sir Ken Robinson, Josh Waitzkin, Tim Ferriss, Judson Brewer, Lee Zlotoff, Susan Jackson, Gary Latham, Keith Sawyer, Christopher Jerard e toda a equipe da Inkwell, Jessica Flack, David Krakauer e a todas as conferências sobre desempenho máximo sempre brilhantes e fantásticas do Santa Fe Institute; a todos os nossos parceiros de pesquisa do Deloitte's Center for the Edge, USC, Stanford, UCLA e Imperial College; e a todos os homens e mulheres impressionantemente corajosos das forças especiais e da comunidade militar que compartilharam histórias, lições e sua vida comigo, sobretudo Rich Diviney, Brian Ferguson e Joe "It Is The Prophecy" Augustine.

Agradecimentos profundos a John Barth (*in memoriam*), Joe Lefler, Dean Potter e Shane McConkey. Ainda sinto sua falta, cavalheiros, ainda sou grato. Também há alguns pesquisadores sobre o cérebro, o fluxo e o desempenho máximo que conheço pouco ou ainda não conheci, mas cuja obra moldou profundamente este livro. Saudações a Jaak Panksepp (*in memoriam*) e a: Angela Duckworth, K. Anders Ericsson, Michael Posner, Brain Mackenzie, Falko Rheinberg, Stefan Engeser, Corninna Peifer, Frederik Ullen, Orjan de Manzano, Giovanni Moneta, Johannes Keller, Martin Ulrich, Ritchie Davidson, Daniel Goleman, Allen Braun e Charles Limb — obrigado a todos.

Sobre o Autor

Steven Kotler é autor de best-sellers do *New York Times*, jornalista premiado e diretor-executivo do Flow Research Collective. É um dos maiores especialistas do mundo em desempenho humano. É autor de onze livros, incluindo *The Future Is Faster Than You Think, Roubando o Fogo, Bold, Abundância* e *Super-humanos*. Sua obra foi indicada a dois prêmios Pulitzer, foi traduzida para mais de quarenta idiomas e apareceu em mais de cem publicações, entre elas, a *New York Times Magazine, Atlantic Monthly, Time, Wired* e *Forbes*. Ele também é cofundador do Rancho de Chihuahua, uma organização de bem-estar e treinamento canino. Você pode encontrá-lo na internet em www.stevenkotler.com [conteúdo em inglês].

Sumário

Introdução: Uma Fórmula para o Impossível   1

Parte I: Motivação

1. A Motivação Decodificada   17

2. A Receita da Paixão   27

3. A Pilha Intrínseca Completa   37

4. Objetivos   49

5. Determinação   59

6. A Ferocidade É um Hábito   89

Parte II: Aprendizado

7. Os Ingredientes do Impossível   97

8. Mentalidades de Crescimento e Filtros da Verdade   99

9. O ROI na Leitura   103

10. Cinco Passos Não-Tão-Simples-Assim para Aprender Quase Tudo   107

11. A Habilidade da Habilidade   121

12. Mais Forte   125

A ARTE DO IMPOSSÍVEL

13. O 80/20 da Inteligência Emocional   129

14. O Caminho Mais Curto para o Super-Homem   137

Parte III: Criatividade

15. A Vantagem Criativa   147

16. Hackeando a Criatividade   161

17. Criatividade de Longo Prazo   175

18. O Fluxo da Criatividade   187

Parte IV: Fluxo

19. O Decodificador Secreto   193

20. A Ciência do Fluxo   199

21. Gatilhos do Fluxo   213

22. O Ciclo do Fluxo   237

23. Tudo Junto e Misturado   249

Posfácio   257

Notas   259

Índice   283

Introdução

Uma Fórmula para o Impossível

INOVAÇÃO EXTREMA

Este livro aborda o que é preciso para fazer o impossível. Em um sentido muito real, é um manual prático para pessoas não práticas. Ele foi feito de maneira específica para aqueles que têm padrões completamente despropositados a respeito do próprio desempenho e expectativas totalmente absurdas em relação à vida.

Definições vêm a calhar.

A palavra *impossível*, no sentido em que estou usando neste livro, é um tipo de inovação extrema. Quem faz frente ao impossível não está inovando apenas na matéria, mas também na mente. Como categoria, impossível é tudo aquilo que nunca foi feito antes e, como a maioria acredita, nunca será feito. São façanhas que excedem tanto nossas habilidades quanto nossa imaginação. Elas vão além de nossos sonhos mais loucos, no sentido mais literal da palavra. Melhorias que rompem paradigmas. Correr 1 quilômetro em 3 minutos. Voos até a Lua. Chame essa categoria de Impossível com *I* maiúsculo.

Mas existe, também, um impossível com *i* minúsculo. As mesmas regras se aplicam, já que ainda se trata daquilo que está além de nossas habilidades e nossa imaginação, só que em uma escala diferente. Os impossíveis com *i* minúsculo são as coisas que acreditamos serem impossíveis para nós. São proezas que ninguém — inclusive nós, ao menos por um momento — imaginou que seríamos capazes de realizar.

Durante minha infância em Cleveland, Ohio, o desejo de me tornar escritor era um impossível com *i* minúsculo. Além de colocar a caneta para trabalhar no papel todos os dias, eu não tinha a menor ideia de como fazer isso. Não conhecia nenhum escritor. Sequer conhecia alguém que quisesse ser escritor. Não havia um caminho perceptível de A até B. Nada de internet, poucos livros, ninguém a quem fazer perguntas. Era o meu impossível particular.

Nesse sentido, descobrir como ganhar dinheiro fazendo o que se ama é outro impossível com *i* minúsculo. Assim como sair da pobreza, superar traumas profundos, tornar-se um empreendedor de sucesso, um CEO, artista, músico, ator, atleta ou qualquer coisa de primeira linha em seu meio. O que há em comum entre essas conquistas? Não há uma trajetória clara entre os dois pontos e, estatisticamente, muito pouca probabilidade de sucesso.

Porém, não há nenhum segredo oculto. Após décadas pesquisando o tema e treinando pessoas para superar essas probabilidades, aprendi repetidas vezes a mesma lição: se você dedicar a vida para realizar impossíveis com *i* minúsculo, às vezes é possível acabar realizando um impossível com *I* maiúsculo ao longo do caminho.

Então, embora este livro tenha como base lições aprendidas com pessoas que realizaram o impossível com *I* maiúsculo, ele pode ser usado por qualquer pessoa interessada em realizar impossíveis com *i* minúsculo. Isso posto, um impossível com *i* minúsculo provavelmente não seja para todos.

Existe uma diferença considerável entre buscar o aprimoramento pessoal e perseguir o impossível. O último pode ser significativamente mais perigoso e muito menos divertido. Até onde sei, a única coisa mais difícil do que a fadiga emocional de buscar a verdadeira excelência é a fadiga emocional de não buscá-la. E, para deixar claro, este não é um livro sobre alegria ou tristeza. Há muitos outros livros que abordam esses assuntos, mas, para nossos fins, alegria ou tristeza não passam de coisas que acontecem no caminho da realização do impossível ou de sua não realização. *Mais significativo* não significa, necessariamente, *mais agradável*.

UMA FÓRMULA PARA O IMPOSSÍVEL

Aprendi isso do jeito mais difícil.

Ao iniciar os estudos em jornalismo, cheguei à pergunta sobre o que é necessário para fazer o impossível. Tornei-me jornalista no início dos anos 1990. Nessa época, esportes de ação e aventura — esqui, surfe, snowboarding, skydiving, escalada e coisas do tipo — estavam começando a chamar a atenção do público. Os X Games estavam começando a dar as caras, assim como os Gravity Games. E a mídia norte-americana estava voltando os olhos para isso tudo.

Porém, naquela época não havia tantos jornalistas que sabiam muito sobre esses esportes. Isto é, se você soubesse escrever e surfar, ou escrever e esquiar, ou escrever e escalar, havia trabalho. É claro que eu não sabia fazer nada disso muito bem, mas me interessava por esses esportes e estava desesperado para trabalhar. Então menti para meus editores e tive sorte suficiente de passar a melhor parte dos 10 anos seguintes atrás de atletas profissionais em montanhas e oceanos.

Se por acaso você não é um atleta profissional e passa o tempo correndo atrás de atletas profissionais por montanhas e oceanos, vai quebrar algumas coisas. Quebrei muitas. Dois polegares esmigalhados, duas clavículas quebradas, três manguitos rotadores rompidos, quatro costelas quebradas, os dois braços, o punho em seis pedaços, cada uma das patelas, sessenta e cinco fraturas nas pernas, no cóccix e no ego.

Como eu disse, ir atrás do impossível tem seu custo.

Entretanto, no mundo real, o que significavam todas essas coisas quebradas? Tempo livre. O que aconteceria: eu sairia, tiraria uma ou outra radiografia e, então, seria forçado a ficar de molho no sofá por alguns meses. Porém, ao voltar, o progresso era perceptível. Era incrível. E não fazia nenhum sentido.

Proezas que três meses atrás eram consideradas absolutamente impossíveis — que nunca foram ou nunca seriam realizadas — não estavam apenas sendo feitas, estavam sendo repetidas. "Aquilo mexia com o cérebro", explica a lenda do snowboarding Jeremy Jones.[1] "Coisas que eram impossíveis de manhã se tornavam possíveis à noite. Literalmente. Regras que eram seguidas com veemência, aplicadas desde o início dos esportes [de ação], regras do tipo 'não faça isso ou você morre' mudavam a cada dia e, às vezes, a cada hora."

O surfe, por exemplo, é uma atividade antiga, que data de mil anos atrás. Durante a maior parte dessa época, o progresso era excepcionalmente lento. No milênio entre o quarto século de nossa era, quando o esporte foi inventado, e 1996, a maior onda já surfada por alguém media 7,5 metros.[2] Qualquer coisa acima disso era considerada além da esfera da capacidade humana. Muitas pessoas acreditavam que as leis da Física impediam surfistas de pegar ondas maiores do que 7,5 metros.[3] Mas hoje, apenas duas décadas e meia depois, normalmente os surfistas pegam ondas de 18 metros de altura e rebocam ondas com mais de 30 metros.[4]

No começo deste livro, quando descrevi o impossível como uma forma de *inovação extrema*, foi exatamente isso o que quis dizer. E quando vi essa inovação bastante extrema saindo do surfe para praticamente qualquer outro esporte de ação, definitivamente isso chamou minha atenção — mas não pelos motivos óbvios.

É claro que esses atletas geralmente realizavam o impossível e, sem dúvida, isso exigia uma explicação. Mas o mais importante: eram *esses* atletas.

No início dos anos 1990, atletas de esportes de ação e aventura eram um grupo excepcionalmente desordeiro, sem muitas vantagens naturais. Quase todas as pessoas que conheci vinham de ambientes extremamente complicados. Uma grande maioria vinha de lares desfeitos. Eles tiveram infâncias difíceis. Muito pouco estudo. Quase nada de dinheiro. No entanto, ali estavam, com uma regularidade espantosa, desbravando os caminhos do impossível e, nesse processo, redefinindo os limites de nossa espécie.

"O jornalismo", como um de meus antigos editores gostava de dizer, "é o melhor trabalho do mundo, porque às vezes você se pega na cama com a história — e de perto ela fica bastante estranha".

Esta foi uma dessas ocasiões.

É quase impossível descrever a sensação de sair com os amigos — você sabe, aqueles com quem saiu na noite passada, que beberam dez doses de tequila, fumaram 30 gramas de maconha, tomaram ácido, construíram uma rampa de esqui gigante com a lateral de um velho ônibus escolar que estava na parte de trás do estacionamento da área de esqui, derramaram uma quantidade considerável de gasolina no ônibus, incendiaram aquela porcaria, encaixaram-se nos esquis, usaram a picape de alguém para rebocar uns aos outros pelo estacionamento gelado e saltar a velocidades de mais de 80 quilômetros por hora, em um esforço para ganhar os cinco dólares oferecidos à pessoa que, nua, conseguisse fazer o melhor backflip sobre o inferno — porque, você sabe, não é fácil pagar aluguel em uma cidade de esqui.

No dia seguinte, esses mesmos amigos iriam às montanhas e fariam algo que, em todos os registros históricos, nunca fora feito e ninguém acreditava que um dia seria. "Isso é mágico", escreveu Thomas Pynchon.[5] "É claro — mas não necessariamente uma fantasia."

Eu precisava entender por que isso estava acontecendo, e — talvez sem os ônibus escolares incendiados — se podia acontecer comigo ou com você. Em outras palavras, estava desesperado pela fórmula. Também estava quase convencido de que havia uma fórmula. E me sentia assim porque, muito embora essas proezas fossem alucinantes, não era a primeira vez que minha mente alucinava.

MEU IRMÃOZINHO NÃO ERA MÁGICO

Eu tinha 9 anos de idade quando vi o impossível pela primeira vez. Era 1976, o ano do Bicentenário da Independência dos EUA, e o causador do impossível foi meu irmão mais novo. Ele tinha 7 anos.

Era um fim de tarde. Meu irmão chegou da casa de um amigo, disse "oi" à mamãe e tirou de sua calça jeans suja de lama uma esponja vermelho-brilhante em formato de uma bola. Ela tinha cerca de 2,5 centímetros de diâmetro e a cor igual à de um caminhão de bombeiros.

Segurando a bola nos dedos da mão direita, ele calmamente a colocou na mão esquerda, cerrou o punho ao redor dela e ergueu a extremidade agora fechada para todos verem. Ele pediu a alguém — podia ser eu ou a mamãe

— que assoprasse. Mamãe fez as honras. Então meu irmão abriu os dedos e eu pirei. A bola tinha sumido. Assim, puf. Sumido.

Meu irmão, eu tinha certeza, acabara de fazer o impossível.

É claro que, para muitos, o truque de uma esponja em formato de bola desaparecendo não é lá essas coisas. Mas eu tinha 9 anos e nunca vira uma prestidigitação antes. Sob essas condições, "Agora você vê, agora não" era uma experiência verdadeiramente desconcertante.

E desconcertante em dois sentidos.

Primeiro, o óbvio: a maldita bola sumira. Segundo, ligeiramente menos óbvio: meu irmãozinho não era mágico.

Disso eu tinha certeza. Em nossos sete anos de coexistência concomitante, nada que ele fizera desafiava as leis da Física. Não houve nenhuma levitação acidental e, quando a xícara de café favorita do papai sumiu, ninguém acusou meu irmão de teletransportá-la para outra dimensão. Portanto, embora ele tenha realizado o impossível, se meu irmão não era mágico, devia haver uma explicação. Talvez um conjunto de habilidades. Ou um processo.

Essa era uma constatação surpreendente. Significava que o impossível tinha uma fórmula. E, mais do que tudo o que eu já quisera, eu queria saber que fórmula era essa. O que explica muita coisa do que aconteceu em seguida...

Comecei a estudar prestidigitação. Truques com cartas, moedas, até com aquelas malditas bolas. Na época eu tinha 11 anos e praticamente morava na Pandora's Box, a loja de mágica local. Vi muita coisa impossível na Pandora's Box.

A década de 1970 foi o apogeu da mágica. Os melhores mágicos costumavam sair em turnê e, por motivos além de minha compreensão, paravam em Cleveland, Ohio — local onde tudo isso aconteceu. Isso é que era sorte, e das boas. Significava que, mais cedo ou mais tarde, todos que eram alguém naquele mundo abririam caminho até o meu mundo. Consequentemente, eu ia ver o impossível de perto e o tempo todo.

A principal lição desses anos foi que, independentemente de quão alucinante um truque parecia no início, sempre havia uma lógica compreensível

UMA FÓRMULA PARA O IMPOSSÍVEL

no fim. O impossível sempre tinha uma fórmula e — a parte mais bizarra —, se eu a aplicasse a mim mesmo, às vezes poderia aprendê-la. Como um de meus primeiros mentores de mágica gostava de dizer: "Muito pouca coisa é impossível com dez anos de prática."

Esse mesmo mentor gostava de salientar que a história está repleta de coisas impossíveis. Nosso passado é um cemitério de ideias que detiveram esse título. O ser humano voando é um sonho antigo. Levamos 5 mil anos desde a primeira pintura rupestre de um ser humano alado até os irmãos Wright registrarem sua decolagem em Kitty Hawk no livro dos recordes — porém, não paramos por aí. Em seguida, veio o voo transatlântico, depois o voo espacial e, então, o primeiro pouso na Lua. Em todos os casos, o impossível se tornou possível porque alguém descobriu a fórmula. "Naturalmente", dizia meu mentor, "se você não conhece a fórmula, parece mágica. Mas agora você já sabe."

De uma forma ou de outra, essas ideias nunca saíram de minha cabeça.

Assim, quando atletas de esportes de ação começaram a realizar proezas regularmente, presumi que havia uma fórmula. Também presumi que era possível aprendê-la. É claro, a conta dessa suposição foram ossos quebrados e contas de hospital. De fato, muito antes de descobrir como eles estavam conseguindo o impossível, tive um lampejo de consciência que, se não parasse de correr atrás deles enquanto tentava descobrir como estavam conseguindo o impossível, eu não viveria muito tempo.

Então, levei minha obsessão por esse assunto para outras áreas. Fui em busca da fórmula nas artes, na ciência, na tecnologia, na cultura, nos negócios — praticamente qualquer área que se possa imaginar. O que é preciso para que pessoas, organizações e até mesmo instituições passem de fase no jogo de forma significativa? O que é necessário para romper paradigmas? Resumindo, se conseguirmos passar pela hipérbole e descobrir os aspectos práticos, o que é preciso para realizar o impossível?

As respostas que descobri serviram de conteúdo para a maioria de meus livros. *Tomorrowland* foi o resultado de uma investigação de duas décadas sobre essas inovações não conformistas que transformaram ideias de ficção científica em tecnologia fundada em ciência, aquelas que realizaram o der-radeiro impossível — sonharam com o futuro.[6] Em *Bold*, analisei empreendedores presunçosos como Elon Musk, Larry Page, Jeff Bezos e Richard Branson, pessoas que criaram impérios empresariais impossíveis em tempo quase recorde e com frequência em âmbitos em que ninguém acreditava ser possível sequer começar um negócio.[7] O livro *Abundância* foi sobre pessoas e pequenos grupos que abordam e resolvem desafios mundiais como pobreza, fome e escassez de água, desafios tão grandes que, apenas uma década antes, eram de domínio exclusivo de grandes corporações e governos importantes.[8] E assim por diante.

O que aprendi com todas essas obras? A mesma lição que aprendi ao fazer mágica. Sempre que o impossível se torna possível, existe uma fórmula.

Novamente, definições vêm a calhar.

Estou usando o termo fórmula do mesmo modo como cientistas da computação falam sobre *algoritmos*, como uma sequência de etapas que qualquer um pode seguir a fim de obter resultados consistentes. E, ainda que o restante deste livro seja dedicado aos detalhes dessa fórmula, há algumas questões-chave que valem a pena ser respondidas primeiro.

A BIOLOGIA PESA

Por que existe uma fórmula do impossível? — Essa é a primeira pergunta que devemos abordar.

A resposta é a biologia.

Como humanos, todos fomos moldados por eras de evolução. Consequentemente, compartilhamos o mesmo equipamento básico. No Flow Research Collective, estudamos a neurobiologia do desempenho humano máximo. Neurobiologia é a estrutura e a função do sistema nervoso — isto é, as partes do sistema nervoso, inclusive o cérebro, como essas partes funcionam e como trabalham em conjunto.[9] Em outras palavras, estudamos o sistema nervoso quando está em funcionamento máximo. Depois, pegamos o que aprendemos e usamos para treinar uma ampla variedade de pessoas, desde membros das forças especiais dos EUA e executivos das empresas Fortune 100 até o público em geral. Até agora, por conta de nossos treinamentos se basearem na neurobiologia, eles funcionaram para todos.

Em outras palavras, no Collective temos um dito: "Personalidade não ganha escala. Biologia, sim." O que queremos dizer é que, em termos de desempenho máximo, normalmente alguém descobre o que funciona para si e, então, presume que funcionará para outras pessoas. Raramente isso acontece.

O mais frequente é o tiro sair pela culatra.

A questão é que personalidade é algo extremamente pessoal. Características que desempenham um papel fundamental no desempenho máximo — como sua tolerância a riscos ou qual seu lugar na escala introversão-extroversão — são geneticamente codificadas, neurobiologicamente programadas e difíceis de alterar. Adicione as possíveis influências ambientais que provêm de variações no ambiente cultural, recursos financeiros e posição social, e os problemas se multiplicam. Por todos esses motivos, é quase garantido que o que funciona para mim não funcionará para você.

Personalidade não ganha escala.

A biologia, por outro lado, ganha. É a única coisa projetada pela evolução que funciona para todos. E isso nos revela uma coisa muito importante sobre decodificar o impossível: se conseguirmos ir além do nível da personalidade, abaixo da psicologia piegas e frequentemente subjetiva do desempenho máximo, e decodificar a neurobiologia básica, revelaremos o mecanismo. O mecanismo biológico básico. Moldado pela evolução, presente na maioria dos mamíferos e em todos os humanos.

E isso nos leva à próxima pergunta: Qual é a fórmula biológica do impossível?

A resposta é fluxo.

O fluxo é definido como "um estado aprimorado de consciência em que sentimos nosso melhor e fazemos nosso melhor".[10] É o estado criado pela evolução para capacitar o desempenho máximo. Esse é o motivo pelo qual, em todas as áreas, todas as vezes em que o impossível se torna possível, o fluxo sempre tem um papel principal. A neurobiologia do fluxo é o mecanismo por trás da arte do impossível.

É claro que descrever o fluxo como um "estado aprimorado de consciência" não nos leva muito longe. Mais especificamente, o termo se refere aos momentos de atenção arrebatada e total absorção em que uma pessoa fica tão focada na tarefa em mãos que todo o restante desaparece. A ação e a percepção emergem. Seu senso de identidade desaparece. O tempo passa de forma estranha. E o desempenho dispara.

O impacto do fluxo em nossas habilidades físicas e mentais é considerável.[11] Em termos físicos, os tempos de força, resistência e reação muscular aumentam de forma significativa, enquanto nossas sensações de dor, esforço e exaustão diminuem substancialmente.

No entanto, os maiores impactos são cognitivos. Motivação e produtividade, criatividade e inovação, aprendizado e memória, empatia e consciência ambiental, a cooperação e a colaboração disparam — em alguns estudos, mais de 500% acima da linha de base.

E isso nos leva à última pergunta: Por que a evolução criaria um estado de consciência que amplificasse todas essas habilidades particulares?

A evolução moldou o cérebro para permitir a sobrevivência. Mas a evolução em si é impulsionada pela disponibilidade de recursos. A escassez de recursos é sempre a maior ameaça à nossa sobrevivência, tornando-a a maior impulsionadora da evolução. E existem apenas duas respostas possíveis a essas ameaças. Você pode lutar por recursos escassos ou começar a explorar, obter recursos criativos, inovadores e cooperativos, e produzir novos.

Isso é o que explica as habilidades que o fluxo amplifica. Essa ampla variedade acaba sendo tudo o que você precisa para voar, correr, explorar ou inovar. E, como o impossível é uma forma de inovação extrema, isso explica por que o estado está sempre presente quando o impossível se torna possível. É tautológico. O fluxo está para a inovação extrema como o oxigênio está para a respiração — é simplesmente a biologia de como isso se dá.

No entanto, essa é uma história que explorei em outro momento.

Embora este guia vá expandir definitivamente esse trabalho, seu propósito principal é revelar uma ideia também crucial: quando se trata de lidar com o impossível, o fluxo é necessário, mas não suficiente.

Conseguir o impossível — ou, nesse caso, aumentar de forma significativa o nível do seu próprio jogo — certamente requer fluxo, mas também treinamento de muitas das mesmas habilidades que o fluxo amplifica: motivação, aprendizado e criatividade. Isso pode parecer confuso e, inclusive, contraditório, mas a estrada rumo ao impossível é longa, e haverá trechos extensos que precisaremos percorrer sem fluxo. Além disso, para lidar com a amplificação massiva que o estado proporciona, precisamos de uma base excepcionalmente estável. Um carro que bate em um muro a 16 quilômetros por hora ficará com a lataria amassada. Bata no mesmo muro a 160 quilômetros por hora e haverá muito mais do que um mero amassado na lataria. Isso também vale para o fluxo.

Por esses e outros motivos, passaremos o restante deste livro explorando um quarteto de habilidades cognitivas — *motivação*, *aprendizado*, *criatividade* e *fluxo*. Compreenderemos por que são cruciais para o desempenho máximo. Veremos como funcionam no cérebro e no corpo. E usaremos essas informações para nos acelerarmos de forma significativa no caminho rumo ao impossível. Mas, inicialmente, vale a pena considerar essas mesmas habilidades por uma perspectiva ligeiramente mais filosófica.

O HÁBITO DA INFERIORIDADE

O filósofo James Carse usa as expressões "jogos finitos" e "jogos infinitos" para descrever as maneiras principais como vivemos e jogamos na Terra.[12] Um jogo finito é apenas isso — finito. Ele tem um número finito de opções e jogadores, uma definição clara de vencedores e perdedores e um conjunto consagrado de regras. Claro que isso vale para xadrez e damas, mas também para política, esportes e guerra.

Jogos infinitos são o oposto. Eles não têm vencedores ou perdedores evidentes, nenhuma maneira definida de como jogar ou regra fixa. Em jogos infinitos, o campo da partida é mutável, o número de participantes é inconstante e o único objetivo é continuar jogando. As artes, a ciência e o amor são jogos infinitos. O mais importante: o desempenho máximo também.

Desempenho máximo não é algo que vencemos. Não há regras fixas, nenhum tempo cronometrado para a disputa, e o tamanho grande ou pequeno do campo de partida depende de sua escolha de vida. Em vez disso, o desempenho máximo é um jogo infinito — mas não exatamente.

O desempenho máximo é um tipo incomum de jogo infinito. Pode ser impossível vencer, mas definitivamente é possível perder. O brilhante psicólogo de Harvard, William James, explicou isso desta maneira: "O ser humano geralmente vive muito dentro de seus limites; ele tem diversos tipos de habilidades que, por hábito, não usa. Ele se estimula aquém do nível máximo e age aquém de seu melhor. Nos dons elementares, na coordenação, na capacidade de inibição e controle, de todas as formas concebíveis, sua vida é estabelecida como o campo de visão de um sujeito histérico — mas com menos desculpas, pois o pobre histérico é doente, enquanto, para o restante de nós, é apenas um hábito inveterado — o hábito da inferioridade em nosso eu completo — o que é ruim."[13]

A opinião de James sobre não estarmos vivendo de acordo com nosso potencial é que não estamos habituados a viver dessa maneira. Automatizamos os processos errados. Estamos jogando o jogo errado. E isso é ruim.

James redigiu essas palavras no final do século XIX, no primeiríssimo manual de psicologia já publicado. A versão mais moderna pertence ao roteirista Charlie Kaufman e ao trecho de abertura do seu filme de 2002, *Confissões de Uma Mente Perigosa*: "Quando você é jovem, seu potencial é infinito. Você pode fazer tudo, de verdade. Você pode ser Einstein. Você pode ser DiMaggio. Então, você chega a uma idade em que aquilo que podia ser dá lugar àquilo que você foi. Você não foi Einstein. Você não foi nada. É um momento ruim."[14]

O que sabemos de fato?

Você tem uma única chance nesta vida e passará um terço dela dormindo. Então, o que escolhe fazer com os outros dois terços? Essa é a única pergunta que importa.

Isso significa que você perde o jogo infinito se não for um físico que muda paradigmas ou um atleta que quebra recordes? Não. Significa que você perde se não der seu máximo no jogo, se não tentar fazer o impossível — o que quer que isso represente para você.

Somos capazes de muito mais do que sabemos. Essa é a principal lição que uma vida inteira de desempenho máximo me ensinou. Cada um de nós, aqui e agora, tem a possibilidade de ser extraordinário. No entanto, essa capacidade extraordinária é uma propriedade emergente, que só aparece quando nos forçamos além do limite de nossa capacidade. Muito além de nossa zona de conforto é onde descobrimos quem somos e o que podemos ser. Ou seja, a única maneira real de descobrir se você é capaz de conseguir o impossível — o que quer que isso signifique para você — é tentando conseguir o impossível.

Esse é outro motivo pelo qual o desempenho máximo é um jogo infinito. E também por que o quarteto de habilidades do cerne deste livro é tão importante. *Motivação* é o que o coloca dentro do jogo; *aprendizado* é o que o ajuda a continuar jogando; *criatividade* é como você se orienta; e *fluxo* é como você superimpulsiona os resultados além de todos os padrões racionais e expectativas aceitáveis. Essa, meus amigos, é a verdadeira arte do impossível.

Bem-vindo ao jogo infinito.

Parte I

Motivação

Se esta vida não for uma luta real, em que algo é eternamente ganho para o universo por meio do sucesso, ela não é melhor do que um jogo teatral particular, do qual se pode sair quando se quer. No entanto, parece uma luta real — como se houvesse algo realmente desvairado no universo que nós... precisamos resgatar.

— WILLIAM JAMES[1]

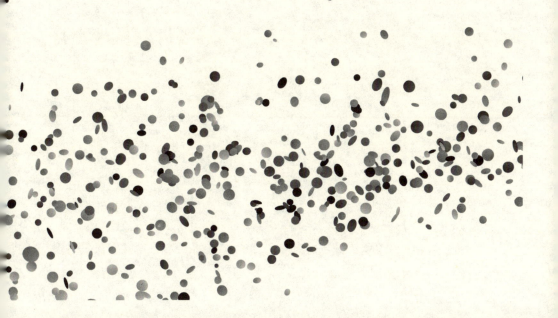

1

A Motivação Decodificada

A premissa central deste livro é que o impossível tem uma fórmula. Sempre que vemos o impossível se tornar possível, estamos testemunhando o resultado de um quarteto de habilidades — motivação, aprendizado, criatividade e fluxo — habilmente aplicadas e significativamente amplificadas.

O objetivo deste livro é usar a ciência para decifrar essas habilidades. Queremos chegar aos mecanismos biológicos básicos que fazem cada uma delas funcionar e, então, usar o que aprendemos para fazê-las funcionar melhor — que é o que realmente quero dizer com fazer nossa biologia trabalhar *para* nós em vez de *contra* nós.

Na prática, vamos trabalhar metodicamente ao longo de quatro seções principais, explorando, em contrapartida, a motivação, o aprendizado, a criatividade e o fluxo. Em cada seção, vou decompor o que a ciência pode nos dizer sobre como essas habilidades funcionam no cérebro e no corpo; depois, por meio de uma série de exercícios, lhe ensinarei as melhores formas de aplicar essa informação em sua vida.

Vamos começar pela motivação, que é o que nos inicia no caminho do desempenho máximo. Além disso, conforme usado por psicólogos, o termo motivação é, na verdade, um termo genérico para três subgrupos de habilidades: impulso, determinação e objetivos.

O *impulso*, tema dos dois próximos capítulos, refere-se a motivadores emocionais potentes, como curiosidade, paixão e propósito. Esses sentimentos *impulsionam* automaticamente o comportamento.[1] Isso é muito importante. A maioria das pessoas, quando pensa em motivação, na verdade está pensando em persistência — quer dizer, as coisas que temos que continuar a fazer quando o impulso nos deixou. Considere o impulso mais simples: a curiosidade. Quando estamos curiosos a respeito de um assunto, trabalhar duro para aprender mais sobre ele não parece ser um trabalho duro. É claro que exige esforço, mas *parece* uma brincadeira. E quando o trabalho vira brincadeira, uma coisa é certa: agora você está jogando o jogo infinito.

Os *objetivos*, assunto do Capítulo 4, referem-se a descobrir com exatidão o que você realmente está tentando fazer. Por uma série de motivos neurobiológicos que analisaremos mais tarde, quando sabemos aonde queremos ir, chegamos lá muito mais rapidamente. Uma vez que, por definição, a estrada para o impossível é longa, precisaremos desse impulso de velocidade para cumprirmos nossa missão.

A *determinação*, tema do Capítulo 5, é aquilo em que as pessoas pensam quando pensam em motivação. É persistência, garra e coragem — a capacidade de continuar a jornada, independentemente da dificuldade que ela apresenta.

Mas estamos colocando o carro na frente dos bois.

Por ora, nossa busca começa pelo *impulso*. E o motivo é simples: na verdade, não há outra opção.

A PSICOLOGIA DO IMPULSO

Perseguir o impossível exige cavar fundo diariamente. Lao-tzu tinha razão: uma jornada de milhares de quilômetros começa com um único passo.[2] Mas, ainda assim, é uma jornada de milhares de quilômetros. Colina acima, no escuro, ida e volta.

Como o impossível é sempre uma trilha árdua, executores de elite nunca dependem de uma única fonte de combustível para mantê-los ao longo do caminho. E isso vale tanto para combustível físico como para combustível psicológico.

No lado físico, embora esse não seja o objetivo do livro, executores de elite sempre tentam dormir e se exercitar o suficiente, além de se hidratar e se alimentar da maneira adequada. Eles "empilham" — isto é, cultivam, amplificam e alinham — as exigências básicas para a produção de energia física.

A MOTIVAÇÃO DECODIFICADA

Igualmente importante, executores de elite empilham fontes de combustível psicológicas. Eles cultivam e alinham impulsos como curiosidade, paixão e propósito. Ao empilhar essas fontes de energia mental, eles garantem acesso sob demanda a todos os combustíveis emocionais mais potentes da vida.

Então, o que nos impulsiona?

Uma forma de refletir sobre essa pergunta é a partir de uma perspectiva evolucionista. Sabemos que a escassez impulsiona a evolução. Qualquer problema que surge com regularidade na busca pela obtenção de recursos é um problema que a evolução já passou milhões de anos nos *impulsionando* para resolver.

Pense na evolução como um jogo de videogame com duas fases principais. Para vencer a primeira, um jogador precisa obter mais recursos — comida, água, abrigo, parceiros(as), e assim por diante — do que os outros jogadores. Na fase dois, ele precisa transformar esses recursos em filhos e ajudá-los a sobreviver, tendo muitos deles, de modo que, de forma alguma, os predadores nunca consigam comer todos (que é o que os peixes fazem), ou mantendo-os em segurança e ensinando-os a obter recursos por conta própria (que é o método humano).

Em cada fase, a aquisição de recursos é o ponto-chave.

Conforme abordado, apenas duas estratégias estão disponíveis. Ou você luta por recursos cada vez mais escassos, ou usa a criatividade e produz mais recursos. Assim, quando falamos sobre o impulso de uma perspectiva evolucionista, na verdade estamos falando sobre os combustíveis psicológicos que energizam atitudes que resolvem melhor o problema da escassez de recursos: lutar/fugir e explorar/inovar.

O medo é um impulso psicológico porque ele nos impulsiona a lutar por recursos, a fugir e evitar nos tornarmos os recursos de outra pessoa, ou a pegar a família e navegar pelos oceanos em busca de (adivinha?) mais recursos. A curiosidade é outro impulso porque ela nos faz questionar se pode haver mais recursos do outro lado do oceano. A paixão nos impulsiona a dominar as habilidades exigidas para navegar com êxito por esse oceano. Os objetivos nos impulsionam porque nos dizem quais recursos estamos tentando encontrar do outro lado do oceano, bem como os motivos por que estamos tentando encontrá-los.

E a lista continua.

Para tornar as coisas mais viáveis, os cientistas dividem nossos impulsos psicológicos em duas categorias: *extrínsecos* e *intrínsecos*.[3] Impulsos extrínsecos são recompensas externas a nós. São coisas como dinheiro, fama ou sexo, definitivamente poderosas. O dinheiro se transforma em comida, roupas e abrigo, portanto, nosso cérebro trata o desejo por ele como uma necessidade básica de sobrevivência. A fama pode ser banal, mas pessoas famosas frequentemente têm muito mais acesso a recursos — comida, água, abrigo, parceiros(as), e assim por diante; logo, estamos programados para desejá-la. E o sexo é a única maneira de os humanos vencerem o jogo da sobrevivência da evolução, motivo pelo qual o sexo vende, e os bares estão sempre lotados na sexta-feira à noite.

Impulsos intrínsecos são o oposto. São forças psicológicas e emocionais como *curiosidade, paixão, sentido* e *propósito*. O prazer do *conhecimento profundo*, que é a sensação de um trabalho bem executado, é outro exemplo convincente. *Autonomia*, o desejo de ter controle sobre a própria vida, é mais um.

Durante a maior parte do século passado, pesquisadores acreditavam que impulsos extrínsecos eram os mais poderosos entre os dois, mas isso mudou nas últimas décadas, conforme os impulsos intrínsecos se tornavam mais bem compreendidos. O que sabemos agora é que existe uma hierarquia motivacional em operação. Impulsos externos são fantásticos, mas somente se nos sentimos protegidos e seguros — isto é, se temos dinheiro suficiente para comprar comida, roupas e sobrar um pouquinho para o lazer. Em dólares norte-americanos e na economia atual, pesquisas revelam que esse valor gira em torno de US$75 mil por ano. Meça os níveis de felicidade entre norte-americanos, como o ganhador do prêmio Nobel Daniel Kahneman descobriu, e eles aumentarão em proporção direta à renda, mas apenas se ganhamos US$75 mil por ano.[4] Depois disso, começam a divergir enormemente. A felicidade passa a independer da renda porque, quando podemos atender a nossas necessidades básicas, o atrativo de todas as coisas exigidas para ir ao encontro delas começa a perder o brilho.

Uma vez que os impulsos extrínsecos começam a se dissipar, os intrínsecos tomam conta. No ramo dos negócios, vemos isso acontecendo na maneira como as empresas tentam motivar os funcionários. Quando as pessoas se

A MOTIVAÇÃO DECODIFICADA

sentem compensadas de forma justa pelo seu tempo — isto é, quando esse número começa a ultrapassar os US$75 mil por ano —, aumentos grandes e bônus anuais na verdade não melhorarão sua produtividade ou seu desempenho. Depois que a linha das necessidades básicas é cruzada, funcionários querem recompensas intrínsecas. Eles querem ter controle do próprio tempo (autonomia), trabalhar em projetos pelos quais se interessem (curiosidade/paixão) e que sejam importantes (sentido e propósito).

Isso também é a evolução em funcionamento. Não é que a evolução nos deixe parar de jogar o jogo "obter mais recursos"; é que nossa estratégia evolui. Quando as necessidades básicas são atingidas, você pode se dedicar a formas de obter, bem, você adivinhou, *muito mais recursos* — para si mesmo, sua família, sua aldeia, sua espécie. Por mais que uma coisa nobre como "sentido e propósito" possa ter cara de impulso, na verdade é a maneira de a evolução dizer: *Certo, você tem recursos suficientes para si mesmo e para sua família. Agora é hora de ajudar sua aldeia ou sua espécie a conseguir mais.* Esse também é o motivo pelo qual, no cérebro, não há de fato tanta diferença entre os impulsos. Impulsos intrínsecos, impulsos extrínsecos, nada disso importa. No fim, como grande parte da vida, tudo se resume à neuroquímica.

A NEUROQUÍMICA DA RECOMPENSA

Motivação é mensagem. É o cérebro dizendo: *Ei, levante do sofá, faça isso, é superimportante para sua sobrevivência.* Para enviar essa mensagem, o cérebro depende de quatro componentes básicos: neuroquímica e neuroeletricidade, que são as próprias mensagens, e neuroanatomia e circuitos, lugares de onde essas mensagens são enviadas e recebidas.

As mensagens, em si, são básicas.[5] No cérebro, sinais elétricos têm apenas um sentido: faça mais do que está fazendo.

Se uma quantidade suficiente de impulsos elétricos for transmitida a um neurônio, ele dispara, enviando esses impulsos para o neurônio seguinte. Se uma quantidade suficiente de impulsos elétricos for transmitida para o próxi-

21

mo neurônio, ele também dispara. É como água em um balde, em uma roda d'água. Coloque água suficiente em um balde e, mais cedo ou mais tarde, ela derramará sobre o balde seguinte, e assim por diante. É tudo mecânico.

Sinais químicos também são simples, embora possam ter dois significados: faça mais do que está fazendo, ou faça menos do que vem fazendo.

No entanto, sinais neuroquímicos não são inteligentes. Quando dizemos que eles carregam mensagens — *faça mais isso ou faça menos aquilo* — eles são, em si mesmos, as mensagens. Dentro das sinapses, que são os pequenos espaços entre neurônios, nos quais a neuroquímica faz seu trabalho, há receptores. Cada receptor tem um formato geométrico particular. Cada sinal neuroquímico tem um formato geométrico particular. Ou esses formatos se alinham — de modo que o plugue neuroquímico redondo se encaixe no orifício neuroquímico redondo —, ou não. Se a chave redonda da dopamina neuroquímica couber dentro da fechadura redonda de um receptor de dopamina, a mensagem é enviada.

Neuroanatomia e circuitos, por sua vez, são os locais de onde essas mensagens são enviadas e recebidas, o *"onde"* no cérebro em que algo está acontecendo.[6]

A neuroanatomia descreve estruturas cerebrais específicas: a ínsula ou o córtex medial pré-frontal. Porém, no cérebro, as estruturas são feitas para desempenhar funções específicas. O córtex medial pré-frontal, por exemplo, ajuda a tomar decisões e a acessar memórias de longo prazo.[7] Portanto, se uma mensagem particular do tipo "faça mais" chega no córtex medial pré-frontal, o resultado é mais, ou às vezes mais ajustado, a tomada de decisão e o acesso de memórias de longo prazo.

Enquanto isso, circuitos referem-se a estruturas cerebrais conectadas em conjunto por ligações diretas, ou estruturas que tendem a se ativar ao mesmo tempo.[8] Por exemplo, a ínsula e o córtex medial pré-frontal são conectados em conjunto e, com frequência, funcionam ao mesmo tempo, tornando-os eixos importantes na denominada rede de modo padrão.

Quando o cérebro quer nos motivar, ele envia uma mensagem neuroquímica por meio de um dos sete circuitos específicos.[9] Esses circuitos são dispositivos antigos, encontrados em todos os mamíferos, que correspondem ao comportamento que eles foram projetados para produzir. Há um sistema para *medo*, outro para *raiva/fúria* e um terceiro para *luto*, ou o que é tecnicamente conhecido como "dor da separação". O sistema *luxúria* nos impulsiona à procriação, o sistema *cuidar/nutrir* nos impele a proteger e educar os filhos. No entanto, quando falamos sobre impulso — a energia psicológica que nos move adiante —, na verdade estamos falando sobre os dois últimos sistemas: *jogos/envolvimento social* e *busca/desejo*.

O sistema *jogos/envolvimento social* está relacionado a todas as coisas divertidas que costumávamos fazer quando criança: correr, pular, correr atrás das coisas, lutar e, é claro, socializar. No passado, cientistas presumiam que o objetivo da brincadeira era prático. Praticamos a luta hoje porque o amanhã pode trazer uma luta real pela sobrevivência. Agora, sabemos que as brincadeiras são feitas principalmente para nos ensinar regras sociais e interação social. Quando você está brincando com seu irmãozinho e sua mãe grita "Não implique com alguém menor do que você", ela captou a mensagem. O objetivo da brincadeira é nos ensinar lições como "poder não é fazer". É a forma de a natureza nos instruir sobre a ética.[10]

E essa instrução acontece de forma automática. Quando brincamos, o cérebro libera dopamina e ocitocina, duas de nossas "recompensas químicas" mais cruciais. São drogas prazerosas que nos trazem sensações boas quando realizamos, ou tentamos realizar, algo que preenche uma necessidade básica de sobrevivência.

A dopamina é a principal recompensa química do cérebro, com a ocitocina em segundo lugar.[11] Porém, as endorfinas, a norepinefrina e a anandamida também têm suas funções. A sensação de prazer gerada por cada uma dessas substâncias químicas nos impulsiona a agir e, se a ação tiver êxito, reforça o comportamento na memória.

Além disso, neuroquímicos são especializados. A especialidade da dopamina é impulsionar todas as várias manifestações de desejo, de nossos apetites sexuais à busca por conhecimento. Sentimos a presença dela como excitação, entusiasmo e desejo de extrair sentido de certa situação. Quando o celular toca e ficamos curiosos para ver quem é, isso é a dopamina em ação. A vontade de decifrar a teoria dos buracos negros, a ânsia de escalar o Monte Everest, o desejo de testar nossos limites — isso também é dopamina.

A norepinefrina é similar, porém diferente. É a versão do cérebro da adrenalina, às vezes chamada de noradrenalina. Esse neuroquímico produz um grande aumento de energia e estado de alerta, estimulando a hiperatividade e a hipervigilância. Quando você está obcecado por uma ideia, não consegue parar de trabalhar em um projeto ou de pensar em uma pessoa que acabou de conhecer, a responsável é a norepinefrina.

A ocitocina produz confiança, amor e amizade.[12] É o neuroquímico "pró-social" que sustenta tudo, desde a felicidade conjugal amorosa de longo prazo até empresas funcionais. Sentimos sua presença como alegria e amor. Ela promove a confiança, reforça a fidelidade e a empatia, e estimula a cooperação e a comunicação.

A serotonina é uma substância química calmante e relaxante, que proporciona um humor ligeiramente melhor.[13] É aquela sensação de saciedade subsequente a uma boa refeição ou a um orgasmo daqueles, e é parcialmente responsável pela urgência de tirar uma soneca após as refeições ou após o orgasmo. Mas também parece ter seu papel na satisfação e no contentamento, aquela sensação de trabalho bem-feito.

As endorfinas e a anandamida, nossas duas últimas substâncias químicas do prazer, são analgésicos produtores de felicidade. Ambas aliviam fortemente o estresse, substituindo o peso do dia a dia por uma sensação eufórica de felicidade relaxante. É aquela sensação de "tudo está bem neste mundo" que surge durante experiências como a emoção de um corredor ou quando recobramos nossas forças.

Entretanto, a neuroquímica da recompensa não está simplesmente relacionada à maneira como neuroquímicos funcionam sozinhos, já que, com frequência, somos motivados por combinações dessas substâncias. Dopamina e ocitocina formam a mistura por trás do prazer de brincar. A paixão — que abrange tudo, desde a paixão de um artista por sua arte até a paixão do amor romântico — é respaldada pela combinação de norepinefrina e dopamina.[14]

O fluxo talvez seja o maior coquetel neuroquímico de todos. A fórmula combina todas as seis principais substâncias químicas de prazer do cérebro e parece ser uma das únicas situações em que se pode obter as seis de uma só vez. Essa mistura potente explica por que as pessoas descrevem o fluxo como sua "experiência favorita," enquanto os psicólogos se referem a ela como "o código-fonte da motivação intrínseca".

A MOTIVAÇÃO DECODIFICADA

O sistema *busca/desejo* é o segundo sistema que desempenha uma função importante no impulso. Por vezes denominado "sistema de recompensa", esse é um circuito de propósitos gerais, que ajuda os animais a adquirirem os recursos de que precisam para sobreviver. "Em sua forma pura, [o sistema de busca] provoca uma exploração intensa e entusiasmada e... excitação e aprendizados antecipados", escreve Jaak Panksepp, o neurocientista que descobriu esses sete sistemas.[15] "Quando totalmente desperto, o sistema de busca supre a mente de interesses e motiva os organismos a buscarem *sem esforço* as coisas de que precisam" — grifos meus.

Coloquei em destaque "sem esforço" por um motivo. Se conseguimos ligar corretamente o sistema, os resultados aparecem de forma automática. Considere a paixão. Quando estamos apaixonados, não precisamos trabalhar duro para permanecer nessa tarefa. Isso acontece automaticamente, em virtude da dopamina e da norepinefrina.

Todos os dias, acordo às 4 horas da manhã e começo a escrever. Isso exige determinação? Às vezes. Mas, na maioria dos casos, a determinação se vira sozinha porque tenho curiosidade, paixão e propósito. Quando acordo, estou empolgado para ver até onde as palavras me levarão. Mesmo nas noites péssimas, em que acordo em pânico, eu me vingo escrevendo. A escrita é para onde corro quando preciso fugir. Minha arte é minha salvação. E se você conversar com qualquer pessoa que conseguiu o impossível, ouvirá uma história parecida.

Considere o falecido e incrível esquiador e skydiver Shane McConkey.[16] Assim como qualquer atleta na história, McConkey ampliou os limites da possibilidade humana não apenas realizando o impossível, mas fazendo isso repetidas vezes. E se você perguntasse a McConkey como ele conseguiu, sua resposta frequentemente destacaria a importância do impulso intrínseco: "Faço o que amo. Se você faz o que quer o tempo todo, estará feliz o tempo todo. Você não trabalhará todos os dias desejando fazer outra coisa. Eu me levanto e vou trabalhar todos os dias, e fico animado. Isso não é chato."

Até agora, o mesmo impulso neuroquímico que ajudou Shane McConkey a realizar o impossível está disponível para todos nós. É nossa biologia básica em funcionamento, o ímpeto de nossos combustíveis emocionais mais críticos habilmente mesclados para a máxima propulsão.

A RECEITA DO IMPULSO

Ao longo dos próximos dois capítulos, aprenderemos a *empilhar* — isto é, cultivar, alinhar, amplificar e implementar — nossos cinco impulsos intrínsecos mais potentes: curiosidade, paixão, propósito (Capítulo 2), autonomia e conhecimento profundo (Capítulo 3). Focamos esse grupo de cinco porque são nossos impulsos mais potentes e porque eles são projetados neurobiologicamente para trabalharem juntos.

Iniciaremos pela curiosidade, porque ela é o ponto em que a biologia é projetada para começar.[17] É nosso interesse básico em algo, neuroquimicamente respaldado por um pouquinho de norepinefrina e dopamina. Embora a curiosidade em si seja um impulso potente, também é um ingrediente básico da paixão, que é um impulso ainda maior. Assim, aprenderemos a transformar esse lampejo de curiosidade na chama da paixão, acrescentando muito mais combustível neuroquímico — norepinefrina e dopamina — a nosso fogo intrínseco.

Depois vêm o sentido e o propósito, que exigem conectar nossa paixão particular a uma causa muito maior do que nós mesmos. Uma vez que isso acontece, vemos aumentos ainda mais significativos em traços fundamentais de desempenho, como foco, produtividade e resiliência, e nosso fogo intrínseco queima com muito mais intensidade[18].

Por fim, quando se tem um propósito, é preciso subdividir os dois impulsos intrínsecos restantes: autonomia e conhecimento profundo. Mais especificamente, quando se tem um propósito, o sistema exige autonomia, que é a liberdade de ir em busca desse propósito. Depois, exige conhecimento profundo, que é o desejo de aprimorar continuamente as habilidades necessárias para ir atrás desse propósito.

Como você pode ver, essa é uma pilha bem alinhada. Porém, se construída corretamente, será emocionante, interessante, cheia de possibilidades e de sentido. Esse aumento de energia é um dos motivos pelo qual perseguir o impossível pode ser mais fácil do que você suspeitava no início. Com os impulsos intrínsecos adequadamente empilhados, nossa biologia está trabalhando para nós, em vez de contra nós. Resumindo, o ato de perseguir o impossível, na verdade, nos ajuda a perseguir o impossível.

2

A Receita da Paixão

Ao longo deste capítulo, começaremos a empilhar impulsos intrínsecos, aprender a cultivar a curiosidade, ampliá-la em forma de paixão e transformar os resultados em propósito. Esse processo não acontece da noite para o dia. Pode levar semanas para algumas etapas se realizarem; outras podem levar meses. Por ora, arranje um tempo para fazer as coisas direito. Você não vai querer ficar dois anos em busca de sua paixão para descobrir que, no fim, era só uma fase. É bom arrumar tempo para se conectar com os impulsos intrínsecos hoje porque, daqui a dois anos, se descobrir que os procurou de forma errada, pense em como se sentirá frustrado se tiver de começar tudo de novo. Em termos de desempenho máximo, às vezes você precisa ir devagar para ir rápido. Esta é uma dessas situações.

FAÇA UMA LISTA

A maneira mais fácil de começar a empilhar impulsos intrínsecos é por meio de uma lista. Se tiver essa opção, escreva a lista em um caderno de anotações, e não no computador. Há uma relação poderosa entre o movimento das mãos e a memória, o que significa que, em termos de aprendizado, caneta e papel sempre superam notebook e teclado.[1]

Comece escrevendo 25 coisas sobre as quais você tem curiosidade. Por curiosidade, quero saber apenas que, se você tivesse um fim de semana livre, ficaria interessado em ler alguns livros sobre o tema, frequentar algumas palestras e, talvez, dar uma palavrinha com um especialista.

Ao criar essa lista, seja o mais específico possível. Não demonstre interesse apenas por futebol americano, punk rock ou comida. Essas categorias são vagas demais para serem úteis. Em vez disso, demonstre curiosidade pelo mecanismo de bloqueio de passes exigido para jogar como tackle esquerdo, pela evolução do punk político do Crass ao Rise Against, ou pela possibilidade de os gafanhotos se tornarem uma fonte alimentar importante para os seres humanos nos próximos dez anos. A especificidade dá ao sistema de reconhecimento de padrões do cérebro a matéria-prima de que ele precisa para fazer conexões entre ideias. Quanto mais informações detalhadas melhor.

À CAÇA DE INTERSEÇÕES

Depois que sua lista estiver completa, procure pelos pontos em que essas 25 ideias se interconectam. Considere o exemplo acima. Digamos que gafanhotos como fonte alimentar e o mecanismo de jogar como tackle esquerdo estejam em sua lista. Bem, se estiver interessado no mecanismo de bloqueios, provavelmente também terá interesse pelas necessidades nutricionais para jogar como tackle esquerdo. Insetos são extremamente ricos em proteína — será que eles seriam uma boa opção de alimentação para os jogadores de futebol americano?

A questão é que a curiosidade em si não é suficiente para criar a verdadeira paixão. Simplesmente não há neuroquímica o bastante sendo produzida para a motivação de que você precisa. Em vez disso, é bom procurar pontos em que três ou quatro itens de sua lista de curiosidades se interconectem. Se você consegue identificar a sobreposição entre múltiplos itens, bem, está fazendo a coisa certa. Há energia de verdade aí.

Quando vários circuitos da curiosidade se intercruzam, não é apenas o envolvimento que se amplifica — criam-se as condições necessárias para o reconhecimento de padrões ou a conexão de novas ideias reunidas.[2] O reconhecimento de padrões é o que o cérebro faz em um nível muito básico. É, fundamentalmente, o principal trabalho da maioria dos neurônios. Como consequência, sempre que reconhecemos um padrão, o cérebro nos recompensa com um pequeno jato de dopamina.

A RECEITA DA PAIXÃO

A dopamina, como todos os neuroquímicos, desempenha diversas funções diferentes no cérebro. Falamos sobre algumas delas em seções anteriores. Nesta, queremos expandir essa ideia, focando em quatro funções adicionais que a dopamina executa no cérebro.

Em primeiro lugar, ela é uma poderosa substância indutora de foco. Quando ela está em nosso sistema, uma atenção cirúrgica é voltada para a tarefa em mãos. Ficamos empolgados, envolvidos e mais propensos a entrar no fluxo.

Em segundo lugar, a dopamina sintoniza as relações sinal-ruído no cérebro, o que significa que esse neuroquímico aumenta os sinais, diminui o ruído e, consequentemente, nos ajuda a detectar mais padrões. Há uma curva de retorno aqui. Obtemos dopamina quando detectamos pela primeira vez um elo entre duas ideias (um padrão), e a dopamina que nos é enviada ajuda a detectar ainda mais elos (reconhecimento de padrões). Se você já fez palavras cruzadas ou jogou sudoku, aquela pequena sensação de prazer ao preencher uma resposta correta é a dopamina. E por que tendemos a preencher várias respostas seguidas? Isso é a dopamina ajustando a relação sinal-ruído e nos ajudando a detectar ainda mais padrões. É por isso que as ideias criativas tendem a andar em espiral, ou seja, uma boa ideia gera outra com frequência, e assim por diante.

Em terceiro lugar, a dopamina é uma das substâncias químicas de recompensa supracitadas, uma droga prazerosa produzida pelo cérebro para impulsionar o comportamento.[3] A sensação causada pela dopamina é realmente boa. A cocaína é amplamente considerada a droga mais viciante do mundo, mas tudo o que ela faz é levar o cérebro a liberar quantidades grandes de dopamina e, depois, a bloquear sua recaptação.[4] E o prazer produzido por essa substância é a chave da paixão. Quanto mais dopamina se obtém, mais divertida e viciante é a experiência; quanto mais divertida e viciante for a experiência, menos se consegue esperar para repeti-la.

Por fim, a dopamina, como todos os neuroquímicos, amplifica a memória.[5] Isso também ocorre automaticamente. Um atalho rápido sobre como a aprendizagem funciona no cérebro: quanto mais substâncias neuroquímicas surgem durante uma experiência, mais provável que essa experiência passe da retenção de curto prazo para o armazenamento de longo prazo. O aperfeiçoamento da memória é outro papel-chave desempenhado pelas substâncias neuroquímicas: elas registram as experiências como "Importante, guardar para depois."

Ao empilhar motivações, isto é, colocar uma curiosidade em cima de outra curiosidade, e assim por diante, estamos aumentando o impulso, mas não o esforço. Isso é o que acontece quando nossa biologia interna faz o trabalho pesado por nós. Você trabalhará mais duro, mas não perceberá o trabalho. Igualmente, porque a dopamina fornece diversos benefícios cognitivos extras — foco ampliado, melhor aprendizado, reconhecimento mais rápido de padrões —, você trabalhará com mais inteligência. Esses são os dois motivos principais pelos quais o impossível talvez seja um pouco mais fácil do que você pensava.

BRINCANDO COM AS INTERSEÇÕES

Agora que você identificou os pontos em que as curiosidades se sobrepõem, brinque com essas interseções por um instante. Dedique de 20 a 30 minutos por dia para ouvir podcasts, assistir a vídeos, ler artigos, livros, o que quer que seja, sobre qualquer aspecto dessa sobreposição. Se está interessado em gestão de cadeia de suprimentos na indústria da saúde e, também, tem curiosidade sobre inteligência artificial, é hora de explorar as vantagens e as desvantagens que a inteligência artificial traz à gestão de cadeia de suprimentos na referida indústria.

Ou, voltando ao nosso exemplo anterior, se os insetos como fonte de proteína e os mecanismos de jogar como tackle esquerdo são seus pontos de partida, é hora de brincar com esta interseção: Quais são as necessidades nutricionais para um alto desempenho em esportes de contato? Os insetos podem atender a essas necessidades?

O objetivo é alimentar as curiosidades um pouquinho de cada vez, e diariamente. Essa estratégia de crescimento lento tira partido do software de aprendizagem inerente ao cérebro.[6] Ao avançar seus conhecimentos um pouco de cada vez, você está dando a seu inconsciente adaptativo uma chance de processar a informação. No estudo da criatividade, esse processo é conhecido

A RECEITA DA PAIXÃO

como "incubação".[7] O que, de fato, está acontecendo é o reconhecimento de padrões. De forma automática, o cérebro começa a procurar por conexões entre as partes mais antigas de informação que você já aprendeu e as partes mais recentes que está aprendendo atualmente. Com o tempo, isso resulta em mais conexões, mais dopamina, mais motivação e, por fim, um pouco de expertise.[8]

E é essa expertise que chega com menos trabalho.

Quando brincamos com informações pelas quais estamos curiosos, não estamos forçando o cérebro a fazer novas descobertas. Não existe pressão, e isso seria útil, já que estresse demais diminui nossa capacidade de aprender.[9] Em vez disso, vemos quais conexões nosso cérebro faz naturalmente, por meio da fase de incubação, permitindo, assim, que a biologia faça o trabalho duro por nós. Estamos deixando nosso sistema de reconhecimento de padrões encontrar conexões entre curiosidades que nos tornam ainda mais curiosos — motivo pelo qual se cultiva a paixão.

No entanto, para aumentar suas chances de fazer essas conexões, preste atenção a dois conjuntos de detalhes: a história do tema e a linguagem técnica usada para descrever esse tema.

A história é uma narrativa. Cada tema é uma viagem em meio à curiosidade. Alguém tinha uma pergunta, alguém respondeu a essa pergunta, e isso levou a outra pergunta. E a outra. E a outra. Sorte nossa que o cérebro adora uma narrativa — que não é nada além de reconhecimento através do tempo.[10] Se você presta atenção a detalhes históricos enquanto brinca com um tema novo, seu cérebro naturalmente agrupará esses detalhes em uma história coerente por meio de nossa necessidade biológica de conectar causa e efeito.[11] É automático. Você também conseguirá um pouco de dopamina ao longo do caminho, à medida que reconhece esses padrões históricos, e isso aumentará a curiosidade e amplificará ainda mais a motivação.

Quando o cérebro constrói essa narrativa, ele funciona como uma árvore de Natal gigante. Todos os pequenos detalhes que você aprende pelo caminho são os enfeites. Mas ter essa árvore gigante — essa estrutura abrangente — faz com seja mais fácil pendurar esses enfeites. Você não precisa se esforçar tanto para se lembrar deles. A narrativa histórica se torna um palácio de memória de fato, permitindo-lhe obter um trecho de informação novo em folha e acoplá-lo corretamente em seu lugar exato. Se construímos essa narrativa, veremos um aumento das taxas de aprendizado aumentarem e uma diminuição do tempo do conhecimento profundo.

A linguagem técnica que abarca um tema é a segunda coisa a se prestar atenção. Por quê? O jargão, embora irritante, é irritantemente preciso. Com frequência, blocos grandes de explicações sobre um tema estão contidos dentro da linguagem técnica acerca desse tema. O exemplo óbvio é "humano" versus "*Homo sapiens*". Ambos os termos apontam para a mesma direção, mas a versão em latim não contém apenas a coisa (um humano), mas também sua história evolutiva (gênero e espécie), além de uma pequena análise (aparentemente, certa vez alguém pensou que éramos "macacos sabidos"). Assim, compreender a linguagem interna de um tema lhe permite ver as ideias e a tessitura conectiva que as une. *Homo sapiens* não dá nome apenas à coisa, mas diz que a coisa descendia de macacos e é mais esperta do que eles, ou, pelo menos, pensa que é.

Para nossa busca, o mais importante é em que o processo vai dar. Conhecer a história de um tema e a linguagem técnica acerca desse tema o ajuda a conversar com outras pessoas sobre essas ideias. Essas conversas são cruciais para o próximo passo.

VÁ A PÚBLICO

Cultivar a paixão verdadeira não é um processo que acontece da noite para o dia. Brincar nos locais em que curiosidades múltiplas se intercruzam não é suficiente. Certamente, há uma energia emocional nessas interseções. Sem dúvida, a neuroquímica por trás dessa energia ajuda a transformar a curiosidade em paixão. Porém, para realmente acender a chama e assegurar que está no caminho certo, você precisará amplificar essa paixão com uma série de "sucessos públicos".

Um sucesso público nada mais é do que um feedback positivo de outras pessoas. Qualquer tipo de reforço social aumenta a neuroquímica do prazer, o que faz aumentar a motivação.[12] A atenção positiva de outras pessoas faz o cérebro liberar mais dopamina do que aquela obtida somente com a paixão. E acrescenta ocitocina à equação. A combinação de dopamina e oxitocina recompensa a "interação social", criando os sentimentos de confiança e amor que são tão importantes para sobrevivermos.[13] E a natureza prazerosa de sua recompensa se retroalimenta, aumentando ainda mais a nossa curiosidade, que é a curva de retorno neurobiológica que constitui as bases da verdadeira paixão.

Por isso, nessa etapa do processo, é hora de fazer amigos. Mas lembre-se de caminhar antes de correr. Para tornar as coisas públicas, não é preciso fazer uma TED Talk. Conversas simples com estranhos farão as coisas acontecerem. Vá ao bar de seu bairro, comece a conversar com quem quer que esteja sentado perto de você e ensine a eles as coisas que vem ensinando a si mesmo.

Depois repita. Converse com um estranho diferente, conte suas ideias a alguns amigos ou entre em um *meetup* dedicado ao tema. Uma comunidade virtual. Um clube do livro. Se não houver nenhum, comece o seu.

Por fim, é importante cumprir essas etapas pela ordem. É bom passar um pouco de tempo brincando com as interseções de curiosidades antes de tornar isso público. Há muita empolgação que surge quando se começa a investigar essas interseções, mas é importante guardá-las consigo por um tempo. É bom entrar em uma conversa com ideias próprias e com algo a dizer. Ser um iniciante nível zero não é muito gratificante nem cultiva paixões. Saber muito pouco com frequência é uma sensação péssima. Mas conseguir agregar algo ao diálogo — ter umas ideias próprias e algum sucesso público por essas ideias — é se aproximar da velocidade de escape.

TRANSFORMANDO PAIXÃO EM PROPÓSITO

A paixão é um impulso poderoso. Não obstante, apesar desse seu lado positivo, ela pode ser uma experiência bastante egoísta. Envolver-se 100% significa que você está 100% envolvido. Não há muito espaço para outras pessoas. Porém, se vai conseguir o impossível, mais cedo ou mais tarde você precisará de ajuda externa. Portanto, nessa etapa do processo, é hora de transformar o fogo da paixão no combustível do propósito.

A ARTE DO IMPOSSÍVEL

Foram os psicólogos da Universidade de Rochester, Edward Deci e Richard Ryan, que descobriram esse combustível pela primeira vez.[14] No próximo capítulo, conheceremos ainda melhor esses cientistas e o trabalho deles. Por ora, apenas saiba que, na metade dos anos 1980, a dupla apresentou a "teoria da autodeterminação" e, com ela, seu conceito de "relação". Desde então, a teoria da autodeterminação se tornou a teoria principal na ciência da motivação, e o parentesco permaneceu um componente central.

A ideia original era simples: como criaturas sociais, seres humanos têm um desejo inato por conexão e cuidado. Queremos nos conectar com outras pessoas e cuidar delas. Em um nível biológico básico, precisamos nos *relacionar* com os outros para sobreviver e prosperar; e, como consequência, somos neuroquimicamente motivados a suprir essa necessidade.

Mais recentemente, pesquisadores estenderam essa noção, expandindo a ideia de "relação", a necessidade de cuidado e conexão, para o conceito de "propósito", ou o desejo de que as coisas que fazemos sejam importantes para outras pessoas. O propósito pega toda a energia motivacional encontrada na paixão e lhe dá um ímpeto extra.

Neurobiologicamente, o propósito altera o cérebro.[15] Ele diminui a reatividade da amídala, reduz o volume do córtex medial-temporal e aumenta o volume do córtex insular direito. Uma amídala menos reativa gera menos estresse e maior resiliência. O córtex medial-temporal envolve-se em muitos aspectos da percepção, o que sugere que ter um propósito altera a maneira como o cérebro filtra as informações que surgem e, por sua vez, um córtex insular direito maior protege contra a depressão e está relacionado a uma quantidade significativa de iniciativas de bem-estar.

Todas essas mudanças parecem ter um impacto profundo em nossa saúde de longo prazo, já que ter um "propósito de vida" (o termo técnico) tem sido relacionado a menores incidências de AVC, demência e doenças cardiovasculares.[16] Além disso, do ponto de vista do desempenho, o propósito impulsiona a motivação, a produtividade, a resiliência e o foco.[17]

E é um tipo específico de foco.

O propósito tira nossa atenção de nós mesmos (foco interno) e a coloca em outras pessoas e na tarefa atual (foco externo). Agindo dessa forma, ele protege contra a autorruminação, que é uma das causas raiz da ansiedade e da depressão.[18] Ao forçá-lo a olhar para fora de si mesmo, o propósito age como um campo de força. Ele o protege de si mesmo e da possibilidade muito real de ser totalmente engolido por sua nova paixão. Colocando isso em termos mais técnicos, o propósito parece reduzir a atividade do circuito em modo padrão, que é o circuito cerebral encarregado da ruminação, e aumentar a atividade do circuito de atenção executiva, o circuito que rege o foco externo.

Finalmente, há uma vantagem ainda maior no propósito: a ajuda externa. O propósito age como um grito de guerra, inspirando outros e atraindo-os para a sua causa.[19] Isso tem um impacto óbvio sobre o impulso. O apoio social proporciona ainda mais substâncias neuroquímicas, o que produz um incremento ainda maior na motivação intrínseca. Ainda mais importante, outras pessoas fornecem ajuda real. Financeira, física, intelectual, criativa, emocional — todas elas são importantes. Simples assim: na estrada rumo ao impossível, precisaremos de toda a ajuda que conseguirmos.

COLOCANDO O PROPÓSITO EM PRÁTICA

Agora, as questões práticas: quando o assunto é elaborar seu propósito, sonhe grande. Ele se tornará a afirmação primordial de sua missão de vida. Seu *I* maiúsculo: Impossível.

Em nosso livro *Bold*, Peter Diamandis e eu apresentamos o conceito de "propósito maciçamente transformador", ou PMT, para abreviar[20]. *Maciçamente* significa grande e audacioso. *Transformador* quer dizer ser capaz de trazer mudanças significativas a um ramo de atividade, comunidade ou ao planeta. E *propósito*? Um claro "porquê" por trás do trabalho que está sendo feito. Um PMT é o tipo exato de sonho grandioso do qual você está correndo atrás.

Para ir atrás de seu PMT, pegue outro pedaço de papel. Pegue novamente a caneta. Faça uma lista de quinze grandes problemas que você adoraria ver resolvidos. Coisas que não o deixam dormir à noite. Fome, pobreza ou, pessoalmente, meu favorito: proteger a biodiversidade. Mais uma vez, tente ser o mais específico possível. Em vez de apenas "proteger a biodiversidade", vá um pouco além e acrescente detalhes: "Estabelecer megaconexões para proteger a biodiversidade."

Em seguida, procure pontos em que sua paixão principal se interconecte com um ou mais desses desafios imensos e globais — um ponto em que sua obsessão pessoal pode ser a solução para um problema coletivo. O que você está buscando é uma sobreposição entre paixão e propósito. Se conseguir identificar o alvo, você terá descoberto um modo de usar sua paixão recém-descoberta para fazer algo realmente bom para o mundo. Esse é um legítimo propósito maciçamente transformador.

Um PMT é um impulso crucial e uma base excelente para um empreendimento comercial. Não despreze esse segundo detalhe. Se realmente quer cultivar sua paixão e seu propósito, você sempre precisará ter uma forma de pagar por eles.

Mas não espere que isso aconteça rapidamente, encontre medidas provisórias nesse meio-tempo. Fui bartender durante minha primeira década como escritor, o que me permitiu ter tempo para desenvolver minha habilidade sem o horror de ter que pagar minhas contas com os frutos dela. Isso foi fundamental para meu sucesso. É por isso também que Tim Ferriss diz aos empreendedores que comecem sua primeira startup como se fosse um hobby: durante as noites e os fins de semana.[20] Curiosidade em paixão; paixão em propósito; e propósito em *lucro paciente* — essa é a maneira mais segura de entrar no jogo.

Mas como garantir permanecer no jogo por tempo suficiente para atingir seu propósito? É exatamente o que abordaremos a seguir.

3

A Pilha Intrínseca Completa

Curiosidade, paixão e propósito são uma rampa de lançamento rumo ao impossível. São os movimentos que mantêm suas peças no tabuleiro, o lugar onde o jogo começa. Mas o impossível é um jogo extenso e, se você estiver interessado em ir até o final, o estímulo que terá com esses três impulsos iniciais não será suficiente para fazê-lo chegar lá.

Para esses fins, tomaremos os impulsos que examinamos no último capítulo — curiosidade, paixão e propósito — e acrescentaremos "autonomia" e "conhecimento profundo" à pilha. Ambos são impulsos especialmente potentes, além de serem biologicamente projetados para funcionar em conjunto com a pilha anterior.

Autonomia é o desejo pela liberdade exigida para ir em busca de sua paixão e seu propósito. É a necessidade de comandar o próprio navio. O conhecimento profundo é a etapa seguinte. Ele o leva em direção à expertise; ele o impele a aprimorar as habilidades de que precisa para atingir sua paixão e seu propósito. Em outras palavras, se a autonomia é o desejo de comandar o próprio navio, o conhecimento profundo é o impulso para comandá-lo bem.

E é aqui que Edward Deci e Richard Ryan voltam à nossa história.

NOSSA NECESSIDADE DE AUTONOMIA

Em 1977, quando Edward Deci e Richard Ryan eram jovens psicólogos na Universidade de Rochester, eles se esbarraram no campus.[1] Deci acabara de se tornar psicólogo clínico, e Ryan ainda era estudante de graduação. Eles compartilhavam um interesse pela ciência da motivação, o que levou a uma longa conversa e, depois, a uma colaboração de 50 anos que derrubou a maioria das ideias de base da ciência da motivação.

Até Edward Deci e Richard Ryan lançarem a teoria pioneira da autodeterminação, os psicólogos definiam a motivação como "a energia necessária para a ação". As avaliações eram binárias: ou a pessoa tinha a quantidade certa de motivação para o trabalho, ou não tinha.

Os psicólogos também consideravam essa energia motivacional uma característica particular. Era possível medir a *quantidade* de motivação — a quantia de motivação que uma pessoa sentia —, mas não a *qualidade* ou o tipo de motivação que ela sentia.

No entanto, havia alguns sinais nas pesquisas que levaram Deci e Ryan a acreditar que existiam tipos diferentes de motivação e que tipos diferentes de motivação produziam resultados diferentes. Portanto, eles testaram suas ideias em competições diretas. Em uma longa série de experimentos, opuseram impulsos intrínsecos, como paixão, a impulsos extrínsecos, como prestígio, e computaram os resultados. Eles descobriram muito rapidamente que a motivação intrínseca (termo usado como sinônimo de impulso) é muito mais efetiva do que a motivação extrínseca em qualquer situação, excluindo aquelas em que nossas necessidades básicas não foram atendidas.

Mas eles também descobriram que uma das divisões mais críticas foi encontrada entre "motivação controlada", um tipo de motivação extrínseca, e "motivação autônoma", uma forma de motivação intrínseca.[2] Se você foi seduzido, coagido ou pressionado de outra forma a fazer alguma coisa, isso é motivação controlada. É um trabalho que você precisa fazer. Motivação autônoma é o oposto. Quer dizer que você faz o que faz porque escolheu. Deci e Ryan descobriram que, em qualquer situação, a motivação autônoma suprime a motivação controlada.

A autonomia sempre é o impulso mais potente.

De fato, em muitas situações, a motivação controlada não produz os resultados desejados. Quando pressionadas a agir, geralmente as pessoas buscam atalhos. O exemplo que Deci gosta de dar é a Enron.[3] A companhia elétrica definiu que a melhor maneira de motivar seus funcionários era dar cotas de ações aos que tinham melhor desempenho — um exemplo de motivação por sedução. Mas as pessoas logo descobriram que a melhor forma de obter esses bônus era inflacionar artificialmente os preços das ações, cometendo fraude corporativa e, por fim, levando a empresa à falência. A história da Enron é, muitas vezes, recontada como uma fábula sobre ganância e presunção, mas, na verdade, é uma história sobre como a motivação errada pode facilmente gerar comportamentos inadequados.

De acordo com Deci e Ryan, conseguimos a autonomia da maneira correta quando fazemos o que fazemos por conta de "interesse e prazer" e porque "alinha-se com nossas crenças e nossos valores essenciais". Em outras palavras, o sistema de busca gosta de se encarregar do tipo exato de recursos que está buscando.

Também é por isso que começamos a explorar o impulso pela curiosidade, pela paixão e pelo propósito. Essa trilogia instala o interesse e o prazer — por meio da curiosidade e da paixão — e, então, fixa as crenças e os valores essenciais por meio do propósito. Simplificando, neste livro abordamos essa trilogia de impulsos primeiramente porque é a base exigida para maximizar a autonomia.

Outra coisa que Deci e Ryan descobriram é que a autonomia nos transforma em uma versão muito mais eficaz de nós mesmos. Naturalmente, o ímpeto neuroquímico fornecido pela autonomia aumenta nosso impulso, mas também amplia uma série de habilidades extras. Quando comandamos o próprio navio, ficamos mais focados, produtivos, otimistas, resilientes, criativos e saudáveis. Porém, se é necessário acrescentar autonomia à nossa pilha motivacional para adquirirmos esse impulsionamento em nosso desempenho, isso faz surgir outra questão: quanta autonomia realmente precisamos acrescentar?

VINTE POR CENTO DO TEMPO

A quantidade de autonomia necessária para captar a potência total desse impulso tem sido uma questão difícil de estudar; entretanto, houve séries extensas de "experimentos vivos" em que basear nossas decisões. Nesses experimentos, empresas tentaram motivar funcionários, dando-lhes "autonomia" como vantagem, sendo que o Google foi o exemplo mais famoso.[4]

Desde 2004, o Google tem investido na autonomia como um impulso com seu "20 Por Cento do Tempo", em que engenheiros do Google passam 20% de seu tempo em projetos de criação própria, que se alinham com as próprias paixões e os valores essenciais. Esse experimento produziu resultados incríveis. Mais de 50% dos maiores produtos geradores de receita do Google são provenientes desses 20% do tempo, incluindo o AdSense, o Gmail, o Google Maps, o Google News, o Google Earth e o Gmail Labs.

Mas não foi o Google que inventou essa prática. Na verdade, eles a pegaram emprestada da 3M, cuja "Regra dos 15 Por Cento" data de 1948.[5] No caso da 3M, os engenheiros passam 15% de seu tempo em projetos de concepção própria. Para uma empresa com um orçamento de pesquisa de mais de US$1 bilhão, dar aos funcionários a liberdade de fazer um experimento com 15% disso corresponde a uma aposta anual de US$150 milhões em autonomia. Porém, tal como ocorreu com o Google, os resultados que emergiram da Regra dos 15 Por Cento da 3M mais do que cobriram essa aposta. O post-it se originou dos 15% em 1974. Esse único produto gera uma renda consistente de mais de US$1 bilhão por ano, colocando em seu bolso US$750 milhões por ano, o que é uma boa vantagem para seu investimento em autonomia.

É por esse mesmo motivo que, hoje, o Facebook, o LinkedIn, a Apple e dezenas de outras companhias instituíram os próprios programas de autonomia.[6] Mas o ponto mais importante é o que aprendemos com seus exemplos. O Google explora esse impulso com 20% do tempo, o que significa que dá às pessoas 8 horas por semana para irem atrás de uma ideia pela qual são apaixonadas. E a 3M consegue resultados fantásticos com apenas 15% do tempo, cerca de somente uma tarde por semana. Em outras palavras, se você já entrou na receita da paixão e agora está tentando descobrir como arranjar tempo na vida para ir em busca desse sonho, esses experimentos reais informam que você pode obter os resultados que deseja investindo de quatro a cinco horas por semana dedicadas a seu propósito recém-descoberto. De fato, conforme veremos na próxima seção, o número mágico de horas necessárias para acessar a autonomia, na verdade, pode ser menor do que esse — contanto que essas horas sejam gastas de uma forma bastante específica.

OS QUATRO GRANDES DA PATAGONIA

A varejista Patagonia muitas vezes acaba indo parar nas listas dos melhores lugares onde se trabalhar nos Estados Unidos.[7] Se você se aprofundar em suas particularidades, a autonomia dos funcionários é um dos motivos citados com maior frequência.[8] Mas a Patagonia não está, na verdade, dando aos empregados tanta autonomia assim. Em vez disso, está lhes dando tipos particulares de autonomia.

A Patagonia permite que os funcionários façam os próprios horários. Eles ainda têm que trabalhar em período integral, apenas podem decidir quando. Igualmente, por conta de a companhia estar cheia de praticantes de esportes externos e a sede da empresa ficar situada no Pacífico, sempre que as ondas estão boas, os funcionários são autorizados a parar de trabalhar — mesmo quando estão no prazo final ou no meio de uma reunião — e ir surfar. Essa é uma política corporativa que o fundador da empresa, Yvon Chouinard, celebremente intitulou de "Deixa o pessoal surfar".

Esse combinado nos informa uma coisa crucial sobre a quantidade de autonomia necessária para utilizar esse impulso. Se o exemplo da Patagonia for válido, a resposta é muito pouca autonomia, considerando que essa quantidade seja bem utilizada. Vamos analisar as duas categorias no centro das iniciativas da empresa: o horário e o surfe.

Fazer o próprio horário funciona bem por dois motivos. O primeiro é o sono. A liberdade de controlar seu horário lhe dá a melhor oportunidade de ter uma boa noite de sono. Pesquisas revelam que todos nós precisamos dormir de 7 a 8 horas por noite.[9] Analisaremos isso com mais detalhes posteriormente; por ora, saiba que, sem uma noite de sono adequada, vivenciamos vários déficit de desempenho. A motivação, a memória, o aprendizado, o foco, o tempo de reação e o controle emocional ficam comprometidos. A lista de prejuízos a superar regularmente é grande demais.[10]

Além de uma boa noite de sono, fazer o próprio horário também permite trabalhar de acordo com seu ritmo circadiano pessoal. Cotovias radicais, o termo técnico para madrugadores, querem começar a trabalhar às 4h da manhã, enquanto as corujas da madrugada gostam de começar o dia às 16h. No entanto, se saímos de sincronia com nosso relógio biológico, a penalidade é o estado de atenção e de alerta. Dessa forma, ter autonomia sobre horários permite às pessoas que durmam o tempo necessário para serem o mais eficientes possível e trabalhar quando estão mais alertas, a fim de maximizar essa eficiência.

A outra regra da Patagonia, a liberdade de surfar, proporciona duas vantagens a mais. Primeira, prioriza os exercícios; segunda, amplia o fluxo.

Analisaremos uma de cada vez.

Os exercícios são indiscutíveis para o desempenho máximo.[11] Seria possível encher um caderno com os benefícios que eles trazem — saúde, energia, bom humor, e assim por diante —, mas o mais importante aqui é o ajuste do sistema nervoso. Correr atrás de qualquer coisa impossível pode ser uma montanha-russa emocional. Se você não consegue acalmar o sistema nervoso com regularidade, terá um colapso, *burnout* ou ambos. E os exercícios não apenas reduzem o nível de hormônios de estresse no sistema, eles os substituem por propulsores de humor, como endorfinas e anandamida.[12] O otimismo tranquilo resultante disso é crucial para o desempenho máximo de longo prazo.

No entanto, surfar não se trata apenas de priorizar a forma física. Por motivos que analisaremos na última seção deste capítulo, o esporte tem uma alta probabilidade de fazer seus adeptos entrarem no fluxo. O empurrão extra na neuroquímica do prazer que a condição proporciona é o verdadeiro estímulo propulsor. É o que transforma o impulso no hiperimpulso, ampliando a motivação intrínseca a níveis de excelência.

Então, eis nossa resposta. Para obter o impulso extra que a autonomia proporciona, você precisa de liberdade para controlar seus horários de sono, trabalho e exercícios. Você também precisa de autonomia para correr atrás do fluxo por meio de uma atividade regular de escolha própria. De maneira ideal, seu horário de trabalho será dedicado a atividades que reforçam seu propósito, e a atividade que produz fluxo é semelhante ao surfe — no sentido de que, na verdade, é uma pausa do trabalho. Se isso não é possível em sua vida hoje, comece com o plano da 3M: dedique 15% de seu tempo a um projeto que se alinhe com sua paixão e seu propósito essenciais. Essa porcentagem é cerca de uma tarde por semana, embora você consiga facilmente dividi-la em dois blocos de duas horas e meia e obter resultados similares.

E a maneira exata de investir essas horas para obter os melhores resultados é onde entra nosso último impulso intrínseco.

NOSSA NECESSIDADE DE CONHECIMENTO PROFUNDO

Depois que Deci e Ryan descobriram o poder da autonomia, eles quiseram saber qual era nosso impulso intrínseco principal ou se outros fatores eram igualmente importantes. Tentar responder a essa questão os levou a investigar a fundo arquivos sobre psicologia, de onde revelaram um artigo de 1953, até então relativamente desconhecido, do psicólogo de Harvard David McClelland.

Intitulado "The Achievement Motive" [A Força-Motriz da Realização, em tradução livre], o artigo de McClelland tornou-se, desde então, um dos mais citados na área.[13] Nele, o estudioso sugeriu um segundo motivador intrínseco que poderia ser tão poderoso quanto a autonomia, e talvez ainda mais. Inicialmente, Deci e Ryan pegaram emprestado o termo original de McClelland para o impulso, "competência", que hoje conhecemos como "conhecimento profundo".

Conhecimento profundo é o desejo de sermos melhores naquilo que fazemos. É a dedicação à arte, a necessidade de progresso, a avidez por aprimoramento contínuo. Não tem nada de que seres humanos gostem mais do que empilhar uma pequena vitória sobre a outra, e mais outra, e assim por diante. Neuroquimicamente, essas vitórias produzem dopamina. Cientistas acreditavam que a dopamina era tão somente uma droga de recompensa, ou seja, que esse neuroquímico dava as caras quando atingíamos um objetivo, como forma de reforçar a obtenção desse objetivo. Atualmente, sabemos que a dopamina é, na verdade, o jeito de o cérebro nos estimular a agir — isto é, que a substância química não aparece após corrermos um risco, para nos recompensar por termos corrido esse risco. Em vez disso, surge logo antes de corrermos um risco, a fim de nos estimular a seguir em frente. Em outras palavras, a dopamina é a base biológica da exploração e da inovação.[14]

Quando nos esforçamos para atingir um objetivo importante — isto é, quando buscamos o conhecimento profundo —, os níveis de dopamina disparam. Mas a verdadeira vitória é um conjunto desses disparos, dia após dia. Emocionalmente, esse conjunto aparece como um ímpeto, que muitas pessoas de desempenho máximo descrevem como sua sensação favorita. "O maior motivador", explica o autor Dan Pink em *Drive*, "de longe, [é] fazer progressos em um trabalho significativo".[15]

Naturalmente, o oposto também é verdadeiro: quando falta progresso, o custo é exorbitante. A sensação de estar atolado na lama, de estar girando sem chegar a lugar nenhum, é o maior dreno na motivação que os cientistas descobriram. Se o ímpeto é a sensação favorita no desempenho máximo, então a falta dele é a menos favorita.

Porém, é quase impossível falar sobre conhecimento profundo, ímpeto e sobre por que esse impulso pode ser nosso "maior motivador" sem abordar o fluxo. Para ajudar nessa abordagem, vale a pena conhecer o psicólogo Mihaly Csikszentmihalyi e aprender um pouco mais sobre a história da ciência do fluxo.

GATILHOS DO FLUXO

Mihaly Csikszentmihalyi é considerado o patrono da psicologia do fluxo.[16] Entre os anos 1970 e 1990, primeiro como professor do departamento de psicologia da Universidade de Chicago, depois como diretor, Csikszentmihalyi conduziu uma investigação mundial sobre fluxo e desempenho otimizado. Foi por meio dessa pesquisa que ele definiu que o fluxo é um fenômeno global. Esse estado é universal e aparece em qualquer pessoa e em qualquer lugar, contanto que determinadas condições iniciais sejam cumpridas.

Originalmente, Csikszentmihalyi chamou essas condições de "condições proximais de fluxo", mas, desde então, o nome foi encurtado para "gatilhos do fluxo", ou pré-condições que levam a mais fluxo.[17] Até agora, pesquisadores identificaram 22 gatilhos de fluxo diferentes — é provável que existam mais —, mas eles têm uma coisa em comum. O fluxo é consequência do foco. Esse estado só consegue surgir quando toda a nossa atenção está direcionada ao momento presente. Portanto, isso é exatamente o que todos esses gatilhos fazem: eles atraem a atenção para o agora.

De uma perspectiva neurobiológica, esses gatilhos atraem a atenção de uma entre três formas.[18] Ou eles carregam dopamina e/ou norepinefrina para nosso sistema, que são as duas principais substâncias químicas de foco do cérebro, e/ou reduzem a carga cognitiva, o ônus psicológico de todas as coisas em que pensamos a qualquer momento. Ao reduzir a carga cognitiva, estamos liberando energia, a qual o cérebro pode, então, reutilizar para prestar atenção à tarefa presente.

É aqui que a curiosidade, a paixão, o propósito, a autonomia e o conhecimento profundo voltam para a história. Nossos cinco impulsos intrínsecos mais potentes trabalham o dobro como gatilhos do fluxo. Todos esses cinco motivadores podem carregar nosso sistema de dopamina. Muitos deles fazem o mesmo em relação à norepinefrina. E, quando todos os cinco estão alinhados de maneira adequada, a carga cognitiva mais baixa também está.

De uma perspectiva evolutiva, nada disso é surpreendente. O impulso é o combustível psicológico que nos impele a obter recursos. Ainda assim, temos uma chance enorme de conseguir esses recursos se tivermos um plano para correr atrás deles (curiosidade, paixão, propósito), a liberdade para correr atrás deles (autonomia) e as habilidades necessárias para realizar essa corrida (conhecimento profundo). Se todos esses impulsos intrínsecos não estiverem adequadamente empilhados, a falta de alinhamento entre eles torna-se uma forma persistente de ansiedade, que é o ônus psicológico de não fazermos exatamente o que viemos fazer neste mundo.[19] Quando acertamos essa pilha motivacional, esse ônus desaparece. Agora, temos muito mais energia para atacar a tarefa presente, e uma chance muito maior de entrar no fluxo ao longo do caminho.

Melhor ainda é o fato de que *quase* tudo isso acontece automaticamente. Quando estamos curiosos, apaixonados e temos propósito, a carga cognitiva fica mais leve, e a dopamina e a norepinefrina fluem em nosso sistema. Isso também vale para a autonomia. Mas não para o conhecimento profundo. Enquanto a curiosidade, a paixão, o propósito e a autonomia alteram automaticamente nossa neurobiologia, aumentando o impulso e — como resultado das mudanças na neuroquímica que produzem o aumento do impulso — nossa chance de entrar no fluxo, o conhecimento profundo exige um pouco de ajuste fino adicional.

Como gatilho do fluxo, o conhecimento profundo é denominado "equilíbrio entre desafios e habilidade".[20] A ideia é relativamente direta: o fluxo acompanha o foco, e prestamos muita atenção à tarefa presente quando o desafio da tarefa excede ligeiramente nossas capacidades. Ou seja, queremos esticar sem arrebentar.

Quando estamos prosseguindo em nossos talentos e expandindo nossas habilidades, estamos no caminho do conhecimento profundo — e o cérebro repara. Ele recompensa esse esforço com dopamina. E porque a dopamina amplia ainda mais o foco, isso aumenta nossas chances de entrar no fluxo, e o ciclo continua.

Um exemplo vem a calhar.

Sou esquiador. Comecei a esquiar aos 5 anos de idade e nunca mais parei. Consequentemente, sempre que vou para as montanhas estou fazendo uma escolha (autonomia), que está alinhada com minha paixão e meu propósito. Como resultado dessa consequência, só de me encostar na neve reduzirei minha carga cognitiva e produzirei um pouco de dopamina e norepinefrina.

A PILHA INTRÍNSECA COMPLETA

Quando saio para esquiar, se decido explorar uma parte da montanha que nunca vi antes, terei colocado a curiosidade em cima das outras motivações e acrescentado um pouco mais de neuroquímica à equação. Mesmo que ainda não esteja no fluxo, boa parte de minha atenção está focada na tarefa presente (esquiar), para me mover na direção certa. Para me alçar em direção ao topo, o que preciso fazer é algo que me leve ao ponto ideal de habilidades desafiadoras. Eu poderia ir ao parque de neve e começar a praticar um truque novo, talvez, ou encontrar aquela rampa íngreme e estreita que, durante minha última viagem, exigiu cinco turnos de esqui e, desta vez, tentar fazer em quatro turnos. Fazendo uma coisa ou outra, subi um pouco o nível de desafio, e meu cérebro recompensou esse esforço de risco com ainda mais dopamina. De uma hora para outra, há neuroquímica suficiente em meu sistema para me lançar no fluxo.

No entanto, a história não acaba aqui. Esse estado em si produz uma cascata ainda maior de neuroquímica de prazer. Assim, meu amor profundo por esquiar se aprofunda ainda mais e, na próxima vez que eu for para as montanhas, meu desejo de repetir essas ações e tentar aprimorar ainda mais minhas habilidades se ampliará de maneira significativa — sem nenhum esforço extra necessário. Se eu fizer isso algumas vezes seguidas, o que costumava exigir energia e empenho começa a acontecer de forma automática. Buscar esse ponto ideal de habilidades desafiadoras virou hábito. Agora, estou percorrendo automaticamente o caminho rumo ao conhecimento profundo — que é, também, o único caminho que pode nos levar ao impossível.

Por fim, tudo isso se traduz em conselhos extremamente práticos. Para aproveitar, de fato, o conhecimento profundo como um motivador, pegue os 15% de sua vida que escolheu para si mesmo — chame-o de momento autonomia — e gaste-os em busca desse equilíbrio entre desafios e habilidades, tentando se aprimorar um pouco em algo que esteja alinhado com sua curiosidade, sua paixão e seu propósito. Comece perseguindo o máximo do aprimoramento suplementar. Vicie-se no ciclo de progresso da dopamina. Tente melhorar um pouco hoje, depois tente melhorar um pouco amanhã.

E repita.

E repita.

E, a esse respeito, não há escolha de fato.

Anteriormente, quando comentei que esses cinco impulsos biológicos estavam biologicamente relacionados, quis dizer que foram todos projetados para funcionar em conjunto, como uma sequência. Também é esse o motivo por que, quando sequenciados da forma adequada, eles produzem fluxo de maneira confiável. Todos fomos feitos para alcançarmos o melhor desempenho. É assim que o sistema quer trabalhar, e há consequências sérias por tentar contrariá-lo. A desconexão de valores e de trabalhos importantes é uma das causas principais de ansiedade e depressão. Desconectar-se de valores importantes é falta de curiosidade, paixão e propósito na vida. Desconectar-se de trabalhos importantes é ser forçado a fazer um trabalho (falta de autonomia) chato ou massacrante, e não fazer avançar habilidades básicas (falta de conhecimento profundo)[21]. Este é mais um motivo por que é tão fundamental fazer a biologia trabalhar para nós, e não contra nós: porque falhar em fazer esse trabalho causa sérios danos psicológicos.

No entanto, se conseguimos alinhar esses cinco motivadores intrínsecos principais, o resultado é a motivação ampliada e aprimorada, o que significa que, na estrada longa rumo ao impossível, iremos mais longe com mais rapidez. Então, já que vamos nos movimentar mais rapidamente pela vida, é cada vez mais importante sabermos exatamente aonde queremos chegar — e é justamente por isso que precisamos voltar a atenção para o assunto relacionado aos objetivos.

4

Objetivos

101 COISAS EM 101 DIAS

Se impulsos intrínsecos têm a ver com criar a energia psicológica necessária para nos fazer seguir adiante, os objetivos nos dizem exatamente aonde queremos ir. No Capítulo 1, começamos o processo de identificação de nossos objetivos quando criamos nosso propósito maciçamente transformador, ou o que poderia ser considerado uma missão de vida para nós. Neste capítulo, queremos separar essa missão de vida em partes menores, dividindo o impossível em uma longa série de objetivos difíceis, porém factíveis, e que, se realizados, deixam o pretenso impossível muito mais provável.

Essa ideia não é nova. Há cerca de 2 mil anos, o filósofo Aristóteles notou que definir objetivos — isto é, estabelecer um resultado ou uma meta desejada — era um dos principais motivadores do comportamento humano.[1] Ele denominava os objetivos uma das quatro "causas" fundamentais, ou grandes impulsos, de mudança no mundo. Foi um insight inovador, mas que levou muito tempo para entendermos.

O problema é a complexidade. Por mais simples que a ideia de definir metas possa parecer, encontramos problemas nos detalhes. O que as pesquisas mostram é que nem todo objetivo é o mesmo, nem todo objetivo é apropriado para todas as situações e — o mais importante — que o objetivo errado na situação errada pode prejudicar seriamente o desempenho e, de fato, reduzir a produtividade e a motivação.

A ARTE DO IMPOSSÍVEL

Vamos começar pela ciência.

Durante o final dos anos 1960, o psicólogo Gary Latham, da Universidade de Toronto, e o psicólogo Edwin Locke, da Universidade de Maryland, considerados os patronos da teoria da definição de objetivos, relembraram a noção de Aristóteles e nos deram uma ideia que agora temos como verdade: o estabelecimento de um objetivo é uma das maneiras mais fáceis de aumentar a motivação e melhorar o desempenho.[2]

Na época, porém, essa foi uma descoberta surpreendente.

Latham e Locke abordaram esse assunto em termos organizacionais — eles estavam interessados no que as empresas poderiam fazer para motivar os funcionários a trabalharem com mais afinco. Antes de 1960, o consenso era que funcionários felizes eram trabalhadores produtivos.[3] Assim, deixar os funcionários mais estressados ao estabelecer objetivos de desempenho (ou seja, metas) era considerado ruim para os negócios. Mas Latham e Locke fizeram algo que nossos teóricos não fizeram: conduziram experimentos. E a ideia de que mais estresse era sinônimo de menos trabalho definitivamente não foi o que seus dados revelaram.

Latham e Locke começaram pelos lenhadores, um grupo ferozmente independente de sujeitos de pesquisa.[4] Eles foram divididos em equipes. Algumas delas foram orientadas a trabalhar com inteligência e rapidez, porém sem pressão, e a dar seu melhor. Outras receberam cotas. Uma quantidade "x" de madeira para uma boa semana de trabalho, uma quantidade "y" para uma ótima semana. É importante observar que não houve recompensa financeira alguma por cumprir essas metas. Os objetivos foram simplesmente definidos e ponto final.

Entretanto, os lenhadores que receberam alvos em que mirar por diversas vezes acabaram juntando muito mais madeira do que o grupo de controle. E não apenas os lenhadores. Em dezenas de estudos em outras dezenas de áreas, Latham e Locke descobriram que definir metas aumentava o desempenho e a produtividade de 11% a 25%. Esse aumento é demasiadamente extraordinário. No fim das contas, se temos como base uma jornada diária de 8 horas, é como conseguir, do nada, duas horas a mais simplesmente ao construir uma estrutura mental — isto é, uma meta — em torno da atividade.

OBJETIVOS

Outra forma de pensar nas ideias de Locke e Latham sobre a definição de metas é como um subcomponente do trabalho de Ryan e Deci. Como Richard Ryan posteriormente escreveu: "Necessidades humanas [como autonomia, conhecimento profundo e propósito] proporcionam a energia para o comportamento; as pessoas valorizam os objetivos porque espera-se que elas proporcionem satisfação a suas necessidades."[5] Em outras palavras, a necessidade de autonomia é o que estimula as pessoas a começarem o próprio negócio; os objetivos, por sua vez, são todas as etapas particulares necessárias para se estar, de fato, no negócio.

Para compreender o poder dos objetivos, também precisamos entender como eles impactam o funcionamento do cérebro. Esse órgão é uma máquina de previsões.[6] Está sempre tentando prever o que está prestes a acontecer em seguida e quanta energia será necessária para tal situação. Para fazer essas previsões, três sistemas entram em cena: aquisição de informações, reconhecimento de padrões e direcionamento de metas. Absorvemos informações, descobrimos as conexões entre elas e as experiências prévias e, então, filtramos esses resultados por meio de nossos objetivos para decidir o que fazer em seguida. Uma vez que decisão é ação e ações requerem energia — quanta energia exatamente? —, isso é justamente o que o cérebro está sempre tentando prever.

E todos esses sistemas trabalham em conjunto. Dê uma meta ao sistema de direcionamento de metas, um propósito ao sistema de reconhecimento de padrões e um alvo ao sistema de aquisição de informações. E por que esse alvo é tão importante? Porque a consciência é um alvo extremamente limitado.

A cada segundo, milhões de bits de informação inundam nossos sentidos. No entanto, o cérebro humano pode controlar apenas cerca de 7 bits de informação por vez, e o tempo mais curto que ele leva para discriminar um conjunto de outro é 1/18 de segundo.[7] "Usando esses números", como Csikszentmihalyi explicou em *Flow* [*Fluxo*, em tradução livre], "conclui-se que é possível processar, no máximo, 126 bits de informação por segundo".[8]

Não é tanta informação assim.

Entender o que outra pessoa está falando leva cerca de 40 bits. Se há três pessoas falando ao mesmo tempo, alcançamos o limite. Todas as outras informações que surgem são invisíveis para nós. Mas não é apenas o que as outras pessoas estão falando que passa batido. A imensa maioria de tudo o que acontece no mundo se encaixa nessa categoria. O sistema está constantemente sobrecarregado; portanto, a maior parte da realidade é constantemente invisível.

Muita coisa do que permanece visível é tão somente o que nos assusta. A evolução moldou o cérebro para sobreviver, portanto qualquer ameaça a essa sobrevivência sempre prende nossa atenção. Mas o que mais é importante para sobrevivermos? Nossos objetivos e qualquer coisa que nos ajude a atingi-los. Porque o cérebro é uma máquina de previsões, e a consciência é um recurso limitado; medos e objetivos são os blocos de construção básicos de nossa realidade.

Essa é a neurobiologia de base, mas o que Deci e Ryan descobriram é que existe uma ordem nesse processo.[9] Para que os objetivos sejam mais eficazes na formação da percepção, há uma primeira etapa necessária. Precisamos conhecer nossas necessidades — isto é, nossas motivações intrínsecas — antes que possamos utilizar os objetivos como uma forma de preencher essas necessidades. É por isso que este livro começou por onde começou. Com a paixão e o propósito por cima da autonomia e do conhecimento profundo; agora estamos prontos para tirar máximo proveito da definição de objetivos.

No entanto, como Latham me disse certa vez, nem todo objetivo é o mesmo. "Descobrimos que, se você quer um aumento considerável de motivação e produtividade, objetivos grandiosos levam a resultados melhores. Os objetivos grandes superam significativamente os pequenos, os médios e os vagos".[10]

Objetivos grandes. Esse é o segredo. Mas o que é, exatamente, um objetivo grande?

A IMPORTÂNCIA DE OBJETIVOS ELEVADOS E DIFÍCEIS

"Objetivos elevados e difíceis" é o termo técnico para os objetivos grandes de Latham e Locke. São diferentes dos propósitos maciçamente transformadores, que já abordamos. PMTs seguem a linha do "descobrir maneiras sustentáveis de acabar com a fome no mundo", enquanto um objetivo elevado e difícil (HHG, na sigla em inglês) é um passo importante ao longo do caminho, como "fazer uma faculdade de nutrição" ou "criar uma ONG que use proteínas à base de insetos para alimentar o mundo de maneira mais sustentável".

OBJETIVOS

No caminho rumo ao impossível, você precisará de PMTs e HHGs, começando com o primeiro. Se você seguiu corretamente os passos da receita da paixão, é muito provável que tenha terminado esse exercício com duas ou três associações entre paixão e propósito. Esse é o esboço para um PMT. Agora, tudo o que você precisa é transformar essas ideias em afirmações principais.

Um exemplo vem a calhar. Em minha vida, tenho três PMTs: escrever livros que causem um impacto profundo, progredir no conhecimento e na prática do fluxo e tornar o mundo um lugar melhor para os animais. É isso. Esses três objetivos funcionam como afirmações de vida para mim.

Isso também significa que esses objetivos são meu primeiro filtro. Se aparece um projeto e ele não progride nessas três missões, então não é para mim. Isso é crucial. Não é muito bom fazer todo esse trabalho para aumentar a motivação apenas para desperdiçá-lo com coisas frívolas. Se utilizados corretamente, os PMTs não são para inspirar, mas para filtrar: eles eliminam o trabalho que não importa.

Portanto, objetivos elevados e difíceis são as subetapas que podem ajudá-lo a realizar essas missões maiores. Eles também são a chave. HHGs estimulam a atenção e a persistência, que são dois fatores críticos para manter o desempenho máximo. E são cruciais porque objetivos elevados e difíceis são como na propaganda: montanhas difíceis de escalar. O trabalho pesado é real. Esse é outro motivo pelo qual a atenção extra e a persistência são importantes.

Mas calma lá.

Para que os objetivos elevados e difíceis façam sua mágica, Locke e Latham descobriram que certos *moderadores* — termo que os psicólogos usam para descrever as condições "se-então" — precisam existir. Um dos mais importantes é o comprometimento. "Você precisa acreditar no que está fazendo", explica Latham. "Objetivos grandes funcionam melhor quando há um alinhamento entre os valores de uma pessoa e o resultado desejado para esses objetivos. Quando tudo se alinha, ficamos 100% comprometidos — quer dizer que, consequentemente, você está ainda mais atento, ainda mais resiliente e muito mais produtivo".

A ARTE DO IMPOSSÍVEL

Esse também é o motivo pelo qual este manual começou pela paixão e pelo propósito. Objetivos grandes funcionam melhor quando estamos apaixonados pelo tema do objetivo (a ideia que o cerca), por seu resultado (o propósito maior a que o objetivo serve). Se você seguiu este livro na ordem, acrescentou a autonomia e o conhecimento profundo em sua pilha de impulsos antes de começar a organizar os HHGs. Essa sequência garante que as condições "se-então" de Locke e Latham sejam cumpridas, que valores, necessidades e sonhos estejam alinhados com os objetivos que você está definindo e que, como resultado, você tenha um impulsionamento máximo em seu desempenho.

Em relação a essa abordagem, é igualmente importante não revelar a ninguém tais objetivos.

Enquanto Latham e Locke, inicialmente, acreditavam que tornar público o objetivo aumentava a motivação, uma série de estudos extras do psicólogo Peter Gollwitzer, da NYU, revelou que falar a respeito de um objetivo reduz drasticamente suas chances de atingi-lo.[11] Ao dar voz a uma meta, você está criando o que se chama de "realidade social", e isso tem consequências negativas para a realidade factual. O ato de contar seu objetivo a alguém lhe dá a sensação de que ele já foi realizado. Isso libera prematuramente a dopamina que você deveria receber posteriormente. E, com a neuroquímica, vem a sensação de satisfação. Esse é o problema. Uma vez que você já se sentiu tão bem, é difícil voltar para a luta árdua necessária para obtê-lo de fato. Como diz o ditado, em boca fechada não entra mosca.

O mais relevante: o ímpeto importa mais. Objetivos elevados e difíceis precisam ser desafiadores, porém atingíveis. Se você está sempre estressado com quão difícil é atingir seu objetivo, vai se esgotar muito antes de conseguir atingi-lo. Além disso, a verdadeira meta é a autoeficácia, aquele aumento crucial na capacidade e na possibilidade, a versão nova e aprimorada de si mesmo que você acaba se tornando antes de atingir seus objetivos.

OBJETIVOS

OBJETIVOS CLAROS

Objetivos claros é o ponto em que a definição de objetivos fica ainda mais complicada. Acontece que há diferenças significativas entre objetivos elevados e difíceis e objetivos claros, que são todas as subetapas diárias necessárias para cumprir o HHGs.

Tudo se resume ao prazo.

Os objetivos elevados e difíceis são nossas missões mais longas, que podem levar anos para serem realizadas. São os grandes passos rumo aos grandes sonhos. Escrever um livro, tornar-se médico ou abrir uma empresa — tudo isso é HHG.

Objetivos claros são o inverso. São todos os passos diários e mínimos necessários para cumprir essa missão. Seus prazos são muito menores. Tornar-se um ótimo escritor é um propósito maciçamente transformador, ou um objetivo em que mirar durante uma vida toda. Escrever um romance é o próximo objetivo elevado e difícil, que pode levar anos para ser concluído. Agora, escrever 500 palavras entre 8h e 10h é um objetivo claro. Escrever 500 palavras entre 8h e 10h que cause uma sensação empolgante no leitor é um objetivo ainda mais claro.

E como isso funciona na realidade? Com listas diárias do tipo "coisas a fazer".

Uma lista adequada de coisas a fazer nada mais é do que uma seleção de objetivos claros para seu dia. De certa forma, é exatamente com isso que a estrada para o impossível se parece — uma lista de afazeres diários, executada todos os dias. Cada item dessa lista se originou de seu propósito maciçamente transformador, foi fragmentado em um objetivo elevado e difícil e, depois, reduzido a algo que você pode fazer hoje para levar sua causa adiante. Um objetivo claro é uma missão em tamanho reduzido. Como Deci e Ryan descobriram pela primeira vez, se essa missão em tamanho reduzido está adequadamente alinhada com seus valores essenciais, ela lhe dá o ímpeto motivacional necessário para correr atrás dela. Uma vez realizada, você recebe a recompensa de dopamina do outro lado, o que consolida seu desejo de ir atrás dela amanhã. Empilhar um pouco de vitória em cima de um pouco de vitória, e assim por diante, é sempre o melhor caminho para a vitória.

Igualmente crucial é o fato de os objetivos claros serem gatilhos importantes do fluxo.[12] Esse estado exige foco, e objetivos claros nos dizem onde e quando ficarmos atentos. Quando os objetivos são claros, a mente não precisa ficar se perguntando o que fazer ou o que fazer em seguida — ela já sabe. Dessa forma, a concentração e a motivação são reforçadas, e as informações extras são filtradas. Em certo sentido, objetivos claros agem como uma lista de prioridades para o cérebro, reduzindo a carga cognitiva e dizendo ao sistema onde expandir sua energia.

Aplicar essa ideia em nossa vida diária significa dividir tarefas em pedaços menores e definir objetivos adequadamente. Pense em desafios, porém viáveis — apenas estímulos suficientes para voltar a atenção para o agora, não estresse o bastante para fazê-lo recuar novamente. Um objetivo claro e adequado cabe exatamente no ponto ideal entre a habilidade e o desafio, ou seja, é difícil o bastante para levá-lo ao limite de suas habilidades, mas não árduo o suficiente a ponto de empurrá-lo para os domínios desmotivadores da ansiedade e da sobrecarga.

Em conjunto, o que tudo isso quer dizer é que definir o objetivo adequado exige três grupos de objetivos: os maciçamente transformativos, os elevados e difíceis e os claros — para três prazos diferentes. Os PMTs duram a vida toda; os elevados e difíceis podem levar anos; os objetivos claros, por sua vez, são realizados um minuto de cada vez. No entanto, também significa saber em qual objetivo focar e quando. Ao longo dos prazos mais curtos do momento, a atenção precisa se voltar à tarefa presente (o objetivo claro), e não no motivo para se fazer a tarefa (o objetivo elevado e difícil ou o PMT). Cometer esse erro pode realmente bloquear o fluxo — privando os criadores de metas do ímpeto no desempenho de que precisam para atingir esses objetivos.

Quando se trata de elaborar suas listas diárias de coisas a fazer, tente escrever a lista do dia seguinte no final do dia anterior. Assim, você pode apanhá-la quando começar a trabalhar. Pessoalmente, limito a oito a quantidade de itens de minhas listas diárias de afazeres — minha capacidade máxima para um bom dia de trabalho. Em outras palavras, a qualquer momento tenho a energia para me forçar nesse ponto ideal de desafios e habilidades por oito vezes. Portanto, não tento nove, dez ou onze vezes, porque assim me sobrecarrego. Tampouco me esquivo do trabalho tentando seis ou sete.

Mas isso vale para mim.

Descubra o que funciona melhor para você. Conduza o próprio experimento. Registre quantas coisas você consegue fazer em um dia e, ainda assim, dar seu melhor em todas elas. Faça isso todos os dias por algumas semanas e descobrirá seu número mágico. Ele se refere à quantidade de itens que você deve colocar em sua lista diária de objetivos claros. Ao acertá-los, otimizamos a maximização. Mas também sabemos quando declarar que o dia foi um sucesso.

Para mim, se conseguir riscar todos os oito itens de minha lista diária de afazeres, "ganhei" o dia. Acabou. Posso desligar o cérebro e recarregá-lo. Isso é importante. Recarregar é fundamental para manter o desempenho máximo; no entanto, pessoas de desempenho máximo podem ficar meio obcecadas, entrar no modo workaholic e não sair mais. Portanto, saber como parar de trabalhar sem se sentir mal por isso é a chave do sucesso de longo prazo. Não é apenas porque você precisa se recuperar; é porque se sentir mal por reservar um tempo para isso, mesmo se você está com tempo, na verdade prejudica a recuperação. E pior: essas sensações negativas impactam ainda mais o desempenho — reduzindo a motivação, dispersando o foco e bloqueando o fluxo.

Importante: o impossível é sempre uma checklist. Faça cada item de sua checklist hoje, faça cada item de sua checklist amanhã, e repita. É assim que objetivos claros viram realizações elevadas e difíceis, que se tornam etapas a caminho dos propósitos maciçamente transformadores.

No entanto, não há como se esconder da verdade. Mesmo que você esteja ganhando os dias e fazendo progressos patentes rumo a seus objetivos, a necessidade de repetir indefinidamente esse processo exige persistência. E resiliência. E isso explica por que a seguir passaremos direto para a determinação.

5

Determinação

SEM PRESSÃO NÃO HÁ DIAMANTES

"Sem pressão não há diamantes."

O filósofo escocês Thomas Carlyle disse isso 300 anos atrás.[1] Era verdade na época. E ainda hoje é verdade.

O que Carlyle quis dizer é que a excelência tem um preço. O desafio de se sustentar o desempenho máximo é a rotina. Assim, mesmo que você aproveite o combo completo dos impulsos intrínsecos e dê uma turbinada nos resultados, definindo adequadamente os objetivos, ainda não será o bastante.

E é exatamente por isso que a *determinação* é tão importante.

A determinação é a motivação em larga escala — não somente a energia exigida para levar adiante uma tarefa difícil, mas a energia necessária para levar adiante anos de tarefas difíceis. Sem a capacidade de suportar tempos complicados, você raramente chegará a um lugar em que valha a pena ir. Pense nisso da seguinte maneira: a motivação intrínseca lança-o rumo ao caminho do desempenho máximo; a definição adequada de objetivos ajuda-o a decidir o caminho; e a determinação é o que o mantém na busca, mesmo que existam dificuldades e obstáculos.

Entretanto, a maioria das pessoas pensa que determinação é uma habilidade isolada. Dizemos "Ela é uma atleta determinada" ou "Ele é um cientista determinado" como se isso explicasse tudo. A verdade é um pouco mais complicada.

Quando descrevem a determinação, os psicólogos frequentemente se baseiam na definição da característica feita pela psicóloga Angela Duckworth, da Universidade da Pennsylvania: "a junção de paixão e persistência."[2] Porém, por mais que essa definição seja útil, talvez ela não nos leve suficientemente longe. Se você conversar com pessoas que têm desempenho máximo, muitas vezes elas descrevem seis tipos diferentes de persistência que praticam com regularidade. Uma coisa de cada vez. No entanto, estamos colocando o carro na frente dos bois.

Próximo assunto: os neurocientistas.

Quando os neurocientistas falam de determinação, sua discussão tem como foco o córtex pré-frontal, a parte do cérebro que fica logo atrás da testa. O córtex pré-frontal controla[3] a maior parte de nossas funções cognitivas superiores, incluindo o "comportamento direcionado a objetivos" e a "autorregulação".

A expressão "comportamento direcionado a objetivos" abarca todas as ações diferentes necessárias para se atingir um objetivo. A autorregulação fica a jusante daí. É como nos sentimos e o que fazemos com esses sentimentos rumo à realização desses objetivos. Em outras palavras, a autorregulação é a capacidade de controlar nossas emoções e de persistir em meio a tarefas desafiadoras e árduas.

Neurobiologicamente, esses dois atributos são a receita de nossa determinação.

Em estudos de ressonância magnética funcional (RMF), esses atributos se revelam de uma forma muito particular. Pessoas com problemas de determinação têm uma quantidade maior de "atividade de repouso" espontânea no córtex pré-frontal medial dorsal direito.[4] Pessoas mais determinadas têm uma quantidade menor. Essa parte do cérebro ajuda a administrar a autorregulação e o planejamento de longo prazo, mas, para entender por que ela se acalma em pessoas determinadas, precisamos conhecer melhor a relação entre dopamina e persistência.

No capítulo anterior, aprendemos que, sempre que cumprimos uma tarefa difícil, a dopamina é nossa recompensa. Neste capítulo queremos consolidar essa ideia, compreendendo que, se realizamos tarefas difíceis diversas vezes seguidas, o cérebro começa a conectar a sensação de persistência com a recompensa da dopamina que está por vir. Estamos tornando o ato de tocar em nossas reservas emocionais um hábito. Essa automatização pode ser o motivo pelo qual o córtex pré-frontal medial dorsal fica em silêncio em pessoas determinadas. Uma vez que a coragem emocional exigida para nos aprofundarmos se torna um hábito, podemos nos aprofundar mais sem pensar a respeito, a fim de que a parte do cérebro necessária para pensar nisso não precise estar envolvida.[5]

O que é preciso para deixar esses ciclos de recompensa resilientes?

Se você fizer essa pergunta a pessoas que têm desempenho máximo, elas não responderão como os cientistas. Psicólogos tendem a falar sobre a junção entre paixão e persistência. Neurocientistas focam o córtex pré-frontal. Porém, pessoas com desempenho de elite abrangem uma rede muito mais ampla.

Se fizer essa pergunta a elas, receberá seis respostas diferentes. Seis tipos de determinação que pessoas de desempenho máximo se esforçam para melhorar.[6] Para manter o desempenho e as realizações elevadas, você precisará de todos os seis. E não há atalhos. Cada uma dessas habilidades de determinação deve ser praticada de maneira independente.

Abordaremos uma de cada vez.

DETERMINAÇÃO PARA PERSISTIR

Em 1869, Sir Francis Galton realizou o primeiro estudo sobre determinação e realizações elevadas.[7] Em uma longa análise histórica, ele analisou destaques nas áreas de política, esportes, arte, música e ciência, procurando por traços que justificassem seu sucesso. Mesmo tendo descoberto que todas as pessoas que voavam alto pareciam ter uma dose incomum de talento, a qual ele acreditava ser inato (ou seja, genético), isso não era o bastante para explicar suas verdadeiras realizações.

Em vez disso, ele trouxe à tona duas características mais importantes: "zelo" e "capacidade para trabalhar duro". Já se passaram mais de 150 anos e ninguém ainda provou que Galton estava errado — embora tenhamos atualizado sua terminologia.

No início dos anos 2000, Angela Duckworth substituiu "zelo" por "paixão" e "capacidade para trabalhar duro" por "persistência". Essa é a combinação que ela reconhecidamente chama de "determinação". Em uma série de estudos, Duckworth descobriu que essa combinação era duas vezes mais importante para o sucesso acadêmico do que o QI. E o que vale para acadêmicos vale para diversas outras áreas. Isso quer dizer, e é seguro dizer, que, conforme afirma Duckworth, "Todos os grandes empreendedores são modelos de persistência".[8]

A persistência é a versão mais conhecida da determinação. É a constância do dia a dia. É o tipo de perseverança que o faz ir até o fim, independentemente das circunstâncias. Gostem de mim ou não, isso não importa, eu já cheguei lá. É por isso que tenho uma placa acima de minha escrivaninha em que se lê FAÇA O MAIS DIFÍCIL e o bordão ACEITA QUE DÓI MENOS é o lema não oficial dos fuzileiros navais norte-americanos.

No entanto, o buraco é mais embaixo. Psicólogos descobriram que seres humanos podem atingir três níveis de bem-estar neste planeta, um mais prazeroso do que os outros.[9] O primeiro nível é a "felicidade" a cada instante, que frequentemente se descreve como uma experiência hedonista de vida. O nível seguinte é o "comprometimento", definido como um estilo de vida de fluxo elevado, ou em que a felicidade não é alcançada pela busca do prazer, mas, antes, por meio da busca por tarefas desafiadoras, que tenham alta probabilidade de produzir fluxo. O terceiro nível, de felicidade máxima, o melhor que conseguimos sentir neste planeta, é conhecido como "propósito", que mescla o estilo de vida de fluxo elevado do nível dois com o desejo de impactar outras vidas além da nossa.

Em um estudo com quase 1,6 mil pessoas, Angela Duckworth e a psicóloga Katherine Von Culin, da Universidade Yale, encontraram um elo claro entre a determinação e o nível de felicidade que as pessoas buscam.[10] Pessoas menos determinadas procuram a felicidade através do prazer, enquanto pessoas com mais determinação escolhem o comprometimento. E, por escolherem de forma consistente o envolvimento e o estímulo do fluxo, as pessoas mais determinadas, na verdade, estão ficando mais felizes, e não menos. Assim, enquanto a determinação exige mais energia e coragem emocional no curto prazo, ela fornece um estímulo muito maior para o humor e a motivação no longo prazo.

DETERMINAÇÃO

Minha aposta: essa não é uma informação nova.

Pense em sua vida. Pense nas realizações que lhe deram mais orgulho; agora pense em como você trabalhou duro para realizá-las. Claro, todos têm sorte uma vez ou outra. Sempre há algumas ocasiões em que você consegue exatamente o que quer sem ter que trabalhar arduamente para conseguir. Mas são essas lembranças que lhe trazem mais felicidade? São elas que proporcionam verdadeiro otimismo e confiança no futuro? Que estimularam de maneira significativa seu desempenho de longo prazo?

Tenho minhas dúvidas.

Nós, humanos, gostamos de trabalho duro com determinação, porque isso proporciona vantagens de sobrevivência de longo prazo. E, se podemos conseguir esse impulso, basicamente podemos mudar nossa qualidade de vida.

Mas há um problema. Mesmo essa versão da determinação tem mais nuances do que muitas pessoas suspeitam. Quando pesquisadores diferenciam a "persistência", na verdade descobrem três características psicológicas: força de vontade, mentalidade e paixão. Novamente, não há atalhos. Você precisa dos três para manter o desempenho elevado.

FORÇA DE VONTADE

Força de vontade é autocontrole. É a capacidade de resistir às distrações, de permanecer focado e esperar pela recompensa. Também é um recurso finito.

Quão finito? Essa é a pergunta que não quer calar.

Uma pesquisa liderada pelo psicólogo Roy Baumeister conectou níveis de força de vontade a níveis de energia, o que ajuda a explicar por que nossa força de vontade se desgasta ao longo do dia.[11] Por exemplo, pessoas que estão tentando perder peso, descobrem muitas vezes que conseguem permanecer na dieta até a noite, depois sucumbem à tentação de um pote de sorvete antes de dormir. Isso também explica a fadiga decisória ou o fato de que, quando forçados a resolver uma série de problemas difíceis, a qualidade de nossas soluções se deteriora com o tempo.

63

A pesquisa de Baumeister tornou-se tema de alguns debates sobre saúde, sobretudo porque conecta diretamente níveis de energia a níveis de glicose. Mas esse detalhe é menos importante. Se você conversar com pessoas de desempenho máximo, a maioria concordará que a força de vontade diminui ao longo do dia. Talvez seja apenas uma queda normal nos níveis de energia ou, talvez, esteja relacionado diretamente ao que Baumeister chamou de "esgotamento do ego". Em ambos os casos, essas pessoas lutam contra o relógio.

Se a força de vontade decair com o tempo, não brigue. Basta começar o dia pela tarefa mais difícil e trabalhar de trás para a frente — em ordem decrescente de importância e dificuldade — até chegar na mais fácil. O bordão dos negócios para essa abordagem é "coma o sapo feio primeiro", embora seja mais ou menos o mesmo procedimento que devemos usar para organizar nossa lista de objetivos claros. Sempre comece sua lista de objetivos claros, depois seu dia, enfrentando a tarefa que, uma vez cumprida, produzirá o maior ganho desse dia.

Naturalmente, já que a força de vontade diminui com o tempo, o segundo e o terceiro sapos podem ser um problema maior. Esse também é o motivo por que tenho a placa FAÇA O MAIS DIFÍCIL acima de minha escrivaninha. A frase é um ótimo lembrete para enfrentar os desafios da vida, mas sua verdadeira função é muito menor: é me lembrar de fazer um item a mais de minha lista de afazeres antes de partir para o primeiro intervalo. Se a primeira tarefa do meu dia é acrescentar 750 palavras em qualquer livro que eu esteja escrevendo e a segunda é ensaiar uma palestra, minha placa me lembra de ensaiar antes de fazer o primeiro intervalo. Isso me ajuda a impulsionar minhas tarefas mais difíceis enquanto ainda tenho a energia máxima para esse impulsionamento.

É claro que existem obstáculos. Quando estamos cansados, percebemos um declínio de atividade no córtex pré-frontal, e isso leva a déficit sérios de desempenho. A atenção oscila, a cognição fica lenta, e erros de processamento acontecem com frequência crescente. A criatividade leva um golpe maior. Quando estamos com a energia baixa, não nos preocupamos em procurar conexões distantes entre as ideias. Escolhemos a opção mais fácil à disposição, não importando as consequências. Trocando em miúdos: se você já está lutando contra a falta de sono, não lute contra a força de vontade ao mesmo tempo.

DETERMINAÇÃO

Por fim, quando a poeira ao redor do debate sobre a glicose assentar, acredito que descobriremos que aumentar os níveis de energia com comida (intervenção de Baumeister) pode ajudar a reiniciar a força de vontade, mas sempre haverá alguma "mudança de situação" necessária. Se você conversar com pessoas de desempenho máximo sobre reiniciar a força de vontade ao meio-dia, certamente elas falarão de comida (sugestão de Baumeister), mas sonecas, meditação e exercícios também são citados com frequência. Todas essas intervenções não apenas reiniciam nossa fisiologia; elas mudam nossa condição e reiniciam nossa neurobiologia, o que parece outra peça fundamental nesse quebra-cabeça.

MENTALIDADE

Mentalidade é o que meu amigo Peter Diamandis quer dizer com: "Se você acha que consegue ou se acha que não consegue, bem, você está certo." Em termos mais técnicos, a mentalidade se refere a nossas atitudes em relação ao aprendizado.[12] Ou você tem uma mentalidade fixa, ou seja, acredita que o talento é inato e nenhuma prática o ajudará a melhorar, ou tem uma mentalidade de crescimento, acredita que o talento é um mero ponto de partida e que a prática faz toda a diferença. Para manter a persistência, pesquisas mostram que uma mentalidade de crescimento é indispensável.

Quando Carol Dweck, psicóloga de Stanford, escaneou o cérebro de pessoas que lidavam com tarefas difíceis demais para elas, descobriu uma diferença substancial nas reações entre pessoas com mentalidade fixa e de crescimento.[13] Ao confrontar um problema difícil, os cérebros das pessoas de mentalidade fixa revelam uma ausência total de atividade, como se essa atitude estivesse filtrando todas as informações disponíveis. Uma vez que as pessoas com esse tipo de mentalidade acreditam que o talento é inato, elas não pensam que poderiam resolver o problema. Consequentemente, seu cérebro não despende energia para tentar. O problema, quase literalmente, não foi registrado.

Por outro lado, ao encararem um desafio difícil, o cérebro de pessoas com mentalidade de crescimento revelou vários fogos de artifício. Ele se acendia por inteiro e permanecia assim. E com resultados significativos. Pessoas com

65

essa mentalidade trabalham mais, com mais afinco e inteligência, implementando uma gama muito mais ampla de estratégias para resolver problemas ao enfrentar desafios complicados. Elas também têm mais facilidade para entrar e permanecer no fluxo.

Esse aumento no fluxo se resume a concentração. Quando pessoas de mentalidade fixa cometem um erro, elas tendem a remoê-lo. Isso destrói sua capacidade de manter o foco no aqui e agora. Isso não acontece com quem tem mentalidade de crescimento. "Viva e aprenda", diz essa atitude — e o resultado é mais fluxo.

Portanto, a pergunta crucial é: como cultivar uma mentalidade de crescimento?

O primeiro passo é a curiosidade. Se você faz perguntas e aprende, é complicado dizer a si mesmo que o aprendizado em si não é possível.

Em seguida, para construir essa base, faça um inventário de sua história pessoal. Faça uma lista de suas habilidades, quaisquer que sejam. Majoritariamente, não são as habilidades em si que importam, é o fato de tê-las aprendido é o que você está tentando reconhecer em primeiro lugar. Seja bastante específico. Descubra habilidades invisíveis. O que é uma habilidade invisível? Sabe como amenizar uma discussão? Esse talento não aparece em testes de aptidão, mas é extremamente útil no mundo real.

Quando sua lista estiver completa, verifique tudo. Desconstrua suas habilidades. Como você as aprendeu? O que aprendeu em primeiro lugar, em segundo, em terceiro, e assim por diante. Faça o mesmo com todas as outras habilidades. Procure pontos em comum. Se encontrar sobreposições na estrutura, isso lhe dará uma ideia de como você aprendeu. Também o obrigará a perceber que você pode aprender, muitas vezes, em circunstâncias complicadas e muitas delas sem notar. Essa é a chave da mudança. Quando acreditamos que podemos aprender, ficamos curiosos com o que mais podemos aprender e, de uma hora para outra, passamos a usar com regularidade uma mentalidade de crescimento e a tirar o máximo proveito disso.

PAIXÃO

Começamos este guia explorando a paixão, mas é necessário retomar o fio da meada. A paixão é importante em uma discussão sobre determinação, porque não há outra forma de persistir por anos a fio. Trabalhar até as três da manhã durante três meses sem parar nos faz envelhecer rapidamente. Esse é o motivo pelo qual o conselho do autor John Irving sobre a persistência é curto e grosso: "Fique obcecado, permaneça obcecado."[14]

Infelizmente, esse conselho nem sempre ajuda.

O problema: a paixão genuína não se parece com uma paixão genuína logo de cara. Quando a maioria de nós pensa em um exemplo de paixão, imaginamos LeBron James carrancudo, abrindo caminho para enterrar a bola na cesta. Ou Einstein à lousa, com os cabelos bagunçados, chacoalhando o cérebro com equações. Sentimos o estômago queimar, a testa suar e pensamos, bem, não sou assim.

Mas eles também não eram — essa é a questão.

A paixão em fase inicial em nada se parece com a paixão em fase final. Para LeBron, a paixão em fase inicial era exatamente o que era: uma criancinha em frente a um grande aro, tentando fazer suas bolas entrarem. No início, a paixão nada mais é do que uma sobreposição de diversas curiosidades acopladas a poucas vitórias. Então, sim, o objetivo principal pode ser "fique obcecado, permaneça obcecado", mas nossa jornada começa com "fique curioso, permaneça curioso".

Vale a pena mencionar um segundo ponto: a paixão nem sempre é agradável. Quase sempre, por dentro, ela se parece com uma sensação de frustração e, por fora, obsessão. Pessoas de desempenho máximo precisam aprender a tolerar a quantidade enorme de ansiedade e sobrecarga, que é a sensação causada pela paixão na maioria das vezes. A paixão não nos deixa determinados. Ela nos torna capazes de tolerar todas as emoções negativas produzidas pela determinação.

Uma mentalidade de crescimento nos permite ver essa tolerância pela negatividade como sinal de vitória. Ela ajuda a mudar o roteiro, forçando o cérebro a reformular a dor como prazer. O que também ajuda: uma lista de objetivos claros.

Sempre que você ignora a frustração, atrasa a recompensa e elimina um item dessa lista, é uma pequena vitória. O pequeno arroubo de prazer que você sente ao eliminar um item é a recompensa química da dopamina. A paixão produz pequenas vitórias; pequenas vitórias produzem dopamina; e a dopamina, com o tempo e repetidas vezes, estabelece uma mentalidade de crescimento. Porém, pelo fato de as substâncias neuroquímicas desempenharem vários papéis diferentes no cérebro, esse aumento de dopamina também amplia o foco e impulsiona o fluxo. E, com o tempo, o fluxo gera determinação.

Por quê?

O êxtase do fluxo amortiza a agonia da paixão. Se o fluxo é nosso prêmio por sermos perseverantes, por ele ser uma recompensa gigantesca, estamos dispostos a tolerar muita dor ao longo do caminho.

Mas não deixa de ser dor, e muita.

Esse é o motivo por que, mesmo que você consiga usar adequadamente a força de vontade, a motivação e a paixão, treinar esse tipo de persistência determinada exige treino. Quando se trata de persistência, a maioria dos especialistas concorda que há poucos substitutos para as atividades físicas. Vá malhar. Faça exercícios regularmente. Esqui, surfe, *snowboard*. Ande de bicicleta. Caminhe. Levante peso. Corra. Faça ioga. Tai Chi. Não importa. Faça algo.

Simples assim.

Está bem, talvez não seja tão simples assim. O feedback é importante. Mensure seu progresso e, sempre que for malhar, se esforce um pouco mais do que da última vez. Permaneça no ponto ideal entre o desafio e a habilidade. Tenha como meta essas pequenas vitórias extras, produtoras de dopamina.

Igualmente, prepare-se para falhar. Haverá dias em que malhar será impossível. Você está cansado ou ocupado demais, ou ambas as coisas. Isso acaba acontecendo. No dia em que estiver de saco cheio (mais do que o habitual), tenha um plano B. Se não conseguir fazer todo o programa de exercícios pela manhã, planeje fazer metade dele à tarde.

Para os dias em que nada parecer possível, crie um "exercício de determinação para baixa energia". Se estiver cansado demais para fazer qualquer outra coisa, é esse exercício que você fará. Minha versão dele são duzentas flexões. Michael Wharton, meu editor de longa data, prefere uma corrida de 20 minutos. A questão é encontrar algo difícil o suficiente para lembrar a si mesmo de que você é determinado a ponto de fazê-lo, sobretudo quando não puder fazer muito mais. Esse lembrete é a questão. Com o tempo, é o que automatiza a persistência.

A DETERMINAÇÃO PARA CONTROLAR OS PENSAMENTOS

Impossível. É possível ouvir a frustração embutida. O trabalho duro. As longas horas. A voz em sua mente dizendo para largar mão. Sua cabeça batendo contra superfícies duras. Talvez seja apenas eu — mas você entendeu a questão.

Se está interessado em fazer seu melhor, o monólogo interno precisa respaldar sua melhor versão. Na verdade, quando o assunto é manter o desempenho, pelo fato de a dúvida e a frustração serem companhias constantes, controlar os pensamentos geralmente é a jogada. "No nível de elite", explica o psicólogo de alto desempenho Michael Gervais, "talento e capacidade são praticamente iguais. A diferença está na cabeça. O desempenho máximo é 90% mental. E muito dessa vantagem mental provém de conseguir controlar os próprios pensamentos".[15]

Minha visão geral preferida sobre esse assunto vem da palestra maravilhosa do autor David Foster Wallace, "This Is Water [Isto é a Água, em tradução livre]."[16] Proferido originalmente como discurso de formatura no Kenyon College em 2005, "This Is Water" supostamente trata do valor de uma educação em artes liberais, mas, na verdade, fala sobre a necessidade urgente de controlar os pensamentos. Eis Wallace:

Vinte anos depois que me formei, aos poucos comecei a compreender que o clichê das artes liberais sobre ensinar alguém a pensar é, na verdade, um atalho para uma ideia muito mais profunda e séria: aprender a pensar significa, de fato, aprender como exercer certo controle sobre o que você pensa e como. Significa estar ciente e alerta o bastante para escolher a que se presta atenção e como se constrói sentido a partir da experiência. Porque, se você não puder empregar esse tipo de escolha na vida adulta, ficará totalmente esgotado... E sugiro que é disso que trata o valor real, livre de bobagens, de sua educação em artes liberais: como não viver sua confortável, próspera e respeitável fase adulta sem consciência, como um escravo da mente e seu padrão natural de ser único, completo e imperialmente sozinho dia após dia. Isso pode soar exagerado ou uma abstração sem sentido. Vamos tornar isso concreto... Acontece que existem partes grandes da vida adulta norte-americana sobre as quais ninguém fala em discursos de formatura. Uma parte dela envolve tédio, rotina e pequenas frustrações. Os pais e as pessoas mais velhas aqui presentes saberão muito bem do que estou falando.

A excelência exige repetição. Mesmo que você tenha paixão e propósito 100% alinhados e ame por inteiro o que faz, o que você faz com frequência se reduz a uma checklist diária. Ou seja, uma parte do desempenho máximo sempre se molda pelas características da vida adulta citadas por Wallace: tédio, rotina e pequenas frustrações.

É por isso que controlar os pensamentos é importante.

Sem a determinação para controlar os pensamentos, o tédio e a frustração que vêm com a rotina rapidamente descerão em espiral. No fim, muitas pessoas de desempenho máximo percebem uma coisa muito desagradável: elas estão fazendo exatamente o que amam, mas odiando por inteiro a vida que levam. Esse é um nível novo de dificuldade. Se a paixão e o propósito se tornam uma prisão, a pequena frustração se transforma em fúria cega. É o que ninguém conta sobre ir atrás de seus sonhos: mais cedo ou mais tarde, você os seguirá direto de um penhasco.

Fato: David Foster Wallace tirou a própria vida após escrever "This Is Water". Seu discurso maravilhoso permanece como um lembrete trágico do caráter verdadeiramente difícil de vencer essa batalha.[17]

A boa notícia é que a ciência começou a prestar atenção a esse problema. Ao longo das últimas décadas, a higiene mental se tornou um assunto importante. O progresso foi rápido. Uma abordagem de três frentes foi revelada. Vamos por partes.

DETERMINAÇÃO

DIÁLOGOS INTERNOS

Se você quer controlar seus pensamentos, diálogos internos positivos são um bom começo. "Existem apenas dois tipos de pensamentos", explica Michael Gervais, "os que nos restringem e os que nos expandem. Pensamentos negativos restringem, pensamentos positivos expandem. E é possível perceber a diferença. Queremos expandir. O diálogo interno positivo tem a ver com escolher pensamentos que proporcionam um pouco mais de espaço".

Pensamentos restritivos são aqueles do tipo: "Isso é um saco. Não consigo lidar. Por que minha vida é tão injusta?" Eles reduzem suas opções e habilidades. Pensamentos positivos são o oposto: "Escolho estar aqui. O que tenho é isso. Definitivamente, posso melhorar."

No entanto, para que isso funcione de fato, você precisará de muito mais diálogos internos positivos do que pensa. Barbara Fredrickson, da Universidade da Carolina do Norte, descobriu "o índice de positividade", ou o fato de que são necessários três pensamentos positivos para anular um único pensamento negativo. "Três para um", escreveu ela em um artigo recente de jornal, "é a proporção que descobrimos ser o ponto de virada além do qual o impacto total de emoções positivas é desencadeado".[18]

Uma vez desencadeado, o impacto é considerável. Diálogos internos positivos levam a emoções positivas, o que expande a perspectiva, conferindo-nos a capacidade de elaborar planos de ação além de nossas rotinas normais. Esses novos planos de ação mitigam o tédio e a frustração que vêm com a checklist. Melhor ainda, emoções positivas impulsionam o "efeito bumerangue", que é um termo sofisticado para resiliência.[19]

Um lembrete: diálogos internos positivos precisam ter fundamentos reais. Quando tentamos nos estimular com pretensões falsas, o cérebro não se deixa enganar. Somos ótimos para detectar a incompatibilidade entre fatos e ficções internas. É por isso que as afirmações tendem a sair pela culatra.[20] Se você está dizendo a si mesmo que é milionário, mas, na verdade, trabalha de caixa de supermercado, o cérebro sabe disso. Descobrimos que a disparidade entre a afirmação fantasiosa e a realidade factual é grande demais — e o resultado é desmotivador.

71

A melhor maneira de conversar consigo mesmo é se lembrar das coisas que você sabe que são verdadeiras. Se houve momentos em que você se deparou com desafios similares e foi bem-sucedido, é bom começar por aí. Informações reais sempre superam aspirações do estilo Nova Era.

GRATIDÃO

Nossos sentidos coletam 11 milhões de bits de informações por segundo.[21] É muita coisa para o cérebro administrar. Muito do que o cérebro faz é peneirar e classificar, tentando separar o crucial do ocasional. E, uma vez que a primeira prioridade para qualquer organismo é a sobrevivência, o primeiro filtro que a maior parte dessas informações encontra é a amídala, nosso detector de ameaças.[22]

Infelizmente, para nos proteger, a amídala é fortemente enviesada para informações negativas. Sempre estamos em busca de perigo. Em experimentos feitos na Universidade da Califórnia, em Berkeley, psicólogos descobriram que assimilamos até nove bits de informações negativas para cada bit positivo que chega.[23] Nove para um são proporções ruins, na melhor das hipóteses — e o desempenho máximo raramente acontece sob as melhores condições.

Além disso, o pensamento negativo gera mais estresse. Isso destrói o otimismo e silencia a criatividade. Quando sintonizados no negativo, perdemos o inédito. O ineditismo é a base para o reconhecimento de padrões por extensão, a base da criatividade.[24] Sem criatividade não há inovação; sem inovação, não há impossível.

O diálogo interno positivo é uma solução para esse problema. Gratidão é outra.

A prática diária da gratidão altera o viés negativo do cérebro.[25] Ela muda o filtro da amídala, basicamente treinando-o para assimilar mais informações positivas. Isso funciona muito bem porque as coisas positivas pelas quais você é grato já aconteceram. Ela nunca dispara nosso detector de besteiras.

DETERMINAÇÃO

O melhor momento para praticar a gratidão é uma questão pessoal. Particularmente, gosto de fazer a minha no final do expediente, logo após elaborar a lista de objetivos claros para o dia seguinte. Mas nos dias em que acordo estressado, essa é a primeira coisa que faço enquanto passo o café, logo antes de começar minha sessão de escrita matinal.

E há duas maneiras de abordar uma prática de gratidão.

Opção um: escreva dez coisas pelas quais você é grato e, a cada vez que você anotar um item, reserve um tempo para sentir, de fato, essa gratidão. Você está tentando se lembrar do endereço somático da emoção, descobrindo onde ela mora no corpo (barriga, cabeça, coração) e qual é a sensação exata.

Opção dois: escreva três coisas pelas quais você é grato e faça um parágrafo descritivo para uma delas. Enquanto o escreve, certifique-se, mais uma vez, de focar o endereço somático de sua gratidão.

Ambas as opções funcionam; as duas começarão a mudar a percepção, guiando o índice de positividade para uma direção mais ideal. E não leva muito tempo. A pesquisa revela que até três semanas de gratidão diária são o suficiente para começar a reconexão.

Por fim, aparentemente, também existe um forte elo entre gratidão e fluxo. Em uma pesquisa conduzida pelo Flow Research Collective e pelo neurocientista Glenn Fox, da USC, percebemos uma ligação direta entre a prática diária de gratidão e um estilo de vida de fluxo elevado. Por quê? Parece que o otimismo e a confiança produzidos pela gratidão reduz a ansiedade, o que nos deixa menos receosos de ir até o limite de nossas capacidades e mais capazes de mirar o ponto ideal entre desafios e habilidades, o gatilho mais importante do fluxo.

ATENÇÃO PLENA

Se você tem interesse em desenvolver a determinação para controlar os pensamentos, tem interesse na lacuna. Há uma pequena lacuna, não mais do que um milissegundo, entre o momento em que um pensamento surge e o instante em que nosso cérebro conecta uma emoção a esse pensamento. Quando essa sensação é conectada, sobretudo se for negativa, geralmente há energia demais no sistema para encerrá-la. Porém, se você consegue adentrar a lacuna entre o pensamento e a emoção, pode substituir um pensamento ruim por um melhor, neutralizando a resposta do estresse no curto prazo e reprogramando o cérebro no longo prazo.

Esse é um dos principais benefícios da prática de atenção plena. A atenção plena é como na propaganda: o ato de prestar atenção à própria mente. Não é uma prática espiritual, é uma ferramenta cognitiva. Ao observar os pensamentos no instante em que eles surgem, você começará a notar a lacuna entre o pensamento e a sensação, e logo descobrirá que o mero ato de notar lhe dá liberdade. Quando há espaço para se mover, há liberdade de escolha, e você se torna ativo em vez de reativo.

Mais uma vez, você tem duas opções.

Opção um: atenção plena com um único objeto. Você coloca toda a atenção em uma coisa só: sua respiração, uma chama de vela, uma palavra ou frase repetida, o som do vento à distância; basta escolher. Ao escolher, no entanto, pelo menos no começo, opte por algo que se alinhe com a maneira como você geralmente gosta de receber informações. Se gosta de palavras, encontre uma que mexa com você. Se sua praia é mais a sinestesia, foque as sensações.

Quando tiver escolhido seu objeto de foco, sente-se em silêncio e foque esse objeto. Essa é a jogada. Comece com 5 minutos por dia. Escolha uma hora em que você precise ficar calmo. Antes de iniciar o dia, antes de uma reunião importante, antes de chegar em casa e ver os filhos. Respirações longas e lentas. Pesquisas revelam que, quando as inspirações duram o mesmo que as expirações, estamos equilibrando respostas simpáticas (lutar ou fugir) com respostas parassimpáticas (descansar e relaxar).[26] Isso nos acalma rapidamente. E a calma nos ajuda a focar ainda mais.

Se 5 minutos parece bom, estenda para 6, 7 ou o tempo que quiser continuar. Estudos mostram que conseguimos reduzir o estresse e diminuir a ansiedade com até 5 minutos de atenção plena por dia,[27] e as maiores vantagens cognitivas — mais foco, otimismo, resiliência e controle das emoções — realmente começam a aparecer a partir de 12 a 20 minutos diários.[28]

DETERMINAÇÃO

Obviamente, sobretudo no início de cada sessão, a mente fará o que uma mente faz: divagar. Espere, observe e simplesmente retorne o foco ao objeto único. Não se julgue por não conseguir controlar os pensamentos; apenas observe esses pensamentos que você não foi capaz de controlar. Depois continue. Isso se chama atenção plena porque você está aprendendo a se importar com a mente. Controlar os pensamentos com punho de ferro não é a questão. A questão é, tão somente, observar que "uau, controlar pensamentos com punho de ferro é viagem". Trocando em miúdos, a melhor maneira de desenvolver a determinação para controlar os pensamentos é primeiro começar a observar como os pensamentos são, na verdade, incontroláveis.

Segunda opção: uma meditação dos sentidos. Aqui, basta prestar atenção a tudo o que passa em sua mente. Observe o espetáculo sem se envolver. Para criativos, uma coisa a se notar é que a meditação com um único objeto aumenta o pensamento convergente e reduz o divergente. A meditação dos sentidos faz o oposto.[29] Portanto, se você é um arquiteto trabalhando em um projeto que exige conexões distantes, faça a meditação dos sentidos. Se é um advogado tentando fazer um contrato à prova de bomba, o foco em um só objeto é para você.

As duas abordagens reeducam o cérebro, ensinando a ele uma lição simples: lidamos de forma mais eficaz com os desafios da vida quando estamos despertos, focados, não reativos e sem julgamentos. Pessoalmente, faço uma abordagem de treinamentos cruzados. Misturo algumas sessões de atenção plena com um único objeto e algumas sessões de ioga dos sentidos. Prefiro praticar atenção plena de 10 a 20 minutos com respiração traqueal (veja a explicação nas notas de rodapé), seguida por 10 minutos de meditação dos sentidos.[30] Minha modalidade de ioga preferida é a Ashtanga, sobretudo porque é um tipo de dança *break* em câmera lenta e prende minha atenção mais do que os outros estilos. Da mesma forma, em virtude de a Ashtanga enfatizar a concentração e a respiração, os instrutores tendem a falar menos, o que é importante se você está tentando aplicar a prática para aprender como ampliar a lacuna entre o pensamento e a sensação. Isso posto, não presuma que o que funciona para mim funcionará para você.

Conduza o próprio experimento.

DETERMINAÇÃO PARA DOMINAR O MEDO

A primeira vez em que me encontrei com o surfista de ondas grandes Laird Hamilton foi no início dos anos 2000. A revista *ESPN* me encarregou de entrevistá-lo como parte de um artigo sobre atletas seniores de esportes de ação, aqueles com as barbas grisalhas, com mais de 30 anos, que claramente, na opinião da revista, estavam chegando ao final de suas lendárias carreiras.[31]

O problema é que Laird não estava chegando ao final de coisa nenhuma.

Quando nos encontramos, ele acabara de inventar o tow-in surfing, de construir seu primeiro aerobarco e estava apenas começando a pensar no surfe com remo — três atividades que logo dariam uma nova forma ao futuro dos esportes de ação. No entanto, a *ESPN* tinha tanta certeza de que Laird estava passando da idade que me enviaram para falar com ele sobre a experiência de estar passando da idade. Sólidos instintos jornalísticos.

Na época, Hamilton era amplamente conhecido como o rei dos esportes de ação, considerado o mais durão de todos e com fama de ser especialmente duro com os jornalistas. Eu estava amedrontado. E Laird não decepcionou.

Ele gostava de fazer "atividades" com os jornalistas. Três "atividades" eram o mínimo que ele exigia. Nossa primeira foi uma aula de surfe; a segunda, uma aula de jet ski. A aula de surfe correu bem porque a maioria das ondas era pequena. Depois o surfe ficou chato, e Laird decidiu me ensinar a pular ondas com o jet ski. Ele não parecia se importar com o fato de eu nunca ter andado de jet ski antes. Como introdução, Laird me colocou como carona no jet ski dele e deu a partida. Voamos pelo oceano. Eu não estava, digamos, emocionalmente preparado para a velocidade.

Quando eu tinha 12 anos, o irmão mais velho de um amigo me colocou na traseira de uma bicicleta enlameada e disparou, tentando correr o mais rápido possível em meio a uma floresta. Ele errou uma curva, e eu voei da bicicleta, dando de cara em uma árvore. Fiquei ferido, mas não debilitado, exceto por meus nervos. Desde então, sobretudo quando não estou dirigindo, estar no banco do carona de qualquer veículo passou a exigir uma tremenda força de vontade. No caso do jet ski, depois de uns cinco minutos de terror, não consegui mais suportar — mas aquilo não era tão incomum.

DETERMINAÇÃO

Quando conheci Laird, o terror era uma experiência familiar — talvez a mais familiar delas. Eu sentia medo sempre. Era quase uma constante em minha vida. E eu odiava esse medo. E me odiava por sentir medo. Sentia que era um covarde e um fracasso. De fato, odiava tanto a sensação de medo que comecei a fazer tudo aquilo que me aterrorizava. Era mais fácil fazer o que me dava medo do que viver com vergonha desse medo. E isso explica minha decisão seguinte.

Laird havia jurado que, se eu fosse jogado para fora do jet ski, o pior que poderia acontecer era eu perder o fôlego. A uns 80 quilômetros por hora, decidi testar a teoria dele.

Pulei. Caí. De fato, perdi o fôlego. Entre outras coisas. Então Laird virou o jet ski para me pegar e, ao me ajudar a subir de volta, disse duas palavras que mudaram completamente minha relação com o medo.

"Você também", foi o que ele disse.[32]

O que ele quis dizer foi que, assim como eu, ele, o rei dos esportes de ação mundialmente conhecido, o mais durão entre os durões, também sentia medo. E também se odiava por sentir esse medo. Assim como eu, ele também aprendera a encarar o medo como uma forma de aliviá-lo. Isso era novidade para mim. Eu achava que coragem era ausência de medo. Achava que era assim que os "homens" deveriam se sentir ou, mais especificamente, não sentir. Eu não tinha a menor ideia de que o medo era algo normal.

De volta à praia, Laird deu mais explicações: "O medo é a emoção mais comum em minha vida. Tenho sentido medo há muito tempo — bem, honestamente, não me lembro de como é não sentir medo. É como você age diante desse medo que faz toda a diferença."

Laird está 100% certo. Se você está interessado no impossível, está interessado no desafio e, se tem interesse por desafios, ficará com medo.

A emoção é fundamental. Todos nós a sentimos. É o que fazemos com ela que faz toda a diferença.

Todas as pessoas de sucesso que conheci estão correndo de algo com tanta rapidez quanto estão correndo em direção a algo. Por quê? É simples. O medo é um motivador incrível. Esse é o motivo pelo qual aprender a tratar o medo como um desafio a se superar, em vez de uma ameaça a se evitar, pode fazer uma diferença profunda em nossa vida. Essa abordagem pega nosso impulso mais primitivo, a necessidade de proteção e segurança, e o faz trabalhar a nosso favor.

Consequentemente, o foco surge aos montes. Com naturalidade, prestamos atenção às coisas que nos amedrontam. Diabos, quando algo realmente nos assusta, a parte difícil é não prestar atenção a isso. O medo prende a atenção. Isso é muito importante. Uma coisa que, em geral, exige toneladas de energia, agora acontece automaticamente.

Nessa mesma linha, todas as emoções marcantes aumentam a retenção mnemônica, e o medo, talvez, seja principalmente uma delas. Estudos revelam que nos lembramos de experiências ruins com muito mais facilidade do que de experiências boas, o que significa que usar o medo como motivador proporciona foco aos montes e, ao mesmo tempo, estimula o aprendizado.

A questão mais importante é esta — o medo é uma constante no desempenho máximo. Se você não aprender a trabalhar com essa emoção, certamente ela vai aprender a trabalhar com você. Porém, se consegue pegar toda essa energia e usá-la para impulsionar o foco e a concentração em curto prazo e como um direcionamento no longo prazo (falarei mais sobre isso em breve), você adiciona uma força extremamente potente à sua pilha de habilidades relacionadas à determinação.

A PRÁTICA DO MEDO

Kristen Ulmer é uma das melhores atletas da história, e uma das mais corajosas também — uma grande esquiadora de montanhas, praticante de esqui-alpinismo, de alpinismo no gelo e rochas e de parapente, com uma longa história de impossíveis.[33] Durante os anos 1990 e o início dos anos 2000, Ulmer foi eleita por doze vezes seguidas a "melhor esquiadora radical do mundo" — um nível de domínio raramente visto nos esportes.

Então, ela deixou a carreira para ir em busca de outra, tornando-se uma das maiores especialistas do mundo sobre medo e treinando mais de 10 mil pessoas ao longo do tempo. Ulmer acredita que o primeiro passo para trans-

DETERMINAÇÃO

formar a relação que se tem com o medo envolve o desenvolvimento de uma *prática do medo* regular. "Todos têm o mesmo problema", explica ela. "Não apenas a amídala filtra todas as informações que surgem, como a maioria desses filtros são configurados na primeira infância, por experiências das quais mal conseguimos nos lembrar. Consequência: frequentemente, sequer reconhecemos que a emoção que estamos sentindo é o medo. Em vez disso, ela é mal-interpretada e redirecionada, surgindo como culpa, raiva, tristeza ou como pensamentos e comportamentos irracionais".

Para superar isso, você precisa desenvolver consciência de seu medo. "É preciso começar observando o medo no corpo", afirma ela, "a sensação sinestésica real. Qualquer forma de desconforto emocional, ou mesmo físico, é onde você o encontrará. Depois, passe algum tempo focando-o não com a mente, mas sentindo-o no corpo — o que é muito diferente. Abrace-o, trate-o como um amigo e pergunte o que ele está tentando lhe dizer. Se fizer isso, você descobrirá que o medo não é nem de longe tão desagradável quanto se pensava. É nossa tentativa de evitar o medo que é tão desconfortável. Porém, uma vez que você põe, de fato, toda a atenção na sensação de medo, ele se dissipa. É contraintuitivo, mas esse tipo de atenção direta às sensações corpóreas realmente as dissolve".

Ao mesmo tempo, Ulmer também recomenda mudar a linguagem ao falar do medo. Em vez de dizer "Faça isso apesar do medo", diga "Faça isso por causa do medo". Olhe para o medo como um estímulo ou uma emoção feita para ajudá-lo a focar. "Trate o medo como um colega", sugere Ulmer. "Isso transforma a emoção de um problema a ser resolvido em um recurso para ser aproveitado".

Quando você inicia uma amizade com o medo, é preciso construir uma base. Laird Hamilton acredita que o melhor caminho a seguir é a prática de riscos regulares. "Quando você começa a confrontar seus medos", ele explica, "logo percebe que a imaginação é maior do que a realidade. Mas o medo é uma emoção cara, que exige muita energia a ser produzida. Quando você percebe que a imaginação é maior do que a realidade, por que gastar toda essa energia com algo que não é assustador? Ao confrontar seus medos, ela força seu corpo a recalibrar e, da próxima vez em que confrontar algo similar, ela evocará uma resposta menor".

79

Mas como confrontar, de fato, os próprios medos?

A ciência mostra que há apenas duas opções. Ou construir lentamente a tolerância, o que os psicólogos chamam de "dessensibilização sistemática", ou fazer tudo de uma vez, o que recebe a denominação providencial de "inundação". De qualquer modo, o processo é o mesmo.

Primeiro, como Ulmer sugeriu, aprenda a identificar o medo em seu organismo, seja um aperto físico ou um aperto em seu padrão de pensamentos. Depois, pense em outras situações em que você se deparou com algo parecido, sentiu algo parecido e superou com êxito. Como você fez isso? Quais habilidades psicológicas usou na primeira vez? Quando essas habilidades ficarem claras, pratique-as diversas vezes.

Por exemplo, digamos que você morra de medo de falar em público. Primeiro, identifique o local e a expressão desse medo em seu organismo. É uma náusea no estômago? Seus pensamentos se aceleram? As duas coisas, talvez?

Agora pense em outras vezes na vida em que teve essa mesma sensação, porém conseguiu contornar a situação. Um momento em que sua cabeça girou e seu estômago se revirou antes de ter uma conversa difícil com um amigo, ainda que a atitude de ter essa conversa — de superar esses sentimentos ruins — na verdade fortaleceu a relação de vocês.

Por fim, quais habilidades o ajudaram na primeira vez? Você respirou fundo dez vezes antes de conversar com esse amigo? Legal, então pratique técnicas de respiração profunda. A autoconsciência e a inteligência emocional tiveram algum papel? Ótimo, então pratique essas habilidades também.

Da mesma forma, como o psicólogo Michael Gervais nos lembra: "Saiba como avaliar o progresso. É bom você mensurar até que ponto se saiu bem usando essas habilidades e se elas criaram mais espaço psicológico. Aprender a criar espaço é aprender a agir em ambientes hostis, rudes e estressantes."[34]

O melhor é que, já que o risco é um gatilho para o fluxo — o fluxo segue o foco e as consequências chamam a atenção —, esse tipo de prática regular do medo automaticamente aumentará o tempo gasto no circuito. Quando assumimos um risco, o cérebro libera dopamina em nosso organismo, que é a forma de recompensar o comportamento exploratório.

DETERMINAÇÃO

Qualquer tipo de risco produzirá dopamina.[35] Portanto, certifique-se de correr riscos físicos, mas tente, também, riscos emocionais, intelectuais ou criativos. Riscos sociais funcionam excepcionalmente bem. O cérebro processa riscos sociais e físicos exatamente com as mesmas estruturas, o que explica por que o medo de falar em público é o medo número um no mundo, e não algo que parece ter um sentido mais evolutivo, como o medo de ser devorado por um urso pardo.

No entanto, cada um é cada um. Laird Hamilton teve que surfar ondas de 15 metros para acionar esse gatilho; para mim, uma de 1,5 metro é mais do que suficiente. Para mim. Para aqueles que jogam no time dos mais medrosos e dóceis, é possível ativar esse gatilho — e treinar correr riscos — simplesmente ao experimentar uma atividade nova ou falar em uma reunião, ou, ainda, ao perguntar as horas a um desconhecido. Depois, alguns dias mais tarde, pergunte a dois desconhecidos. E assim por diante. O objetivo é ficar confortável com o desconforto. A sensação desagradável permanece, mas nossa relação com ela foi reformulada permanentemente. E é isso o que queremos.

O MEDO COMO UM GUIA

Se você pode aprender a ficar confortável com o desconforto, pode começar a dar o passo final nesse processo, que é aprender a usar o medo como guia. Para pessoas de desempenho máximo, o medo se torna uma flecha com direção. A menos que a coisa na frente delas seja uma ameaça terrível e imediata a ser evitada, as melhores entre as melhores com frequência irão em direção daquilo que as assusta mais.

Por quê?

Mais uma vez: foco e fluxo. Ir em direção ao que o assusta mais amplia a atenção, e isso se transforma em fluxo. O impulsionamento no desempenho que essa situação proporciona nos ajuda a superar nossos medos e a enfrentar esses desafios maiores. Mas o encorajamento ainda maior vem depois, com a descoberta de que nosso potencial real está do outro lado de nossos maiores medos. Ao confrontar o medo, estamos expandindo a capacidade, ensinando a nós mesmos a permanecer psicologicamente estáveis e no controle, mesmo em situações aparentemente instáveis e incontroláveis.

A DETERMINAÇÃO PARA SER O MELHOR QUANDO SE ESTÁ NA PIOR

Josh Waitzkin é um polímata de desempenho máximo. Ele começou como a versão real da criança-prodígio do xadrez no filme *Lances Inocentes*, vencendo o campeonato nacional júnior de xadrez nos EUA em 1993 e 1994 e recebendo o título de "mestre internacional de xadrez" antes dos 16 anos. Em seguida, ele se aventurou nas artes marciais, tornando-se campeão mundial de Tai Chi em dupla e, depois, voltando a atenção para o jiu-jítsu brasileiro, ganhando a faixa preta sob o lendário lutador Marcelo Garcia. Posteriormente, virou escritor e publicou *The Art of Learning [A Arte de Aprender*, em tradução livre], que desde então se tornou um clássico sobre alto desempenho. Por fim, ele levou toda essa experiência para o trabalho de técnico, no qual lida com os melhores atletas, investidores e similares. Mas o objetivo dessa apresentação longa é que Josh Waitzkin tem uma pegada ligeiramente diferente em relação à determinação.[36]

Enquanto Waitzkin acredita que a persistência, o controle dos pensamentos e o domínio do medo são cruciais para o desempenho de longo prazo, ele também crê que existe um diferencial ainda mais importante. "A determinação que mais importa", afirma ele, "é aprender a dar seu melhor quando está na pior. Essa é a diferença real entre quem tem um desempenho de elite e as demais pessoas. E você precisa treinar esse tipo de determinação por conta própria, como uma habilidade à parte. Porém, se conseguir fazer isso, descobrirá o verdadeiro poder. Há um poder de verdade aqui — e que você provavelmente não sabia que tinha".

O psicólogo William James pensava a mesma coisa. Cerca de 100 anos atrás, em um discurso para a Associação Americana de Filosofia intitulado "The Energies of Man" [As Energias do Homem, em tradução livre], James destacou que:

> A existência de reservatórios de energia que habitualmente não são aproveitados são mais conhecidos por nós como o fenômeno da "segunda tentativa". Geralmente paramos quando encontramos a primeira camada efetiva, por assim dizer, de cansaço. Andamos, brincamos ou trabalhamos "o bastante"

e desistimos. Essa quantidade de cansaço é uma obstrução eficaz, ao lado da qual nossa vida rotineira se estabelece. Porém, se uma necessidade incomum nos força a seguir adiante, algo surpreendente ocorre. O cansaço piora até um ponto crítico quando, aos poucos ou de uma vez, passa, e ficamos mais revigorados do que antes. Ficou claro que atingimos um novo nível de energia. Pode haver uma camada atrás da outra dessa experiência. Uma terceira e uma quarta "tentativas" podem sobrevir. A atividade mental, assim como a física, mostra esse fenômeno e, em casos excepcionais, podemos descobrir, além do limite máximo da relação entre cansaço e estresse, quantidades de bem-estar e poder que nunca sonhamos ter — fontes de força que habitualmente não são postas à prova porque, em geral, nunca superamos a obstrução, nunca passamos por esses pontos críticos iniciais.[37]

A boa notícia: há maneiras fáceis de praticar esse tipo de determinação. A má notícia: o caminho não é fácil. Na verdade, a única maneira de praticar dar o seu melhor quando está na pior é... você adivinhou, treinar quanto você está na pior.

Em esportes de ação, por exemplo, um dos segredos para ficar longe do hospital é aprender a manter o equilíbrio sob condições de exaustão. Para colocar isso em prática, finalizo cada treino pulando corda intensamente (para garantir a exaustão) e, em seguida, fico em uma Indo Board (uma prancha de equilíbrio bastante dinâmica) por dez minutos. Se a prancha tocar o solo durante esse período, eu recomeço. É uma forma de treinar o equilíbrio sob condições muito difíceis — o "melhor pior" exercício que reduziu definitivamente minhas contas médicas.

Uso uma abordagem similar para treinar habilidades cognitivas. Ao praticar um discurso novo, sempre faço uma corrida daquelas. Escolho um momento em que não tenha dormido o suficiente, que já tenha trabalhado por dez horas e faço uma sessão de treinamento pesado na academia. Depois de tudo isso, levo meus cães para o interior, subo uma montanha e faço o discurso ao longo do caminho. Se consigo parecer coerente subindo penhascos, posso parecer coerente em quaisquer condições.

Ou quase quaisquer condições. Quando o assunto é criatividade, aprender a dar o melhor quando está nas piores condições exige uma etapa extra. O motivo é psicológico. Más condições significam mais estresse; e quanto mais hormônios de estresse, menos pensamento divergente.[38]

O professor emérito de psiquiatria Keith Ablow, da Universidade Tufts, resolve isso com um pouco de ressignificação cognitiva. "Tenho uma forte opinião filosófica de que estar esgotado é uma coisa boa. Quando estou exausto por conta de um trabalho que fiz em virtude de uma meta que vale a pena, minha exaustão é uma dádiva. Ao analisar isso por essa ótica, estou ressignificando a exaustão de uma coisa negativa para uma positiva, o que confere certa imunidade à exaustão. Isso também atenua o medo, que com frequência pode ser o subproduto da exaustão, mas é uma barreira enorme à criatividade. Reduzir apenas um pouco a ansiedade parece liberar níveis ocultos de pensamento inovador."[39]

A DETERMINAÇÃO PARA TREINAR SEUS PONTOS FRACOS

Na seção anterior, vimos que treinar para dar seu melhor quando está na pior exige práticas sob condições extremamente árduas. O tipo de determinação que resulta dessa prática garante que, quando essas condições dão as caras no mundo real, você tem a experiência prévia para controlar o medo, manter o foco e usar ao máximo suas habilidades. Mas essa é apenas a metade da equação.

A segunda metade envolve treinar seus pontos fracos. Mesmo que você treine dar seu melhor quando está na pior, sempre haverá alguns elos fracos nessa corrente. E esses pontos de falha potenciais se tornam pontos de falha reais quando a pressão aumenta.

Não há nada surpreendente aqui. Nossos pontos fracos tendem a ser as coisas de que gostamos menos e as menos motivadoras para praticar. Infelizmente, em uma situação crítica, como o poeta grego Arquíloco apontou muito tempo atrás: "Não atingimos o nível de nossas expectativas — nós somos derrotados pelo nível do nosso treinamento."[40]

DETERMINAÇÃO

Mais uma vez, o problema é o medo. Quanto mais medo na equação, menos opções você tem à disposição. Em tempos de luta, o cérebro limita nossas opções para dar um gás em nossos tempos de reação, sendo o exemplo extremo brigar ou fugir, no qual a situação é tão adversa que o cérebro nos dá apenas três atitudes em potencial (ficar parado é a terceira).[41] No entanto, a mesma coisa acontece em menor grau sob condições de alta tensão. E as respostas com que nos deparamos sob coação são aquelas que automatizamos por inteiro — os padrões habituais que executamos repetidas vezes.

A solução, portanto, é: identificar seus pontos fracos principais e mãos à obra. É por isso que o esquiador Shane McConkey procurava constantemente as piores condições nas montanhas, que Arnold Schwarzenegger sempre começava suas sessões de levantamento de peso pelo grupo muscular mais fraco, e foi por isso que Richard Feynman, vencedor do prêmio Nobel, decidiu nos últimos anos de sua vida aprender como conversar com as mulheres. Naturalmente, Feynman decidiu treinar esse ponto fraco particular indo a clubes de *strip* — mas essa é outra história.[42]

O problema maior é que treinar nossos pontos fracos pode ser mais complicado do que parece. Distorções cognitivas impactam a percepção; portanto, ter uma visão clara sobre nós mesmos pode ser difícil. Uma maneira de contornar esse problema: peça ajuda. Peça a amigos que identifiquem seus pontos fracos. É bom que eles sejam sinceros, mas sem exageros. Uma lista dos seus três pontos fracos principais, frequentemente, é o bastante para dar munição para o treinamento, sem que o ego sofra um golpe por ouvir tudo o que há de errado com você. O mais importante: seus amigos também vêm com vieses arraigados, então não pergunte apenas para um. Faça perguntas a três, quatro ou cinco e busque correlações entre as respostas deles. Se um ponto fraco aparecer em cinco listas diferentes, é por aí que você deve começar.

Há chances de os itens de sua lista se enquadrarem em três categorias: física, emocional e cognitiva. Falta de resistência é uma fraqueza física. Temperamento explosivo é um problema emocional. A incapacidade de pensar em escalas é um problema cognitivo. Mas os três não podem ser abordados da mesma forma.

A melhor maneira de treinar pontos fracos físicos e emocionais é de cabeça erguida, mas lentamente. Não espere resolver esses problemas em uma ou duas semanas. É difícil acabar com hábitos antigos. Aprenda a amar o progresso lento. Aprenda a se perdoar por deslizes inevitáveis.

E, é claro, espere desconfortos ao longo do processo.

Enfrentar nossos pontos fracos cognitivos talvez seja o desafio mais difícil, mas Josh Waitzkin desenvolveu um método por meio do qual ele consegue bons resultados de forma consistente. Ele sugere rever os últimos três meses de vida e perguntar: "Em que eu acreditava três meses atrás e agora sei que não é verdade?" Depois, prossiga com duas perguntas-chave: "Por que eu acreditava nisso? Que tipo de pensamento errôneo eu tinha para chegar a essa conclusão equivocada?"

A boa notícia é que esse tipo de pensamento errôneo tende a ser categórico. Temos pontos cegos que conferem certa consistência a nossas falhas. Então, pontos fracos tendem a ter causas arraigadas. Ao treiná-las, você pode apagar categorias inteiras de pontos fracos de uma só vez.

A DETERMINAÇÃO PARA SE RECUPERAR

Há um lado obscuro em toda essa determinação: exaustão e sobrecarga. Esgotamento não é apenas estresse extremo; é o desempenho máximo saindo dos trilhos.

O esgotamento é identificado por três sintomas: exaustão, depressão e cinismo.[43] É o subproduto do estresse repetido e prolongado. Não é o resultado de trabalhar por longas horas, mas, sim, o resultado de trabalhar por longas horas sob condições específicas: alto risco, ausência de senso de controle, falta de alinhamento entre paixão e propósito, e lacunas extensas e incertas entre esforço e recompensa. Infelizmente, todas são condições que surgem durante nossa busca por objetivos elevados e difíceis.

É por isso que agora é hora de ter determinação para se recuperar.

DETERMINAÇÃO

E a determinação tende a ser necessária. Para pessoas de desempenho máximo, é difícil relaxar. Se o ímpeto é mais importante, ficar parado parece preguiça. Quanto mais ficamos alinhados com nossa paixão e propósito, mais as folgas começam a parecer "perda de tempo". Entretanto, já que o esgotamento leva a declínios significativos nas funções cognitivas — o que o torna um dos inimigos mais comuns do desempenho máximo contínuo —, você certamente precisa adquirir determinação para se recuperar.

E nem todas as estratégias de recuperação são as mesmas.

As principais opções são a passiva e a ativa. Recuperação passiva é TV e cerveja — parece familiar?

Infelizmente, o álcool atrapalha o sono, e a TV mantém o cérebro ativo de maneira inusitada.[44] A verdadeira recuperação exige mudar as ondas cerebrais para a faixa alfa. E, mesmo que a TV desligue seus centros corticais superiores — o que é bom para a recuperação —, as imagens em constante mudança hiperestimulam o sistema visual, levando o cérebro das ondas alfa direto para as ondas beta — que é a assinatura das ondas cerebrais de vigília e alerta.[45]

A recuperação ativa é o oposto. Ela garante que o cérebro fique de fora e que o corpo possa se curar. Ao eliminar hormônios do estresse do organismo e mudar as ondas cerebrais para alfa (primeiro) e delta (depois), as práticas de recuperação ativas nos permitem recomeçar. Claro, pessoas de desempenho máximo levam isso a extremos consideráveis: câmaras hiperbáricas, tanques de privação sensorial, especialistas em nutrição contando sua ingestão calórica. Essas ferramentas são úteis, e você pode seguir por esse caminho se tiver interesse; no entanto, as pesquisas mostram que você pode adquirir determinação para se recuperar com três etapas mais simples.

Primeiro, cuide de seu sono. Um sono com ondas delta profundas é crucial para a recuperação e o aprendizado — é quando acontece a consolidação da memória.[46] Você precisa de um quarto escuro, temperaturas baixas e nada de telas. O brilho da tela do celular tem a mesma faixa de frequência do que a luz do dia, o que confunde a capacidade do cérebro de se desligar totalmente.

87

Desligue o celular por alguns instantes. A maioria das pessoas precisa de 7 a 8 horas de sono por noite; descubra o que funciona para você e, depois, garanta suas necessidades de maneira consistente.

Segundo, coloque em prática um protocolo de recuperação ativa. Trabalhos corporais, ioga restaurativa, Tai Chi, longas caminhadas no bosque (o que as pessoas começaram a chamar de "banho de natureza", para meu desgosto), sais de banho, saunas e banhos de hidromassagem são os métodos tradicionais. Minha preferência pessoal é uma sauna infravermelha. Tento fazer três sessões de 45 minutos por semana. Na sauna, divido meu tempo lendo um livro e praticando a atenção plena. Saunas reduzem o cortisol. Esse golpe duplo, aliado à redução de estresse gerada pela atenção plena, hiperacelera a recuperação.

Terceiro, a restauração completa é importante. Todos têm um ponto sem retorno. Se seu trabalho é constantemente medíocre e os níveis de frustrações estão aumentando, é hora de pular fora por alguns dias. Para mim, isso acontece uma vez a cada 10 a 12 semanas. Minha folga é uma viagem solitária de dois dias para esquiar. Lerei livros, deslizarei pela neve e tentarei não falar com ninguém. Mas isso sou eu. Descubra o que funciona para você.

O mais importante: fique à frente desse problema. O esgotamento lhe custa motivação e ímpeto. No curto prazo, em virtude de o estresse crônico interferir nas funções cognitivas, ele o fará produzir trabalhos de pouca qualidade que precisam ser refeitos. No longo prazo, em virtude de o esgotamento ter efeitos neurológicos permanentes em tudo, desde a resolução de problemas até a memória e a regulação emocional, ele pode atrapalhar completamente a busca pelo impossível.[47] Assim, embora acrescentar intervalos obrigatórios em sua agenda possa parecer perda de tempo, isso não é nada comparado ao tempo que você perderá quando o esgotamento chegar. Se você começar a se preocupar com a recuperação mais cedo, e não mais tarde, consequentemente irá mais longe e mais rápido.

6

A Ferocidade É um Hábito

Peter Diamandis é um homem ocupado.[1] Meu bom amigo e coautor frequente (*Abundância*, *Bold* e *The Future Is Faster Than You Think*) é fundador da XPRIZE Foundation, cofundador da Singularity University e a força empreendedora por trás de 22 companhias diferentes. Em 2014, a *Fortune* o colocou em sua lista dos "50 Maiores Líderes do Mundo", e ele continua sendo a única pessoa que conheço que já apareceu em um selo postal. Porém, na época em que nos conhecemos, tudo isso ainda estava para acontecer.

Peter e eu nos conhecemos em 1999, no início de nossas carreiras. Nós nos conhecemos porque escrevi um dos primeiros artigos principais na XPRIZE, que foi a tentativa maluca de Peter de inaugurar a fronteira espacial e uma bolsa de US$10 milhões para a primeira pessoa que construísse uma nave espacial e voasse a uma órbita terrestre baixa por duas vezes, em duas semanas.

Uma nave reutilizável era a única coisa que a NASA não conseguia construir, mas continuava sendo uma possibilidade tentadora. Se não queimássemos nossos foguetes toda vez que partíssemos do planeta, o custo de sair do mundo despencaria. Peter sentiu que esse era o primeiro passo necessário para abrir a fronteira espacial.

Passei seis meses escrevendo a reportagem, entrevistando dezenas de especialistas ao longo do processo. Todos concordavam: Peter estava com um parafuso a menos. Uma nave espacial reutilizável nunca seria possível. A NASA disse que custaria bilhões de dólares e exigiria dezenas de milhares de engenheiros. Todos os principais fabricantes aeroespaciais reiteraram a opinião da NASA, apenas com uma linguagem mais enfeitada. Ganhar o prêmio XPRIZE, de acordo com todos os principais especialistas do mundo, era absolutamente impossível.

A ARTE DO IMPOSSÍVEL

Não por muito tempo.

Menos de uma década depois, o projetista aeroespacial independente Burt Rutan lançou o SpaceShipOne em órbita terrestre baixa. Duas semanas depois, ele repetiu o feito. Ele teve 10 mil engenheiros ajudando na causa? Não. Custou bilhões de dólares? Até parece. O preço na etiqueta era US$25 milhões de dólares. O impossível se tornara possível e, porque Peter e eu nos tornamos bons amigos durante o processo, fui presenciar a façanha de perto e em pessoa.

Então como é o impossível?

É familiar.

Foi assim que Peter ajudou a desbloquear a fronteira espacial: ele acordou, digitou algo no computador por alguns instantes, depois tomou o café da manhã. Então, foi a algum lugar e conversou um pouco; depois, foi a outro lugar e conversou mais um pouco; em seguida, abriu o computador e voltou a teclar. Por fim, almoçou. Depois do almoço, foi a outro lugar e teve outras conversas, falou um pouco pelo celular, digitou um pouco mais. Houve viagens de avião e idas à academia. De vez em quando ele tomava banho, dormia um pouco ou ia ao banheiro. E de novo. E de novo.

É assim que o impossível se parece quando visto de perto. Mas não apenas para Peter — para praticamente todo mundo.

A excelência sempre tem um preço. Diariamente, se seu objetivo são coisas grandiosas, você direcionará praticamente todo momento disponível a esse objetivo. Com base nessa perspectiva, exige-se a mesma quantidade de tempo e energia para ser a melhor lavanderia em Cleveland, Ohio, do que para desbloquear a fronteira espacial. É claro que sim. A excelência, não importa em que nível, sempre exigirá tudo o que temos.

Então o que realmente diferencia quem busca o impossível?

Até onde sei, três características cruciais. A primeira é o tamanho da visão original. É difícil conseguir coisas incríveis por acaso. Você precisa sonhar grande. Peter queria ir para o espaço. Ele queria que outras pessoas o acompanhassem nessa jornada. Seu sonho era insensato e irracional, mas, como Peter adora dizer: "Antes de algo realmente revelador vem uma ideia louca."

A FEROCIDADE É UM HÁBITO

E aqui nós já cuidamos das coisas. Se você transformou curiosidade em paixão, paixão em propósito e usou essa informação para moldar um propósito maciçamente transformador, você já é uma ameaça. Se você está construindo essa base caminhando rumo ao conhecimento profundo, é só continuar caminhando — já que essa é a via rumo ao impossível.

A segunda característica é a quantidade de fluxo na equação. O impossível será sempre uma viagem longa. O fluxo é um dos ingredientes-chave na persistência de longo prazo. A quantidade de fluxo que uma atividade produz tem uma ação direta sobre nossa boa vontade de persegui-la por anos a fio. Mas aqui você também está contemplado. Todos os passos deste guia foram elaborados em torno de gatilhos do fluxo, portanto apenas o fato de segui-los deveria aumentar o tempo que você passa nesse estado (falaremos mais sobre isso posteriormente).

A terceira característica que os caçadores do impossível têm em comum é o que passei a chamar de "*hábito da ferocidade*". Essa é a habilidade de encarar, de forma imediata e automática, qualquer desafio. Sempre que pessoas de desempenho máximo se deparam com dificuldades na vida, instintivamente elas as enfrentam. Na verdade, elas as enfrentam antes mesmo de pensar em não as enfrentar. Diante dos obstáculos da vida, os melhores entre os melhores não precisam se preocupar em manter o percurso. Sua pilha motivacional é tão bem-organizada e os reflexos de sua determinação são tão bem treinados que encarar um desafio acontece sem sequer notarem.

Isso é importante por alguns motivos.

Primeiro, porque nosso problema já conhecido: não atingimos o nível de nossas expectativas, caímos no nível de nosso treinamento. A ansiedade, dentro de uma RMf, é um pouco parecida com o TOC.[2] Uma rede pequena, um circuito de pensamento estreito, o cérebro girando em círculos ao redor de si mesmo, sem conseguir parar e sem nenhuma solução nova. Em qualquer caminho rumo ao desempenho máximo, se você não desenvolver o hábito da ferocidade — ou seja, automatizar a tríade motivacional de impulso, objetivos e determinação —, mais cedo ou mais tarde tropeçará no próprio medo.

Isso é biologia básica.

Segundo, obviamente, porque o impossível não é fácil. Mas o hábito da ferocidade lhe permite pegar toda a energia que vem do sofrimento e transformá-la em combustível. Meu melhor amigo, Michael Wharton, praticava atletismo durante o ensino médio.[3] Ele tinha um técnico excelente, com métodos incomuns. Quando saíam para corridas longas, sempre que se deparavam com uma ladeira, a equipe tinha que mudar totalmente o foco para as habilidades básicas do atletismo: passadas longas, braços fortes, pontapés elevados. Repare que o foco não estava na velocidade ou na aceleração, mas na técnica perfeita que — com o tempo — resulta em velocidade e aceleração.

No início, é claro, isso era um saco. Os treinos eram extremamente cansativos. Porém, logo eles se acostumaram. Depois, tornou-se um desafio que eles conseguiam enfrentar. Então, sua habilidade e sua velocidade aumentaram e, de repente, as subidas se tornaram parte do programa.

Depois de pouco tempo, a equipe sequer notava. Eles dariam de cara com uma ladeira e, antes que dessem conta do que estavam fazendo, estariam a meio caminho dela e subindo rápido. Essa era uma vantagem notável. Quando a maioria dos corredores vê uma ladeira, todos, exceto os de elite, reduzem a velocidade. É uma resposta automática, pois o cérebro tenta preservar energia. Os de elite, por sua vez, tentam manter o ritmo. Mas a equipe de Michael aprendeu a acelerar diante do desafio — isso é a ferocidade virando hábito.

O hábito da ferocidade é a mesma filosofia aplicada a qualquer aspecto de sua vida. É claro que aplicá-lo pode levar um tempo. Peter gosta de dizer: "Descubra algo por que você morreria e, então, viva por isso." Mas é para viver de verdade — semanas, meses, anos. Em termos de psicologia, o que você está tentando desenvolver é uma "ação orientada" — embora levada ao extremo.

A boa notícia: uma ação orientada produz mais fluxo, principalmente porque ela o convida a sempre prosseguir o equilíbrio entre desafios e habilidades. A má notícia: nada aqui acontece rápido. O hábito que você está perseguindo dá muito trabalho, porém, sem ele o impossível continua sendo impossível.

Em termos diferentes, William James inicia o primeiro manual sobre psicologia já escrito com uma discussão sobre o hábito.[4] Por que hábito? Porque James estava convencido de que seres humanos são máquinas de hábitos e de que a maneira mais fácil de viver uma vida fora do comum é desenvolver hábitos fora do comum. Como diz o ditado: "Semeie uma ação e colherá um hábito; semeie um hábito e colherá um caráter; semeie um caráter e colherá um destino."

Desde então, quase tudo o que aprendemos confirmou as suspeitas de James, o que significa que seu conselho é, acima de tudo, incrível e duplamente crucial quando aplicado ao hábito da ferocidade.

Tudo se resume a poupar tempo.

Se seu interesse são façanhas extremas, o hábito da ferocidade ajuda a maximizar as 24 horas que temos. Voltando à equipe de atletismo de meu amigo: a maioria de nós é um corredor comum — ou seja, reduz a velocidade quando o nível de desafio aumenta. Porém, quando hábito da ferocidade toma conta, você está dentro antes mesmo de saber que está. É claro que talvez isso apenas poupe dez minutos por desafio, mas com o tempo vai aumentando. Se você está resolvendo alguns problemas difíceis por dia, esse total de 20 minutos torna-se mais de cem horas por ano, o que representa uma vantagem de cinco dias sobre os competidores.

Além disso, desenvolver o hábito da ferocidade também reduz a carga cognitiva. Queimamos muitas calorias ao ficarmos ansiosos com a tarefa que temos pela frente. No entanto, uma vez que conseguimos automatizar nosso instinto de enfrentamento, não poupamos apenas tempo, como também energia. Assim, você não ganhará apenas cinco dias sobre a concorrência, mas terá mais combustível no tanque com o qual encarar esses dias. Chame isso de juros compostos.

Como desenvolver o hábito da ferocidade? Acompanhe os exercícios deste livro. Alinhe todos os seus motivadores intrínsecos. Aumente a pilha com a definição de metas adequada. Pratique todos os seis níveis de determinação.

E apenas siga em frente, sem parar.

Como medir o progresso? Como saber que desenvolveu de verdade o hábito da ferocidade? Fácil. Quando alguém lhe pergunta em que você tem trabalhado, e a lista de realizações que sai de sua boca surpreende a ambos — é assim que você fica sabendo.

Parte II

Aprendizado

A maneira como passamos nossos dias é, sem dúvida, a maneira como passamos nossa vida.

— ANNIE DILLARD[1]

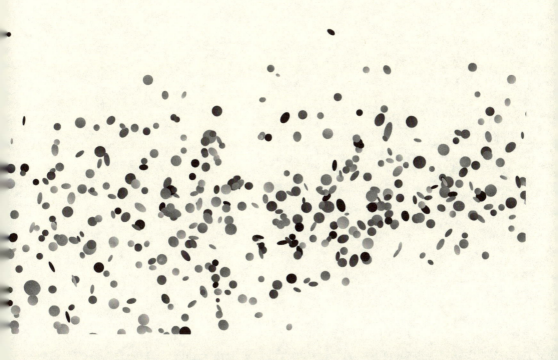

7

Os Ingredientes do Impossível

Se você está em busca de realizações grandiosas, a motivação é o que o faz entrar no jogo, mas o aprendizado é o que o mantém nele. Seja seu interesse o impossível com *I* maiúsculo, fazendo o que nunca foi feito antes, ou o impossível com *i* minúsculo, fazendo o que você nunca fez antes, ambas as vias exigem que se desenvolva uma expertise real.

Em seu livro clássico sobre tomadas de decisão, *Sources of Power* [*Fontes de Poder*, em tradução livre] o psicólogo Gary Klein fala exatamente sobre isso, identificando oito tipos de conhecimento visíveis a especialistas e invisíveis às demais pessoas:

- Padrões que novatos não notam.
- Anomalias ou eventos que não aconteceram ou eventos que violam as expectativas.
- Panorama geral.
- A maneira como as coisas funcionam.
- Oportunidades e improvisos.
- Eventos que já aconteceram (o passado) ou que acontecerão (o futuro).
- Diferenças pequenas demais para novatos detectarem.
- As próprias limitações.[1]

Sem todo o conhecimento da lista de Klein, o impossível continua impossível, porque os itens da referida lista são, literalmente, os ingredientes do impossível. Eles são a base necessária para o conhecimento. Mas desenvolver essa base exige aprendizado.

Toneladas de aprendizado.

Aprendizado permanente é o termo técnico para essa tonelada.

O aprendizado permanente mantém o cérebro afiado, evitando o declínio cognitivo e colocando a memória para funcionar. Também estimula a confiança, as habilidades comunicativas e as oportunidades de carreira. Essas melhorias são os motivos pelos quais psicólogos consideram o aprendizado permanente fundamental para a satisfação e o bem-estar.[2] No entanto, quem tem interesse no desempenho máximo também precisa levar em conta o fluxo.

Se seu objetivo é ficar no ponto ideal entre desafios e habilidades para maximizar o tempo gasto no local, é preciso estar constantemente se estendendo além do limite das próprias capacidades. Isso significa que estamos constantemente aprendendo e melhorando e, consequentemente, subindo o nível do próximo desafio. Porém, para enfrentar esses desafios maiores, temos que adquirir ainda mais habilidades e mais conhecimento. O aprendizado permanente é a maneira de acompanharmos o ritmo do objetivo em movimento, que é o ponto ideal entre os desafios e as habilidades. É a base de um estilo de vida de fluxo elevado.

Mas é aqui que as coisas se complicam. O aprendizado é uma habilidade invisível. Na maioria das vezes, você é ruim até melhorar. É claro que você pode fazer uma escolha consciente de se aprofundar em um fluxo de informações e ter a determinação para aplicar o trabalho de base necessário; no entanto, a maior parte do processo acontece sem que seja visto. Os principais mecanismos neurológicos do aprendizado — reconhecimento de padrões, consolidação da memória, construção de circuitos — estão, intencionalmente, além de nosso alcance.

E isso leva a uma pergunta importante: Como melhorar o que não se pode ver?

8

Mentalidades de Crescimento e Filtros da Verdade

Praticamente qualquer coisa que você deseja aprender vem com requisitos básicos. Não importa quão grande seu desejo seja, se você não tem bastões, botas e amarrações, nem adianta tentar descobrir como esquiar. Isso também vale para o ato do aprendizado em si. Se você tem interesse em ampliar e acelerar esse processo, precisa começar com o equipamento certo: uma mentalidade de crescimento e um filtro da verdade.

Vamos por partes.

O primeiro deles, a mentalidade de crescimento, já foi abordado. Estou trazendo-o novamente como um lembrete. Sem mentalidade de crescimento, o aprendizado é quase impossível. Ter uma "mentalidade fixa" altera nossa neurobiologia subjacente, fazendo com a aquisição de informações novas seja particularmente difícil. Portanto, antes de começarmos a aprender, precisamos acreditar que o aprendizado é possível.[1]

Além disso, uma mentalidade de crescimento poupa tempo. Significa que seu cérebro está preparado para absorver conhecimentos novos, então você não precisa perder horas girando em círculos. Também é uma forma fundamental de limitar o diálogo interno negativo, o qual, por impactar nossa capacidade de descobrir conexões entre ideias, é outra barreira para o aprendizado. O mais importante é que uma mentalidade de crescimento o ajuda a enxergar os erros como oportunidades de melhoria, e não como falhas de caráter, garantindo que você chegue mais longe, mais rápido e com muito menos turbulência emocional ao longo do caminho.

A ARTE DO IMPOSSÍVEL

Enquanto a mentalidade adequada prepara o cérebro para aprender, o "filtro da verdade" adequado nos ajuda a analisar e avaliar o que está sendo aprendido. Quase todas as pessoas de desempenho máximo que conheci desenvolveu algum tipo de filtro da verdade. Muitas delas descobriram do jeito difícil, por meio de tentativa e erro. Minha sugestão: encurte o processo. O desempenho máximo consistente exige aprendizado constante. Assim, a melhor maneira de aprimorar essa parte do processo é aprender a aprender mais rapidamente. Aprenda as meta-habilidades que cercam o processo de aprendizado e use-as para ampliar o invisível. E é exatamente isso que faz um sistema implementado para avaliação rápida e precisa das informações.

Meu próprio filtro da verdade foi definitivamente construído do jeito difícil. Minha formação é em jornalismo, que — junto com ciências e engenharia — é uma das áreas em que um filtro da verdade é como os negócios são feitos. Em ciências e engenharia, o método científico cumpre essa função. Jornais e revistas, por outro lado, contam com um parâmetro diferente para determinar se uma informação é verdadeira e se pode ser publicada. Se alguém lhe conta algo e você consegue que três outros especialistas confirmem isso, então se torna um fato. Você pode publicar sem medo.

Mas vá devagar.

No início dos anos 2000, uma revista importante me contratou para elaborar um artigo sobre a neurociência de minhas experiências místicas. Uma das primeiras coisas que descobri foi que os cientistas haviam feito alguns progressos profundos nessa seara. Experiências que, no passado, eram consideradas "místicas" começavam a se tornar "biológicas", e isso parecia uma ótima notícia. Quis saber por que nem todos estavam cientes desse avanço.

Fiz essa pergunta ao meu principal subordinado. O problema, disse ele, era que outros dois "pesquisadores" — não cientistas de respeito, mas charlatões espiritualistas, na opinião dele — haviam escrito best-sellers sobre o assunto. Esses livros tinham obscurecido as ciências da natureza com especulações místicas, e aquilo foi o fim da linha. A curiosidade científica tomou rumos menos metafísicos, e o financiamento para as pesquisas secou.

Como um repórter que recebera a informação, fiz o que deveria fazer: perguntei a outros três especialistas. Os três confirmaram. Todos me deram os mesmos dois nomes dos mesmos dois pesquisadores que escreveram os mesmos dois best-sellers. Caso encerrado. O artigo foi para a imprensa.

MENTALIDADES DE CRESCIMENTO E FILTROS...

Mais tarde, meu editor recebeu um telefonema irado de um dos pesquisadores cujo nome eu havia citado. Acontece que esse homem era um PhD em neuropsicologia amplamente respeitado e extremamente bem-publicado, cujo livro sobre a ciência de experiências místicas (a) não era um best-seller; (b) não era nem um pouco espiritualista; (c) nem mesmo era um livro — era uma coletânea de artigos de periódicos revisados por pares por diversos pesquisadores diferentes.

E ele tinha razão. Claro, eu tinha uma desculpa. Quatro pessoas me passaram exatamente a mesma fake news — tipo, quais as chances? Mas a culpa era minha: não fiz o trabalho chato necessário e, em vez disso, caluniei um bom cientista. Meu filtro da verdade, ainda que fosse um padrão da área, não era bom o suficiente.

Foi quando decidi que, se os padrões para a publicação exigem que os fatos sejam confirmados três vezes, eu sempre confirmaria cinco vezes. Sempre checaria meus fatos com cinco especialistas. E foi aí que descobri uma coisa estranha. Faça uma pergunta a quatro pessoas e, provavelmente, terá respostas parecidas. Às vezes isso acontece porque você consegue o nome da pessoa seguinte por último; às vezes, porque as áreas têm tendências predominantes. Porém, se tiver tempo para perguntar a uma quinta pessoa, há chances de que ela lhe diga algo que contradiga quase tudo o que você aprendeu até agora — isso, por sua vez, geralmente requer outras cinco discussões com mais cinco especialistas para resolver a questão. Então, esse é meu filtro da verdade. Cinco especialistas por pergunta e, se os cinco discordarem, converso com mais cinco.

Para dar um exemplo diferente, em *Bold* descrevi a "Técnica dos Primeiros Princípios", de Elon Musk, ou o que se poderia chamar de "filtro da verdade reduzido".[2] A ideia original é de Aristóteles, que descreveu os "primeiros princípios" como "a primeira base a partir da qual uma coisa é conhecida", mas é mais fácil explicar por meio de um exemplo.

Quando Musk estava pensando em entrar no mercado da energia solar, ele sabia que um dos maiores obstáculos era a fonte intermitente de energia e o consequente problema de armazenamento. Já que o Sol não brilha à noite (energia intermitente), temos que conseguir poupar a energia coletada durante o dia para uso noturno (armazenamento). Porém, em vez de tomar sua decisão sobre entrar ou não na área com base no que o mercado estava ou não fazendo, ou, ainda, no que a concorrência oferecia, Musk entrou na internet e visitou a London Metal Exchange.[3] O que ele procurou? O preço de base do níquel, do cádmio, do lítio etc. Quanto custam, de fato, as partes fundamentais que compõem uma bateria? Ele sabia que a tecnologia em si está sempre melhorando. Não importa quanto ela seja cara agora, mais tarde será sempre mais barata. Assim, quando Musk viu que essas partes básicas eram vendidas por centavos de dólar, percebeu que havia muito espaço para a melhoria tecnológica. Foi daí que nasceu a SolarCity. Essa é uma técnica dos primeiros princípios. É um filtro da verdade, um sistema de avaliação de informações que nos permite fazer escolhas melhores com mais rapidez.

Musk usou a mesma abordagem quando fundou a SpaceX, sua empresa de foguetes. Na época, ele não estava pensando em entrar no ramo aeroespacial, mas, sim, tentando descobrir o preço de um foguete para conduzir um experimento na superfície de Marte. Após conversar com diversos empresários aeroespaciais, ele descobriu que o custo era astronômico — mais de US$65 milhões.

Porém, conforme contou à revista *Wired*: "Então eu disse, certo, vamos considerar os primeiros princípios. Do que é feito um foguete? Ligas de alumínio aeroespacial, além de um pouco de titânio, cobre e fibras de carbono. Depois perguntei: qual o valor desses materiais no mercado de matérias-primas? Acontece que o custo dos materiais de um foguete era cerca de 2% do preço típico."[4] Assim nasceu a SpaceX. E, depois de alguns anos, partindo da mesma técnica dos primeiros princípios, Musk conseguiu reduzir em dez vezes o custo do lançamento de foguetes.

A técnica dos primeiros princípios, o método científico, minha regra dos cinco especialistas — todos são filtros da verdade. Fique à vontade para adotar minha regra, a abordagem de Musk ou criar a própria. O que realmente importa é criar um filtro da verdade rigoroso e colocá-lo em prática. Não se chega ao impossível com informações ruins.

Além disso, há que se considerar os benefícios para o desempenho. Conseguir confiar nas informações com que se está trabalhando reduz a ansiedade, as dúvidas e a carga cognitiva — três coisas que diminuem o foco, prejudicam a capacidade de entrar no fluxo e bloqueiam o aprendizado em si. Porém, com a mentalidade certa para abordar informações novas e um filtro da verdade rigoroso para avaliá-las, você tocou as bases necessárias para ampliar o invisível.

O ROI* na Leitura

Uma mentalidade de crescimento deixa o cérebro em condição imediata para o aprendizado, e um filtro da verdade fornece meios de avaliar o que se aprendeu. Isso leva à próxima pergunta, sobre o material do aprendizado: de qual fonte, exatamente, devemos tentar aprender?

E isso nos traz a uma verdade dura: se você tem interesse em aprender, tem interesse em livros. Certamente, como autor, pode parecer que estou puxando a brasa para a minha sardinha, mas, me escute. Um dos fatos mais perturbadores sobre a profissão que escolhi nesta era digital é a frequência com que as pessoas me dizem que não leem mais livros. Às vezes, leem artigos de revista. Com frequência, blogs. "Um livro é um compromisso grande demais" é um comentário que ouço muitas vezes.

Isso não me surpreende. De acordo com a National Endowment for the Arts, a maioria dos adultos passa em média sete minutos por dia lendo por prazer.[1] Alguns anos atrás, o Pew Research Center informou que quase um quarto dos adultos norte-americanos não lera um único livro no ano anterior.[2]

Porém, embora possa não surpreender, isso é devastador para qualquer um que tenha interesse em dominar a arte do aprendizado. Para explicar por que, vamos começar com a principal resposta que ouço: um livro é um compromisso grande demais. É justo, mas vamos falar sobre o que se consegue em troca desse compromisso. Há uma proposta de valor aqui. Você disponibiliza seu tempo a um autor em troca das ideias dele. Então, vamos decompor a natureza exata dessa troca. Comecemos pelos blogs.

---

* Retorno sobre o Investimento, tradução do inglês *Return on Investment*. [N. T.]

A velocidade média de leitura de um adulto é cerca de 250 palavras por minuto.[3] Em média, um post de blog tem cerca de 800 palavras. Isso significa que a maioria de nós lê, em média, um post de blog em uns 3 minutos. Então, o que você ganha por esses minutos?

Bem, em meu caso, uns 3 dias de esforço.

Para um blog típico, geralmente gasto cerca de um dia e meio pesquisando um assunto e a mesma quantidade de tempo escrevendo. A pesquisa envolve, principalmente, leitura de livros e artigos. Também converso com especialistas. Se o tópico é da minha área, geralmente uma ou duas conversas bastam. Fora da minha área, sobe para três ou quatro. Em geral, a escrita exige um pouco mais de leitura e uma ou duas conversas extras, além do trabalho duro de juntar palavras para formar um bom texto.

Esse é o valor da troca. Seus três minutos e meio em troca de minha assimilação de 50 a 100 páginas de um material que vale a pena, depois de passar de 3 a 5 horas falando a respeito dele e de passar mais um dia e meio acrescentando minhas ideias novas e, por fim, reestruturando o resultado geral em algo legível.

Agora, vamos analisar um artigo de revista em formato longo, do tipo que você encontraria na *Wired* ou no *Atlantic Monthly*. Geralmente, esses artigos têm cerca de 5 mil palavras, o que significa que uma pessoa comum leva 20 minutos para ler. Então, mais uma vez, o que você ganha em troca dos seus 20 minutos?

No meu caso, cerca de um mês de pesquisa antes de a matéria efetivamente começar, mais 6 semanas elaborando a matéria (pense em 25 conversas com especialistas e muito mais leituras) e outras 6 semanas escrevendo e editando. Portanto, em troca de sua anuência em dar às minhas palavras cerca de 20 minutos de seu tempo, você está conseguindo acesso a uns 4 meses de minha massa cinzenta, de trabalho, tudo isso.

Acredito que, se analisar as coisas por essa perspectiva, você verá que um artigo médio de revista é uma troca boa e justa. Como leitor, seu tempo quintuplica, mas meu tempo como autor aumentou 30 vezes — e essa é uma barganha incrível. Mas com livros, já são outros quinhentos.

O ROI NA LEITURA

Consideremos *Super-humanos*, meu livro sobre o fluxo e a ciência definitiva do desempenho humano. A obra tem cerca de 75 mil palavras, portanto o leitor comum leva em média 5 horas para lê-lo. Então, o que você ganha por suas 5 horas? No caso de *Super-humanos*, cerca de 15 anos de minha vida.

Compare esses números lado a lado:

Blogs: 3 minutos rendem 3 dias.

Artigos: 20 minutos rendem 4 meses.

Livros: 4 horas rendem 15 anos.

Então, por que é melhor ler livros do que blogs? Conhecimento condensado. Se você fizer uma maratona de blogs e passar 5 horas lendo os meus, a uma velocidade de três minutos e meio por blog, conseguirá avançar por 86 deles — portanto, você está trocando essas 5 horas por 257 dias de meu trabalho.

Por outro lado, se você passou essas mesmas 5 horas lendo *Super-humanos*, terá conseguido 5.475 dias. Livros são a forma de conhecimento mais radicalmente condensada do planeta. Na verdade, cada hora gasta com o livro *Super-humanos* se transforma em cerca de 3 anos da minha vida. É impossível vencer números como esses.

Sem dúvida, há outras fontes de informações disponíveis. Talvez ler não seja sua praia. Talvez sejam as palestras. Ou os documentários. Infelizmente, mesmo que palestras e documentários sejam ótimos para aguçar a curiosidade, nenhum deles chega perto da quantidade de informações que há nos livros.

Digamos assim: dou várias palestras por mês, geralmente com 1 hora de duração. Se estou falando sobre fluxo, essa hora rende a você as informações contidas em alguns blogs, 20 páginas do livro *Super-humanos* e mais 20 do *Roubando Fogo*. Talvez, como lambuja, algumas histórias que não apareceram nos livros. Ao todo, são 70 páginas de texto em troca de 1 hora de seu tempo. Parece uma troca legal. Mas esse é o problema — você perde os detalhes.

Novamente, considere o livro *Super-humanos*. O ouvinte obtém 20 páginas do livro, mas apenas um, ou talvez dois, detalhes por página. E, na verdade, o livro contém muito mais informações. A contagem de detalhes do leitor é de 4 a 8 páginas por dia, além de um período muito mais longo para processar essa informação. É o meio ditando os termos da mensagem. Também é neurobiologia básica.

Além disso, os livros pagam dividendos de desempenho.[4] Estudos revelam que eles melhoram a concentração a longo prazo, reduzem o estresse e evitam o declínio cognitivo. Também foi provado que ler melhora a empatia, o sono e a inteligência. Se você combinar essas vantagens com a densidade de informações que os livros proporcionam, começa a entender por que todos, desde os gigantes da tecnologia como Bill Gates, Mark Zuckerberg e Elon Musk até ícones culturais como Oprah Winfrey, Mark Cuban e Warren Buffet, atribuem seu sucesso incrível à inacreditável paixão pelos livros.[5]

Os livros também foram a primeira dica sobre desempenho que aprendi quando estava começando a estudar sobre o impossível. Quem me ensinou foi um mágico maravilhoso chamado Joe Lefler, dono da Pandora's Box, a caixa mágica que consumiu minha infância.

A Pandora's Box era uma loja de maravilhas comprida e estreita. A parede à direita era só janelas; a esquerda, clara e brilhante, um turbilhão de engenhocas mágicas: cartas, moedas, penas, flores, sedas, espadas, gaiolas, cartolas, espelhos de todos os formatos e, é claro, cordas. Mas a parede de trás — a primeira coisa que todos viam ao entrar na loja? Lotada de livros. De parede a parede e do teto ao chão.

Fiquei intrigado. O livro *Modern Coin Magic* [*Moeda Mágica Moderna*, em tradução livre], de Bobo, estava em um lugar de destaque, chamando a atenção, mas certamente a cimitarra adornada do truque da "espada atravessando os cartões" era melhor para os negócios.[6] Afinal, como Joe constantemente afirmava, a mágica era uma parada dura, e ele precisava de toda a ajuda que conseguisse. Certo dia lhe perguntei por que não mudava os livros para um lugar menos importante e enchia esse espaço chamativo de coisas que pudessem vender.

Joe balançou a cabeça, apontou para a parte de trás da loja e disse: "Eles ficam onde estão."

"Por quê?"

"Livros", disse ele, sorrindo, "são onde guardam seus segredos."

10
Cinco Passos Não-Tão-Simples-Assim para Aprender Quase Tudo

Alguns anos atrás, quando praticava mountain biking em declive no norte do Novo México, eu estava andando de teleférico e conversando com um estudante universitário que fez uma pergunta interessante: Como percebo que sei o bastante a respeito de um tema a ponto de escrever sobre ele para uma revista ou um jornal importante?

O que o rapaz queria, de fato, saber era um pouco mais complicado e tinha conexões com um trabalho de conclusão de curso, mas ele me fez pensar sobre o que era preciso para confiar o suficiente no que aprendi antes de me dispor a dividir a ideia publicamente.

O que vem a seguir é minha resposta. Trata-se de um processo de cinco-passos-não-tão-simples para aprender quase qualquer coisa, e é para onde temos que voltar nossa atenção em seguida. Até agora, nosso foco tem sido estabelecer as condições para a aprendizagem. Aqui, nos aprofundamos no processo em si. Mais especificamente, no processo pelo qual passei antes de me dispor a tornar pública uma ideia sobre um assunto. Eu o desenvolvi ao longo de meus 30 anos como jornalista, no qual virar um semiespecialista sobre um tema era pré-requisito para conseguir escrever a respeito dele. Já que trabalhei em mais de cem publicações durante esse período, cobrindo desde temas sobre ciências biológicas e tecnologia de ponta até esportes, política e cultura, tive que me tornar muito bom em diversos assuntos diferentes, em prazos relativamente curtos.

A ARTE DO IMPOSSÍVEL

Da mesma forma, como isso aconteceu sobretudo na época em que os jornais e as revistas tinham orçamento para verificadores de fatos e editores de texto, a precisão de minhas reportagens sempre era submetida a um desafio incrivelmente rigoroso, e fazer a coisa errada era um jeito fácil de ser demitido. Como eu precisava comer, tive que aprender a aprender — toda e qualquer coisa com precisão e rapidez.

Ou então, como Jim Nelson, meu antigo editor da *GQ,* certa vez explicou: "Cerca de um milhão de pessoas por mês leem essa publicação. Como cobrimos histórias fora da alçada dos meios de comunicação tradicionais, quando escrevemos sobre algo, muitas vezes, é a única opinião sobre um assunto que qualquer um de nossos leitores conhecerá. Essa é uma responsabilidade séria. É por isso que nos esforçamos ao máximo para nunca errar."

Foi assim que consegui fazer as coisas do jeito certo.

PASSO UM: OS CINCO LIVROS DO TOLO

Acredito que a quantidade real provavelmente seja diferente para todos, mas, quando abordo um tema novo, minha regra de ouro é me permitir cinco livros tolos. Isto é, escolho cinco livros sobre um tema e os leio sem julgar meu aprendizado ao longo do processo.

É bom reiterar uma questão: aprender não faz com que nos sintamos mais espertos. Pelo menos não no início.

No início, aprender nos faz sentir mais tolos. Conceitos e terminologias novas frequentemente geram frustrações novas. Mas não se julgue pela estupidez que sentir ao longo do processo. No caminho rumo ao desempenho máximo, muito frequentemente suas emoções não são o que você pensa que elas são.

Pense na frustração proveniente de ser ruim em alguma coisa. A sensação é de progresso atravancado e raiva latente, mas, na verdade, é um sinal de que você está indo na direção certa. De fato, esse nível de frustração está aumentando na presença da norepinefrina em seu organismo, cuja função principal é preparar o cérebro para aprender.[1] Você precisa sentir essa frustração para produzir essa substância neuroquímica, porque precisa dessa substância para o aprendizado realmente acontecer. Em vez de um sinal de que você está indo na direção errada, a frustração é como uma dica de que está caminhando rumo à direção certa. Portanto, em relação a esses cinco livros, seu trabalho é continuar virando páginas e se perdoar pela confusão que inevitavelmente surgirá pelo caminho.

O objetivo principal em ler esses cinco livros é se familiarizar com a terminologia. Falamos sobre isso anteriormente, mas vale a pena repetir porque, na verdade, a terminologia pode ser uma parte grande da batalha.

A maior parte daquilo que dificulta o aprendizado é a linguagem especializada, e geralmente são necessários uns cinco livros para começar a se entrosar de verdade com ela. Isso também significa que, em relação aos primeiros três livros, muita coisa do que você está lendo não será compreendida por inteiro. Não desista. Não volte para o início do livro e recomece a leitura. Não se incomode em procurar todas as palavras que não conhece. O segredo é não se frustrar (demais) e apenas se limitar a continuar.

Biologicamente, muito do aprendizado se resume ao reconhecimento de padrões, e a maior parte disso ocorre em um nível subconsciente. Enquanto você estiver lendo, continuará captando pequenos trechos de informação, e seu sistema de reconhecimento de padrões continuará unindo esses trechos a pedaços maiores. Essas peças maiores se tornam a base de seus novos conhecimentos.

Elas estabelecem essa base de um modo muito particular.

Para começar, pegue seu caderno de notas. Faça anotações bastante específicas conforme avança.[2] O objetivo *não* é escrever tudo o que você pensa que precisa saber. Há somente três coisas principais que precisa focar.

Primeiro, como mencionado anteriormente, faça anotações sobre a narrativa histórica. Isso proporciona ao cérebro um jeito fácil de organizar informações novas e amplia as taxas de aprendizado.

Segundo, como também já foi discutido, preste atenção à terminologia. Se um termo técnico aparece três ou quatro vezes, anote-o, procure seu significado e, sempre que vir a palavra novamente, leia a definição. Faça isso até começar a absorver o significado.

Terceiro, de maneira mais crítica, sempre anote coisas que o estimulam. Se der de cara com uma citação que dialogue com sua alma, ela tem que ir para o caderno. Se você se deparar com um fato que o deixe de queixo caído, guarde-o para mais tarde. Se uma pergunta vier à mente, escreva-a. Todas as coisas que você acha curiosas são coisas com muita energia. Já tendemos a nos lembrar de tudo o que chame a atenção. Isso torna mais fácil lembrar a informação depois. O fato de ela ter chamado sua atenção e o processo de você tê-la anotado no caderno geralmente já é o suficiente para armazená-la a longo prazo.

Também vale a pena apontar que meu conselho não é "não faça anotações no caderno". Essa não é a questão. A questão é definir uma linha de base técnica e, depois, respeitar sua curiosidade por um assunto, usando coisas que você ache interessantes naturalmente — e, portanto, sejam mais facilmente recordáveis — como fundamento estrutural para aprendizados futuros.

E não é apenas escolher cinco livros sobre o tema. Há uma ordem em meio ao caos.

Livro Um: Comece pelo best-seller mais popular que conseguir encontrar sobre o tema. Não importa se é ficção ou não ficção. O objetivo é se divertir para valer. O primeiro livro tem menos a ver com aprendizado de fato e mais com adquirir um pouco de familiaridade com o mundo em que você está prestes a entrar, e com uma ideia básica sobre a linguagem dele.

Livro Dois: Esse livro também é popular, mas geralmente um pouco mais técnico e um pouco mais amplo. O livro está íntima ou diretamente relacionado ao assunto investigado. Mais uma vez, o objetivo principal — e o motivo por que escolher livros populares — é gerar empolgação. Motivado, você precisa dessa empolgação logo no início, já que é isso que estabelece os pilares para o real aprendizado. Posteriormente, conforme desenvolve sua base de conhecimento, os detalhes de nerd se tornarão muito tentadores; porém, no início, apenas despertar a imaginação é muito mais importante.

Livro Três: Esse é o primeiro livro semitécnico sobre o assunto — ainda inteligível, mas talvez não proporcione um mero virar de páginas. Esse livro constrói todas as ideias aprendidas nas primeiras duas obras, reproduzindo uma linguagem mais precisa e com detalhes mais especializados. Também é nesse livro que você começa a visualizar os contornos nebulosos do panorama geral. Para esses fins, tente encontrar, no terceiro livro, algo que proporcione um vislumbre desse ponto de vista mais amplo — uma perspectiva sobre o assunto. Se você vem lendo algo sobre árvores, pode ser o momento de aprender algo sobre ecologia de sistemas. Se vem estudando sobre a terapia de casal, talvez seja a hora de ler sobre a história da psicologia social.

Livro Quatro: Chegamos. O quarto livro é a primeira obra científica de verdade que você lerá sobre o tema — que nem chega perto da diversão dos três primeiros, mas lhe dá uma ideia do tipo de problemas em que verdadeiros especialistas na área estão pensando. Preste muita atenção às limitações atuais do setor. Tenha uma noção de quando, por que e com quais ideias de base o pensamento contemporâneo a respeito de um tema começa e termina. Da mesma forma, descubra onde está a loucura: as coisas que os especialistas acham bobagem. Pode ser que você não concorde com essas opiniões, mas precisa saber que elas existem e, o mais importante, por que elas existem.

Livro Cinco: Nem sempre esse é o mais difícil de ler (muitas vezes, pode ser o quarto), mas, muito frequentemente, é o mais difícil de compreender. Isso porque o objetivo é um livro que trate diretamente do futuro do tema: a direção que está seguindo, quando está seguindo, um livro que lhe dá uma sensação de vanguarda.

Após ler esses cinco livros, geralmente o cérebro armazena dados suficientes para lhe dar um gostinho sobre uma área. A linguagem é familiar, e o panorama geral macroscópico saltou aos olhos. Aqui é onde começa a verdadeira compreensão. Quando você consegue começar a fazer perguntas pertinentes e articuladas sobre um tema, pode confiar que aprendeu o básico.

Como fica isso no mundo real? Bem, considere meu primeiro romance, *The Angle Quickest for Flight*.[3] O livro é sobre cinco pessoas que tentam invadir o Vaticano para recuperar um dos textos fundamentais da Cabala, obra roubada dos judeus no século XIII e, depois, ocultada nos Arquivos Secretos. Pense nele como *O Código da Vinci*, só que uma década antes de existir *O Código da Vinci*. Para escrever esse livro, precisei conhecer um pouco da história do Vaticano e dos Arquivos Secretos. Então o que li para me atualizar sobre o assunto?

Livro Um: *The Assassini* [*O Assassino*, em tradução livre], de Thomas Gifford, um thriller sobre o envolvimento da igreja com o roubo de obras de arte durante a Segunda Guerra Mundial. Foi um passeio divertido que me fez vislumbrar o interior do Vaticano. Aprendi algumas coisas sobre a língua e tive uma noção do mundo em que eu estava prestes a entrar.[4]

Livro Dois: *The Decline and Fall of the Roman Church*[5] [*O Declínio e a Queda da Igreja Romana*, em tradução livre] de Malachi Martin. Martin é um ex-jesuíta e estudioso da história do Vaticano e escreve ficção e não ficção populares sobre o tema. Mais uma leitura bastante fácil, mas cheia de informações.

Livro Três: *A History of God*[6] [*Uma História de Deus*, em tradução livre], de Karen Armstrong. Armstrong é uma das acadêmicas mais respeitadas da área, e este livro conta a história de 4 mil anos do nascimento do Judaísmo, do Cristianismo e do Islã — o que me dá uma ideia macroscópica do tema. Armstrong também é uma escritora talentosa, ou seja, esses 4 mil anos passaram muito mais rápido do que você talvez presuma.

Livro Quatro: *The Secret Archives of the Vatican* [*Os Arquivos Secretos do Vaticano*, em tradução livre], de Maria Louisa Ambrosini e Mary Willis. Esse é o principal livro sobre o tema. Denso, detalhado e direto ao ponto.[7]

Livro Cinco: *Inside the Vatican* [*Dentro do Vaticano*, em tradução livre], de Thomas Reese.[8] Não é exatamente um livro que dá uma espiada no futuro, mas oferece uma visão imensamente ampla sobre o passado. A obra é um estudo exaustivo e acadêmico da organização religiosa mais complexa do mundo. Não precisa dizer mais nada.

Duas observações finais: primeiro, o objetivo desse exercício é ajudá-lo a aprender sobre temas, não habilidades. Se quer aprender alguma habilidade, como tocar piano, você não vai adquirir essa competência. Mais tarde, neste capítulo, falaremos a respeito da aquisição de habilidades. Por ora, começaremos pela aquisição de conhecimento.

Segundo: em tempos de TDAH, em que as pessoas não gostam de ler, cinco livros parece muita coisa. Definitivamente, não é. Cinco livros é menos do que alguém leria no primeiro semestre de qualquer curso na faculdade. E não se iluda quando acabar — você ainda não saberá tudo.

PASSO DOIS: SEJA O IGNORANTE

Quando acabar de ler esses cinco livros, seu caderno deverá ficar cheio de perguntas. Reveja-as. Muitas delas agora terão respostas. E as que sobrarem? São a matéria-prima para o próximo passo no processo: buscar especialistas com quem conversar sobre essas perguntas.

Pessoalmente, como repórter, obtive vantagem nesse passo. É infinitamente mais fácil ligar para um ganhador do prêmio Nobel em nome do *New York Times* do que tentar terminar uma monografia da faculdade. Mas a maioria das pessoas adora falar sobre o que faz. Portanto, se você não consegue colocar o ganhador do prêmio Nobel ao telefone, envie uma mensagem a um dos alunos de graduação. Contanto que faça o dever de casa e perguntas genuínas, a maioria das pessoas aceitará conversar com você. Na verdade, a maioria não vai querer calar a boca. A questão é deixar seu orgulho de lado e conversar com pessoas que são mais espertas do que você. No meu caso, sempre peço que me expliquem as coisas como se eu tivesse 4 anos. Quero ser o ignorante da conversa. Como sei que conversei com um número suficiente de especialistas? Quando eles começam a falar para o ignorante que ele está fazendo perguntas boas, então tenho certeza de que estou no caminho certo.

Alguns detalhes cruciais: conduzir entrevistas é uma habilidade. Você precisa fazer seu entrevistado se sentir à vontade e respeitado. O tempo de todas as pessoas é precioso. Não fique falando sem parar sobre si mesmo ou sobre sua pesquisa logo no início da conversa. Elabore uma lista de perguntas com antecedência, presuma que não terá mais de meia hora de entrevista e não desperdice nem um segundo. Nunca peça aos outros algo que você mesmo pode pesquisar. Certifique-se de ter pesquisado antecipadamente por meio de palestras, livros e artigos técnicos. O mais importante, garanta que as primeiras perguntas demonstrem conhecimento pessoal sobre quem quer que você esteja entrevistando e conhecimentos de domínio geral sobre o tema. Não pergunte: O que você pensa a respeito do debate atual sobre a consciência? Pergunte: No artigo que escreveu para o *Journal of Consciousness Studies*, você elaborou um argumento neurobiológico para o pampsiquismo. Quando você começou a pensar nesse problema dessa forma?

A ARTE DO IMPOSSÍVEL

Essas são as perguntas exatas para fazer com que um especialista se sinta à vontade e respeitado. Você está lhes mostrando que reservou tempo para pesquisar sobre seus trabalhos antecipadamente, e eles podem falar livremente, em linguagem técnica, pois você consegue acompanhar. Grave a conversa e faça anotações o tempo todo. Escreva as coisas que chamarem sua atenção (as mesmas regras da leitura). Use a gravação para checar os fatos duas vezes e para ter uma cópia de tudo aquilo que não entendeu da primeira vez.

PASSO TRÊS: EXPLORE AS LACUNAS

No mundo moderno, a maioria dos estudiosos tende a se especializar. Eles acabam adquirindo um conhecimento profundo sobre o tema escolhido, mas, muitas vezes, sem a menor ideia do que está acontecendo na esquina. Então, uma vez que tenha chegado ao final do passo dois e passou a fazer perguntas inteligentes, você começará a notar algumas lacunas nas perguntas. Às vezes, elas se tornarão as principais perguntas sobre o setor. Em outras palavras, você levou sua curiosidade ao mesmo lugar a que a maioria dos pesquisadores leva. Isso é ótimo. É a prova de que você está realmente aprendendo sobre o tópico em questão, mas não é exatamente o que está procurando nesse passo.

O que você está buscando é o que o autor Steven Johnson chama de "palpite lento", ou a ideia de que aquele trecho particular de informação na área que você está estudando no momento está relacionado a outro trecho de dados em alguma outra área que também vem estudando. No início, esses palpites podem ser difíceis de encontrar. Na verdade, não se pode forçá-los. Mas o motivo pelo qual você vem obedecendo à sua curiosidade a respeito do tema (e não, digamos, aos padrões curriculares educacionais) é semear naturalmente esses tipos de conexões. Em uma entrevista com o *ReadWrite*, Johnson explicou isso desta maneira: "É justamente essa ideia de que, se você se diversifica e tem uma gama eclética de interesses, além de estar constantemente [reunindo] histórias interessantes sobre coisas que não conhece muito ou que são paralelas à sua área de especialidade, está muito mais propenso a aparecer com ideias inovadoras... O truque é olhar para algo diferente e se apropriar de ideias. É como dizer: 'Isso funcionou nessa área; se trouxermos para cá, o que aconteceria nesse novo contexto?'"[9]

Essas lacunas entre as bases de conhecimento começarão a ficar evidentes durante o passo dois do processo. À medida que você começa a descobrir como pensar a respeito de um tópico, sobretudo se vem prestando atenção a seus limites, começará a perceber as perguntas que não estão sendo feitas pelos especialistas. Então, quando atingir o ponto em que estará fazendo perguntas inteligentes, é hora de prosseguir nessas perguntas até chegar às lacunas.

É por isso, também, que obedecemos à nossa curiosidade a respeito de um tema. Ao nos basearmos em nossos interesses naturais, criamos as condições necessárias para desenvolver os palpites lentos de Johnson. Mas vale a pena mencionar em que isso não funcionará: para ajudá-lo a se preparar para um exame padrão. Se outra pessoa está dirigindo o ônibus do aprendizado, você pode aplicar as técnicas, e elas funcionarão até certo ponto; porém, como o currículo não é seu, os objetivos serão diferentes. Lembre-se de onde começamos — com a pergunta sobre o que foi necessário antes que eu estivesse disposto a expor uma opinião em público a respeito de um assunto. Uma opinião significa uma base sólida sobre as ideias centrais e reflexões novas sobre a questão.

Enquanto livros constituíram a base do passo um, no terceiro passo, prefiro blogs, artigos, palestras e coisas do tipo. Na receita da paixão, passamos de 10 a 20 minutos por dia "brincando" com ideias sobre as quais tínhamos curiosidade. Adote uma abordagem semelhante aqui.

Por exemplo, digamos que você se interesse por comportamento animal. Uma categoria acima do comportamento animal é o comportamento do ecossistema; então entre nessa lacuna. Aprender como ecossistemas inteiros funcionam pode ajudar a esclarecer como funcionam suas partes independentes. Você também pode dar um passo além: animais formam ecossistemas, mas ecossistemas são simplesmente um exemplo de uma rede. O que você pode aprender sobre comportamento animal estudando o comportamento de rede? Entre nessa lacuna.

Por causa da especialização, o conhecimento técnico tende a se tornar dividido com o tempo. Consequentemente, a maioria dos assuntos interessantes, em geral, ficam presos entre categorias. Essas são as lacunas. Depois de abarcar um assunto, normalmente você acabará se atrapalhando nessas lacunas. Esse estado atrapalhado é o que você busca: é aí que surgem, de fato, os palpites lentos. Se, de repente, você se deparar com mais perguntas do que respostas, é assim que deve ser. Agora você conseguiu tropeçar nos verdadeiros pontos em branco do mapa. E, se fez isso do jeito certo, por ter obedecido à sua curiosidade de chegar a esses pontos, de uma hora para outra poderá se deparar com perguntas prementes a que ninguém consegue responder. E, com isso, acabará tentando encontrar essas respostas por conta própria.

É com essa frustração que o aprendizado realmente começa.

PASSO QUATRO: SEMPRE FAÇA A PRÓXIMA PERGUNTA

Esse conselho volta ao conceito dos filtros da verdade. Lembre-se do lema padrão do repórter: um fato é feito de três fontes. Ou seja, se três pessoas lhe contam a mesma coisa de forma independente, pode ter certeza de que ela realmente aconteceu. Porém, como citei anteriormente, descobri que algo incomum acontecia quando eu falava com o quinto especialista — em geral, eu obtinha uma resposta conflitante com tudo o que viera antes.

Esse é o motivo por trás do qual sempre se deve fazer a próxima pergunta. Significa que, a essa altura do processo, é bom começar a correr atrás de respostas conflitantes. Busque especialistas que discordem daqueles com quem você já conversou. Quando você chega ao ponto em que tudo aquilo que achava que sabia, na verdade, está errado, então está no lugar certo.

E agora que você está no lugar certo, tente resolver o enigma que encontrou. Sem dúvida, é perfeitamente possível que o enigma com que se deparou não contenha respostas. Não tem problema. O objetivo é ter uma opinião sobre a resposta. Escolha um lado e esteja apto a defender o lado que escolheu. Diga algo semelhante a: "Especialistas tendem a discordar em relação a esse ponto, mas minha impressão é que..." e, em seguida, tente explicar por que tem essa impressão.

Pessoalmente, acredito que eu não aprendo realmente um assunto até que ocorra esse puxão de orelhas revelador. Se meu ponto de vista não foi integralmente contestado ao menos uma vez, significa que ainda tenho trabalho a fazer.

PASSO CINCO: ENCONTRE A NARRATIVA

O cérebro é feito para conectar causa e efeito. É um mecanismo de sobrevivência. Se podemos rastrear o motivo de algo ter acontecido, podemos aprender a prever o futuro. É por isso que o cérebro adora narrativas, pois elas não passam de uma relação de causa e efeito em maior escala.

No entanto, qualquer que seja a escala, a biologia subjacente permanece a mesma.

A conexão entre causa e efeito é o reconhecimento de padrões. Para recompensar esse comportamento, recebemos pequenos jatos de dopamina. O prazer dessa substância é o que fortalece a relação entre o "que" e o "por quê", basicamente ampliando o aprendizado. No final dos anos 1990, por exemplo, o neurocientista de Cambridge Wolfram Schultz deu a macacos algumas gotas de suco, que é a recompensa favorita deles, e observou os níveis de dopamina disparando em seu cérebro.[10] No início do experimento, seu cérebro liberava dopamina somente quando eles recebiam o suco de verdade. Com o tempo, esse jato de dopamina aparecia mais cedo, por exemplo, quando a porta do laboratório se abria pela primeira vez. No final do experimento, esses jatos surgiam ainda mais cedo, quando os animais ouviam passos no corredor do lado de fora do laboratório.

A ARTE DO IMPOSSÍVEL

Basicamente, o que o experimento de Schultz confirmou foi o papel da dopamina no aprendizado. Sempre que ganhamos uma recompensa — como o suco — o cérebro vasculha o passado recente em busca do que pode ter desencadeado essa recompensa: a causa do efeito. Se esse padrão se repete, quando notamos novamente essa causa, obtemos ainda mais dopamina. Em seguida, começamos a rastrear ainda mais a causa — antes de eu ganhar o suco, a porta do laboratório abriu e esse humano chegou — e a reforçar essas conexões extras com ainda mais dopamina.

Agora que chegamos ao quinto dos cinco passos não-tão-simples-assim, queremos tirar proveito dessa neurobiologia exata. O objetivo é acoplar esses acertos iniciais de dopamina — do reconhecimento de padrões que já surgiu ao seguir os quatro primeiros passos nesse processo — ao aumento ainda maior de dopamina (e, como veremos, uma série de substâncias neuroquímicas adicionais), que provém da construção narrativa do apoio social[11]. Isso é o que realmente fortifica novas informações em armazenamentos de longo prazo.

Logo, é hora de tornar as coisas públicas mais uma vez.

Para mim, a única maneira de ter certeza de que realmente aprendi algo é contar isso a outra pessoa como se fosse uma história. Na verdade, duas pessoas. A primeira para quem conto é alguém que não sabe absolutamente nada a respeito e, em geral, acha o assunto meio chato. Acredito que os familiares são úteis para esse fim, mas também pode dar certo com completos estranhos. Se consigo transformar tudo o que aprendi em uma narrativa atraente o suficiente para segurar a atenção de um público hostil e, ainda, transmitir a informação crucial da história, geralmente sinto que estou a meio caminho andado.

A segunda pessoa a quem conto a história é um especialista. Sempre procuro alguém que não tenha receio de me dizer onde foi que eu errei. Se consigo satisfazer a ambas as partes, produzi dopamina suficiente ao longo do processo para fortalecer meu conhecimento — basicamente, aprendi sobre o assunto. Também sinto que realmente consegui expor minhas opiniões e fico à vontade para torná-las públicas. Se você conseguiu chegar até aqui, então também deveria se sentir assim.

CINCO PASSOS NÃO-TÃO-SIMPLES-ASSIM...

O motivo dessa confiança: a neurobiologia. Ao transformar seu aprendizado na cadeia de causa e efeito que chamamos de narrativa — isto é, contá-la a alguém como uma história —, você encontrará mais padrões e liberará mais dopamina. Some a isso todas as substâncias neuroquímicas que surgem ao tornar as coisas públicas — mais dopamina por assumir riscos, norepinefrina para o estímulo, cortisol para o estresse, serotonina e oxitocina da própria interação social — e você tem uma ferramenta inacreditável para reforçar sua memória.[12]

Uma última observação: ao usar essa técnica, as pessoas se deparam com dois problemas frequentes. O primeiro é terminar os cinco livros e deduzir se sabe algo. Nas artes marciais, sempre dizem que as faixas amarela e verde — isto é, iniciante avançado e intermediário inferior — são as épocas mais perigosas para um aluno. As pessoas pensam que sabem lutar e, muitas vezes, querem testar as próprias habilidades. Frequentemente, acabam sendo vencidos. Isso vale aqui também. Cinco livros sobre um assunto são uma ótima base, mas não confunda isso com conhecimento especializado de verdade.

O segundo problema também é traiçoeiro. Se você seguiu esse processo de cinco passos até o fim, provavelmente tem uma ótima ideia das coisas que ainda não sabe. É de esperar. Muitas vezes, os especialistas sentem que sabem menos sobre seus temas do que os novatos. Eles sabem o que não sabem e que, entre as coisas que não sabem, há muitas delas. Essa combinação é assustadora e pode ser paralisante. A impressão é que se está dando um passo para a frente e dois para trás, e isso pode ser desanimador. Mas use isso em benefício próprio. Essas lacunas adicionais de conhecimento são a base da curiosidade, então siga-as em mais cinco livros e repita o processo.

11

A Habilidade da Habilidade

O próximo passo nesse processo é aprender a dominar desde temas novos até habilidades novas. Para ajudá-lo a dar esse passo, passei um tempo conversando com o autor de best-sellers, investidor-anjo e *lifehacker* extraordinário, Tim Ferriss, que, mais do que qualquer outra pessoa que eu conheço, aprofundou-se na questão da aquisição acelerada de habilidades.[1]

Alguns anos atrás, Tim levou essa investigação a novos patamares, quando resolveu aprender treze habilidades bem difíceis — inclusive tocar um instrumento musical, dirigir um carro de corrida e aprender um idioma estrangeiro — sob condições muito complicadas. Sem saber ler partituras ou marcar tempo, Tim se deu cinco dias para ver se conseguia aprender a tocar bateria bem o suficiente para se apresentar no palco diante de um público ao vivo. Stewart Copeland, o baterista do The Police, foi seu professor. Para deixar as coisas interessantes — como teste final de habilidade —, ele convenceu os roqueiros da banda clássica Foreigner a deixá-lo tocar bateria em um de seus shows ao vivo, diante de uma casa lotada.

Ele fez o mesmo com o jiu-jítsu brasileiro. Cinco dias para aprender a arte marcial e uma ida à arena para lutar contra campeões mundiais e testar os resultados. E com o pôquer — chegando a arriscar centenas de milhares de dólares do próprio bolso em um jogo com os melhores profissionais, durante seu exame final.

A ARTE DO IMPOSSÍVEL

Em outras palavras, o que passou a ser conhecido como Tim Ferriss Experiment [Experimento Tim Ferriss, em tradução livre] (disponível no iTunes) foi uma investigação de contato integral em outras possibilidades de aquisição acelerada de habilidades. Como Tim explica: "[O experimento foi concebido] para refutar uma porção de ideias equivocadas que as pessoas têm acerca do aprendizado na fase adulta. A noção de que é difícil para um adulto aprender uma língua estrangeira ou tocar um instrumento. De que desenvolver uma expertise real leva anos de prática. Isso não é verdade. O programa é voltado para ensinar as pessoas a ter resultados sobre-humanos sem que elas tenham de ser sobre-humanas."

Ao todo, Tim lançou treze experimentos e, se você assistir a todos eles, começará a notar algumas semelhanças entre as metodologias. Há coincidências. É claro que, na superfície, pode parecer que aprender a surfar e aprender a falar filipino, dois outros experimentos que ele conduziu no programa, são duas coisas totalmente diferentes.

Porém, há pontos em comum — e é isso que estamos buscando.

Dominar o medo, por exemplo, é um ponto em comum que quase toda situação de aprendizado apresenta. Isso quer dizer que as mesmas técnicas de relaxamento que Tim aprendeu com o surfista Laird Hamilton — na tentativa de surfar ondas maiores que ele em uma semana (algo que a maioria dos novatos leva alguns anos para conseguir) — eram totalmente aplicáveis quando ele estava arriscando centenas de milhares de dólares na mesa de pôquer. Também eram relevantes quando estava tocando bateria diante de um público ao vivo.

Assim, quando Tim aborda uma habilidade nova, a primeira coisa que faz é procurar pontos em comum. Ele divide a atividade, separando-a em componentes individuais. Ele está procurando as matérias-primas com que aprender e os erros comuns a evitar.

Em seguida, procura sobreposições ou os componentes que aparecem em todos os setores. Esses são os elementos que fornecem uma alavancagem maior. Por exemplo, a maioria das músicas populares são compostas de quatro ou cinco acordes. Dominar esses acordes o fará chegar mais longe com maior rapidez do que aprender qualquer outra série de habilidades musicais.

A HABILIDADE DA HABILIDADE

Essa abordagem de cinco acordes para o domínio é um exemplo do princípio de Pareto, que às vezes é denominado regra 80/20. É a ideia de que 80% de suas consequências resultam de 20% de suas ações. Para aplicar esse princípio ao aprendizado, ao abordar uma habilidade nova, foque seus esforços nos 20% que realmente importam. Pense nos quatro ou cinco acordes usados em todas as músicas populares.

Para identificar essas partes componentes, é bom pesquisar e simplificar. Comece removendo as irrelevantes. Por exemplo, quando Tim se deu uma semana para dominar o jiu-jítsu brasileiro, em vez de tentar aprender a arte marcial inteira, ele se concentrou em um único estrangulamento — o da guilhotina. Então, aprendeu a usar esse único estrangulamento em todas as posições possíveis, tanto de ataque como de defesa. Esse estrangulamento foi sua fatia de 20%, mas o domínio dessa única habilidade lhe possibilitou lidar com 80% das situações com que se deparou, o que é um retorno bastante extraordinário para um esforço de cinco dias.

O ponto principal é que você pode levar mais do que os cinco dias de Tim para ficar bom. Mesmo se levar meses, a abordagem 80/20 para a aquisição de habilidades certamente poupará seu tempo a longo prazo.

No entanto, há uma coisa a se observar: 80/20 é fantástico se a habilidade que você está tentando aprender o ajudará a ir mais rápido de A até B. Para treinar um ponto fraco, por exemplo, isso pode ser bastante apropriado. No entanto, não é ideal para dominar qualquer uma das habilidades essenciais para seu propósito maciçamente transformador.

Eu nunca consideraria o esquema 80/20, por exemplo, para qualquer coisa relacionada a fluxo, já que o fluxo é crucial para minha missão. Mas apliquei essa ideia para aprender o juridiquês necessário para entender contratos de negócios, porque para mim esse conhecimento é suficiente para eu conseguir conversar com meus advogados estando bem-informado. Se eles tivessem feito o esquema de 80/20 para o juridiquês — bem, isso seria um problema.

Se a habilidade ou informação que você está aprendendo está no cerne de seu propósito maciçamente transformador, seu objetivo real deve ser o domínio total, e isso exige mais aprendizado do que o princípio de Pareto pode oferecer (se está se perguntando o porquê, volte à lista de Gary Klein sobre as coisas que os especialistas sabem e outras pessoas, não). Isso posto, focar de maneira consistente seu aprendizado nos 20% de informações que farão 80% da diferença — e fazer isso repetidas vezes — definitivamente encurtará seu caminho para o conhecimento profundo. Tim afirmou que essa abordagem pode levá-lo à expertise real em cerca de um ano e meio de dedicação, ou cerca de oito anos e meio mais rápido do que as supostas 10 mil horas.

Agora, certamente o experimento de Tim deu ruim. Ele caiu. Quebrou ossos, especialmente ao tentar dominar o *parkour* em uma semana. Mas é exatamente essa a questão. "Olhe", diz ele, "não fui um ótimo aprendiz. Penei com línguas estrangeiras quando criança. Não aprendi a nadar até os 30 anos. É exatamente por isso que sei que a coisa funciona. Se eu consigo, qualquer um consegue".

12

Mais Forte

Até agora, temos estudado as habilidades e meta-habilidades que cercam o aprendizado. Neste capítulo, queremos mudar de foco e abordar o que exatamente você deseja aprender. Há três categorias para explorar.

Primeiro, a óbvia. Se você está em busca de metas elevadas e difíceis, aprenda o que quer que seja necessário para ir em busca delas.

Segundo, a desagradável. Em capítulos anteriores, falamos sobre desenvolver a determinação para treinar os pontos fracos. De um jeito ou de outro, desenvolver essa determinação exige o acréscimo de habilidades ou conhecimentos novos a seu repertório, portanto é bom você aprender isso também.

Por fim, queremos voltar a atenção para o lado oposto dessa moeda, os principais pontos fortes. Aprender a identificar nossos pontos fortes — literalmente, identificando as coisas em que somos melhores — e, depois, aprender como podemos nos sair ainda melhor neles, é fundamental para o desempenho máximo. Dos anos 1940 em diante, os psicólogos, desde Carl Rogers e Carl Jung até Martin Seligman e Christopher Peterson, vêm afirmando que usar nossos principais pontos fortes com regularidade é uma das melhores maneiras de aumentar a felicidade, o bem-estar e a quantidade de fluxo em nossa vida.[1] De fato, Seligman afirmou que a *melhor forma de aumentar o fluxo* é passar o maior tempo possível em atividades que utilizam um ou mais de nossos cinco principais pontos fortes.[2]

Em termos psicológicos, trabalhar com nossos pontos fortes — isto é, melhorar aquilo em que já somos bons — aumenta a sensação de autonomia e conhecimento profundo, dois de nossos impulsos intrínsecos mais potentes. Por sua vez, esses impulsos amplificam a confiança, o foco e o envolvimento, que, em conjunto, aumentam o aprendizado e alimentam o fluxo. Por fim, uma vez que o fluxo amplifica ainda mais o aprendizado, isso fortalece nossos pontos fortes e reinicia o ciclo mais uma vez.

Neurobiologicamente, os pontos fortes parecem ter várias funções diferentes. A mais importante é a dopamina. Gostamos de nos sair bem nas coisas; isso produz dopamina, o que reforça o foco, aumenta a motivação e nos ajuda a ficar ainda melhores naquilo em que já somos bons.

Muitos pesquisadores acreditam, ainda, que nossos pontos fortes desempenham uma função no "filtro sensorial", que é o que ajuda o cérebro a decidir quais partes da informação compensam para a mente processar e quais são eliminadas como irrelevantes. Gostamos de nos sair bem nas coisas e gostamos de aprimorar a forma como nos saímos, portanto qualquer coisa que ajude essa causa fica marcada como importante e é passada adiante no processamento consciente.[3]

Porém, em virtude de a ideia de treinar nossos pontos fortes ainda ser nova na psicologia, há questões abertas sobre a lista completa de pontos fortes a treinar. Em um livro recente sobre o tema, Seligman e Peterson listam 24 pontos fortes, enquanto o *CliftonStrengths*, da Gallup Organization, cita 34, e o *Strengths Profiler* contém sessenta potenciais pontos fortes, pontos fracos e comportamentos diferentes apreendidos. Portanto, em qual diagnóstico devemos acreditar?

No seu é minha resposta. Naturalmente, se quiser dar um passeio pelas ideias de Seligman e Peterson, o site deles — www.viacharacter.org [conteúdo em inglês] — fornece um diagnóstico gratuito com 240 perguntas. Os resultados são confidenciais e enviados diretamente para sua caixa de entrada. Você também pode encontrar o *CliftonStrengths*, o *Strengths Profiler* e diversas outras análises online.[4] Mas a maneira mais fácil de resolver esse enigma é confiando na própria história.

Comece com suas cinco maiores conquistas — isto é, as cinco realizações das quais você mais se orgulha e que geraram o maior impacto positivo em sua vida. Depois, divida cada uma delas, procurando por todos os pontos fortes centrais que o ajudaram a alcançar essa vitória. O mais importante é a especificidade. Não falo apenas de colocar "persistência" na lista; coloque o tipo específico de persistência. Se sua vitória foi respaldada por uma disposição em voltar à biblioteca diversas vezes e reunir a maior quantidade de informações possível sobre um tema, "rigor intelectual" é um identificador muito mais útil do que "persistência".

De posse dessa lista, é hora de buscar interseções. No início deste livro, identificamos lugares em que nossas paixões centrais se interconectavam com nossos propósitos principais; depois usamos essa informação para determinar propósitos maciçamente transformadores, objetivos elevados e metas claras. Neste capítulo, queremos levar esse processo adiante, encontrando lugares em que nossos pontos fortes se alinham com nossa pilha motivacional.

Digamos que seu PMT seja "acabar com a fome no mundo". Um de seus objetivos elevados e difíceis é avançar no campo da agricultura vertical. Então, na lista de metas claras que você cria diariamente, apoie-se em seus pontos fortes. Se você tem fortes habilidades sociais, como trabalho em equipe, inteligência social e liderança — bem, o ativismo comunitário servirá melhor do que uma vida reclusa dentro de um laboratório de pesquisas.

Quando encontrar um ponto forte central que sirva a seu PMT, Seligman recomenda tentar usá-lo uma vez por semana, de um jeito novo e em um ambiente relevante — com familiares, por exemplo, ou no trabalho.[5] Passe de dois a três meses treinando um só ponto forte (ou seja, testando-o de uma nova forma, em uma situação nova, pelo menos uma vez por semana) antes de mudar para outro. Ao longo de um ano, você encontrará lugares em que pontos fortes múltiplos se interconectam diretamente com seu PMT. Esse é o objetivo real. Se você pode trabalhar rumo ao propósito de sua existência, utilizando pontos fortes centrais, acabará aumentando significativamente a quantidade de fluxo em sua vida. Mais uma vez, você irá mais longe e mais rápido.

E isso responde à pergunta: O que devo aprender? Aprenda a afiar a espada. Aprenda a usar seus pontos fortes para dar prosseguimento à sua causa. Se o que estamos aprendendo se alinha totalmente com quem somos, então é sucesso na certa. O trabalho fica mais rápido e, no fim, você terá uma colheita mais abundante.

O 80/20 da Inteligência Emocional

No centro deste livro está a pergunta relacionada à inovação extrema. De que você precisa para melhorar como nunca o nível de seu jogo? De que precisa para fazer o que nunca foi feito? Ou, sem tanto exagero, de que precisa para manter níveis elevados de desempenho máximo por tempo suficiente para realizar uma série de objetivos elevados e difíceis?

Uma das respostas vem do psicólogo Chris Peterson, da Universidade de Michigan, que acredita que é possível resumir a maioria das lições da psicologia positiva em uma única frase: "Outras pessoas são importantes."[1] Peterson está falando sobre o fato de que, se você tem interesse em felicidade, bem-estar e satisfação na vida de um modo geral, são necessárias outras pessoas na equação. O apoio social — amor, empatia, cuidado, conexão, e assim por diante — é fundamental para a saúde mental. Outras pessoas são importantes. "Parece uma frase de adesivo de para-choque", explicou Peterson em um artigo para a *Psychology Today*, "mas, na verdade, é uma boa síntese do que as pesquisas em psicologia positiva vêm mostrando sobre a interpretação ampla de uma boa vida".

Isso é válido principalmente se você tem interesse pelo impossível.

Sempre que nos deparamos com uma situação difícil, o cérebro faz uma avaliação de risco elementar com base na qualidade e na quantidade de nossas relações íntimas. Se você tem amigos e familiares por perto que o ajudam a enfrentar um problema, seu potencial para realmente resolver esse problema aumenta de maneira significativa. O cérebro aborda a situação como um desafio interessante, não como uma ameaça perigosa. O resultado é a dopamina. O cérebro lhe dá um jato dos bons dessa substância, a fim de prepará-lo para enfrentar o desafio.

Porém, se você precisa encarar sozinho a situação, sem apoio emocional ou ajuda externa, a probabilidade de êxito diminui e os níveis de ansiedade aumentam. Em vez de dopamina, você obtém substâncias químicas do estresse, como o cortisol. Como essas substâncias podem acabar com o desempenho se você está interessado no impossível, a biologia básica do sistema nervoso exige que se leve outras pessoas para passear.

Igualmente importante é o fato de que há outras pessoas entre você e seus sonhos. Às vezes, essas pessoas são obstáculos; outras, oportunidades; porém, em ambos os casos, muito poucas pessoas conseguem realizar o impossível por conta própria. Isso já seria motivo suficiente para sua lista de habilidades de desempenho máximo incluir habilidades interpessoais como comunicação, colaboração, cooperação e coisas do tipo.

É claro que isso soa egoísta. Mas a questão permanece: se o impossível é seu objetivo, desenvolver uma *inteligência emocional* profunda é crucial para obter chances de sucesso.

"Inteligência emocional", ou QE, para encurtar, é um termo genérico usado para descrever nossa capacidade de perceber, expressar, avaliar, compreender e regular emoções com precisão, tanto as nossas como as alheias. Nos termos da psicologia, são habilidades pessoais como motivação, autoconsciência e autocontrole e, também, habilidades interpessoais como cuidado, preocupação e empatia. Nos termos da neurobiologia, o QE demanda algumas explicações.[2]

A primeira coisa a ter em mente é que, até pouquíssimo tempo atrás, sabíamos muito pouca coisa. A longa sombra de B. F. Skinner e o behaviorismo afirmavam que as emoções não eram assunto para cientistas sérios.[3] Bobinhas e subjetivas demais. Porém, no final dos anos 1990, a tecnologia de imagens cerebrais melhorou a tal ponto que os cientistas puderam começar a mapear, neurônio por neurônio, as vias de nossas emoções básicas[4]. Esse trabalho deu fim a uma polêmica de meio século e levou à descoberta de sete sistemas emocionais já mencionados presentes em todos os animais, inclusive nos humanos.

O 80/20 DA INTELIGÊNCIA EMOCIONAL

E *sistemas* é uma palavra operacional. As emoções não vêm de nenhuma região do cérebro. Em vez disso, elas são geradas por estas sete redes principais: medo, desejo sexual, cuidado, brincadeiras, raiva, buscas e pânico/tristeza. Cada uma dessas redes é um caminho eletroquímico específico pelo cérebro, que produz sensações e comportamentos específicos. Logo, de uma perspectiva neurobiológica, pode-se pensar na inteligência emocional como as capacidades cognitivas necessárias para "gerenciar" de forma efetiva cada uma dessas sete redes.

Também há, cada vez mais, um consenso sobre as partes do cérebro necessárias para fazer isso. Ainda que a lista não seja exaustiva, as estruturas envolvidas incluem um conjunto de regiões cerebrais mais profundas — tálamo, hipotálamo, gânglios da base, amídala, hipocampo e córtex cingulado anterior — e um trio de áreas no córtex pré-frontal — o córtex pré-frontal dorsolateral, ventromedial e orbitofrontal.[5] Em um sentido muito real, treinar o QE envolve aprender a reconhecer os sinais enviados por essas regiões e, por conseguinte, aprender a agir ou não agir com base neles.

Existem motivos muito bons para aprender essas habilidades.

Em décadas de estudos em dezenas de áreas, o QE continua sendo um dos maiores indicadores de realizações importantes. Um QE alto está correlacionado a tudo, de bom humor e bons relacionamentos a boas chances de sucesso. Como a jornalista Nancy Gibbs certa vez ironizou na revista *Time*: "O QI garante sua contratação e o QE, sua promoção."[6]

Isso nos traz ao próximo tópico que devemos aprender na seção de aprendizagem: como turbinar a inteligência emocional. Para isso, é útil começar pelo básico.

Pesquisadores dividem o QE em quatro áreas: autoconsciência, autogestão, consciência social e gestão de relacionamentos.[7] As duas primeiras categorias, autoconsciência e autogestão, envolvem nossa relação com nós mesmos. A autoconsciência geralmente é definida como o conhecimento dos próprios sentimentos, motivos, desejos e caráter, enquanto a autogestão envolve assumir responsabilidades sobre o próprio comportamento e bem-estar.

As duas últimas categorias, consciência social e gestão de relacionamentos, envolvem nossas relações com os outros. A consciência social exige a habilidade de compreender as lutas interpessoais do outro e os problemas mais

A ARTE DO IMPOSSÍVEL

abrangentes da sociedade (por exemplo, consciência do racismo e da misoginia). Por fim, a gestão de relacionamentos tem a ver com suas capacidades de comunicação interpessoais.

Muitas das habilidades encontradas na Parte Um são necessárias para exercitar essas categorias. Por exemplo, os exercícios de atenção plena, abordados na seção sobre determinação, estão entre as melhores formas de ampliar a lacuna entre pensamento e emoção, dando-lhe consciência do primeiro e controle sobre a segunda. Outro exemplo é a receita da paixão e os exercícios sobre definição de objetivos, que estimulam a motivação, uma habilidade de autogestão, e expandem a autoconsciência.

O mais importante é que a maioria das táticas de autoconsciência e autogestão têm um ponto em comum importante: a consciência do piloto automático. Como William James apontou, seres humanos são máquinas de hábitos. Ele chamou o hábito de "o grande volante da sociedade", e pesquisas mais recentes respaldam essa afirmação.[8] Agora sabemos que algo entre 40% e 80% do que fazemos é feito de forma automática, sobretudo de maneira inconsciente, pelo hábito.[9] Essa é a estratégia exata que o cérebro usa para conservar energia, mas ela pode causar estragos em nossa vida — principalmente se nossos hábitos são ruins.

Então você pode pegar uma página do livro de Tim Ferriss e uma abordagem 80/20 para inteligência emocional, desenvolvendo a consciência do piloto automático. Se você consegue perceber suas reações automáticas, pode começar a fazer escolhas. Essa reação automática é boa ou ruim? Um hábito útil ou um desastre iminente? Se observamos nossos padrões, podemos quebrá-los e criar outros melhores. De fato, uma grande maioria das estruturas cerebrais envolvidas na inteligência emocional são estruturas no córtex pré-frontal, que nos ajudam a substituir nosso comportamento automático. Essa é a consciência do piloto automático e, ao menos na teoria, não é tão difícil de exercitar.

Um jeito fácil de começar é fazer uma pausa para respirar antes de falar, agir ou reagir, sobretudo em situações de intensas emoções. Durante essa pausa, faça com que seus motivos sejam claros. Pergunte-se por que você está prestes a fazer o que está prestes a fazer, depois avalie sua resposta. Seja responsável por suas falhas, monitore e substitua o diálogo interno negativo e

O 80/20 DA INTELIGÊNCIA EMOCIONAL

amplie seu vocabulário emocional. Não deixe este último item passar. Conseguir descrever de maneira cada vez mais detalhada o que você está sentindo, e com uma linguagem mais precisa, expande sua gama de sentimentos. "Os limites de minha linguagem", como nos lembra Ludwig Wittgenstein, "são os limites de meu mundo".[10]

Também podemos usar a abordagem 80/20 para a segunda metade igualmente crucial da equação da inteligência emocional: consciência social e gestão de relacionamentos. Para isso, focaremos as duas habilidades que os pesquisadores enfatizam de maneira mais consciente para essas categorias: escuta ativa e empatia.

Escuta ativa é a arte da presença envolvida. É ouvir com curiosidade genuína, mas sem julgamento ou apego aos resultados. Sem ficar sonhando acordado. Sem pensar em nada inteligente que dirá em seguida. A paciência é a chave. Relacionar-se de forma genuína significa ouvir até a outra pessoa terminar de falar e fazer apenas perguntas esclarecedoras ao longo do processo. Muitos especialistas recomendam resumir em voz alta o que está sendo dito, o que estimula a comunicação e estreita os laços sociais, garantindo que ambas as partes se sintam percebidas e ouvidas.

A escuta ativa também se alinha com outras táticas de desempenho que temos usado. Ela ativa automaticamente a curiosidade, liberando um pouco de dopamina e norepinefrina em nosso sistema. Essas substâncias químicas aumentam a atenção, aprimoram o aprendizado e nos dão a melhor oportunidade de usar o que estamos ouvindo para encontrar conexões com ideias mais antigas — criando, assim, condições para o reconhecimento de padrões (e mais liberação de dopamina). A consequência de todas essas substâncias neuroquímicas em nosso sistema é uma chance muito maior de entrar no fluxo, motivo pelo qual o psicólogo Keith Sawyer, da Universidade da Carolina do Norte, identificou a "escuta ativa" como um gatilho do fluxo — assunto a que voltaremos.[11]

Por ora, vamos à próxima habilidade: empatia.

A habilidade de compartilhar e compreender os sentimentos alheios é um dos caminhos mais rápidos para a inteligência emocional. Aprender a desenvolver empatia promove autoconsciência e consciência social, aprofundando

A ARTE DO IMPOSSÍVEL

nossa capacidade de nos compreendermos e compreender nosso impacto sobre os outros. Isso leva a uma maior eficácia em termos individuais e a uma comunicação e colaboração melhores em termos sociais.

Nos últimos anos, cientistas fizeram progressos significativos na compreensão da empatia, inclusive percebendo que essa habilidade é fácil de praticar.

Por diversos motivos não totalmente compreendidos, "a ressonância motora leva à ressonância emocional", isto é, quando vemos outra pessoa executar uma ação ou vivenciar uma sensação, as mesmas partes do cérebro são acionadas, como se fôssemos nós executando a mesma ação ou vivenciando a mesma sensação.[12] Isso acontece automaticamente. E podemos tirar proveito desse fato biológico para exercitar a empatia.

Para isso, pesquisadores identificaram duas estratégias-chave: imaginação e meditação. Imaginação significa colocar o clichê em ação — perguntando-se, literalmente, como seria estar na pele de outra pessoa durante algum tempo. Comece pela pergunta óbvia. Pergunte-se: Se isso acontecesse comigo, como eu me sentiria? Seja exploratório em sua abordagem. Considere a situação de vários ângulos, a fim de conseguir entender toda a gama de possibilidades emocionais que a situação pode gerar. Além disso, sinta de verdade as emoções resultantes. Localize o endereço somático desses sentimentos, observando onde as sensações ocorrem em seu corpo. Observe a qualidade e a profundidade das emoções. Elas se manifestam como um formigamento ou uma dor? São oscilantes ou sólidas? Repare, especialmente, em como as emoções podem adulterar a percepção.

A segunda estratégia para expandir a empatia é a "meditação da compaixão". Em uma pesquisa conduzida pelo psicólogo Daniel Goleman, das Universidades de Harvard e Wisconsin, 7 horas de meditação da compaixão produziram um aumento da empatia e mudanças permanentes no cérebro dos praticantes.[13] Após 7 horas, havia uma atividade mais potente na ínsula, uma parte do cérebro que nos ajuda a detectar emoções, e na junção temporal-parietal, uma parte do cérebro que nos permite ver as coisas de outras perspectivas e ajuda a gerar empatia.

Para praticar a meditação da compaixão, basta encontrar um lugar tranquilo, sentar-se e fechar os olhos. Pense em alguém que foi gentil com você e a quem se sente grato. Em silêncio, deseje o bem a essa pessoa e peça segurança,

O 80/20 DA INTELIGÊNCIA EMOCIONAL

felicidade, saúde e bem-estar a ela. Depois, faça o mesmo com as pessoas que você ama, principalmente amigos e familiares. Siga expandindo: colegas de trabalho, conhecidos, estranhos, o homem que trabalha na lavanderia, a mulher que conserta seu computador. Por fim, faça os mesmos votos para si mesmo.

A pesquisa revela que 20 minutos por dia, durante duas semanas, moverá significativamente o ponteiro da empatia. E preste muita atenção aos resultados. Uma das dificuldades típicas das práticas de atenção plena — incluindo o exercício da compaixão — é a lacuna considerável entre causa e efeito. Ficamos sentados em silêncio durante 20 minutos hoje e, 5 dias depois, somos mais afáveis com nossa mãe ao telefone. Mas procure esse aumento na gentileza e registre continuamente os resultados. Conseguir acreditar que a prática está funcionando é fundamental para a motivação consistente.

Quando se trata de trabalho, não use a meditação da compaixão por si só. Combinar imaginação e meditação produz os melhores resultados. Quando nos colocamos na pele do outro, sobretudo se essa pessoa está em uma situação desgastante, o cérebro faz uma coisa traiçoeira. Por não gostarmos de sofrer — mesmo que esse sofrimento não seja nosso —, o cérebro alivia nossa dor, abstraindo-nos da outra pessoa. Como Daniel Goleman explicou em um artigo para a *Fast Company*: "[Isso] é uma receita para a indiferença, e não para a gentileza."[14]

Mas há uma solução conveniente.

Cientistas do Max Planck Institutes descobriram que combinar exercícios de empatia e imaginação com uma meditação da compaixão realmente altera os circuitos neuronais ativados pelo sofrimento alheio. Em vez de abstrair a dor do outro, os circuitos que se ativam são os mesmos que são ativados quando uma mãe reage ao sofrimento de seu filho. Isso não somente anula a válvula de desligamento embutida no cérebro, como também cria empatia ainda mais rapidamente.[15]

Ao combinarmos escuta ativa e empatia aprofundada, obtemos as substâncias químicas prazerosas que provêm da interação social positiva: dopamina, endorfinas, oxitocina e serotonina — é muito prazer. É por isso que o QE é um indicador tão consistente de realizações importantes. Significa que nossas ações e emoções estão servindo de combustível à nossa busca pelo impossível.

14

O Caminho Mais Curto para o Super-Homem

Este não seria um capítulo sobre aprendizado se não explorássemos a chamada regra das 10 mil horas, do psicólogo Anders Ericsson. Quando o assunto é o desempenho máximo, sugere a regra, o talento é um mito. O treinamento é a chave.

E não é qualquer tipo de treinamento.

A pesquisa de Ericsson revelou que, para atingir o conhecimento profundo em determinada área, são necessárias 10 mil horas de "prática deliberada".[1] A prática é deliberada porque atende a três condições: o aprendiz recebe instruções explícitas sobre o melhor dos métodos, tem acesso ao feedback imediato e aos resultados do desempenho e pode repetir a mesma tarefa ou outras bastante semelhantes. Resumindo, os resultados de Ericsson preconizam uma especialização precoce e repetições ao extremo.

Esses resultados produziram resultados. Eles foram canonizados no *The Cambridge Handbook of Expertise and Expert Performance* e popularizados por escritores como Malcolm Gladwell[2]. Eles também geraram uma indústria de defensores da especialização: mães-tigres, pais-helicópteros, é só escolher. No entanto, há um problema. A especialização precoce não produziu nada que se aproximasse da expertise que ela foi feita para gerar.

Muitas vezes, com crianças mais novas, essa abordagem faz com que elas abandonem a atividade que estavam tentando dominar.[3] Com adultos, o impacto é igualmente nocivo. Em aprendizes mais velhos, a especialização extrema tende a deixar as pessoas com a mente estreita e hiperconfiantes, basicamente cegas à maioria dos fatos e dependentes demais dos poucos fatos que realmente conhecem. Isso nos leva aos três principais desafios da regra das 10 mil horas.

O primeiro desafio foi executado pelo próprio Ericsson.[4] Quando Malcolm Gladwell publicou *Fora de Série*, o livro que transformou essa ideia em um nicho, Ericsson apontou que, ainda que tivesse estudado a expertise em áreas muito específicas (as 10 mil horas surgiram, inicialmente, de um estudo de violinistas) e suas descobertas fossem duplicadas em outros domínios (golfe, por exemplo), definitivamente elas *não* se aplicavam a todos as áreas. Além disso, essas 10 mil horas eram um registro médio de um marcador arbitrário. Gladwell escolheu 10 mil horas porque essa era a média de tempo praticada por um violinista de primeira linha na faixa dos 20 anos. Se ele tivesse dado um limite de 18 ou 20 anos, os resultados teriam sido um número muito diferente.[5] Resumindo, a maioria das pessoas leva muito mais do que 10 mil horas para dominar o que quer que seja. De vez em quando, em determinadas áreas, algumas pessoas podem chegar lá muito mais rapidamente. Mas usar isso como uma regra imutável para a expertise, percebe Ericsson, não é justificado por suas descobertas.

O segundo principal desafio provém de meu livro *Super-humanos*, que analisou o progresso sem precedentes feito por atletas de esportes de ação e aventura nas últimas três décadas. Durante esse período, esses atletas realizaram mais façanhas impossíveis do que quase qualquer outro grupo de pessoas na história. Agora vem o enigma: os atletas atingiram esses resultados que desafiam a morte sem seguir a regra das 10 mil horas — ou, a propósito, quaisquer outras regras geralmente associadas ao desempenho máximo.[6]

Ao longo dos últimos 50 anos, quando cientistas voltaram sua atenção para a excelência e as realizações, três elementos desempenharam um papel descomunal: mães, músicos e marshmallows. Basicamente, são esses os três caminhos tradicionais para o conhecimento profundo. *Mães* refletem o lado natural e protetor dessa equação, o fato indiscutível de que tanto a genética quanto o ambiente da primeira infância são fundamentais para o aprendizado e o sucesso.[7] *Músicos* são uma ligação com os violinistas que Anders Ericsson estudou para elaborar sua ideia de "prática deliberada". Finalmente, *marshmallows* são uma referência ao lendário experimento do psicólogo de Stanford Walter Mischel sobre recompensa postergada.[8] Mischel descobriu que crianças que conseguiam resistir à tentação do momento presente — isto é, comer um marshmallow no exato momento — em troca da promessa de uma recompensa maior — comer dois marshmallows mais tarde — tinham muito mais sucesso na vida. Isso também vale para uma meia dúzia de medidas diferentes. Mais do que notas, pontuações de QI ou do SAT [equivalente norte-americano do ENEM], ou qualquer outra coisa, a capacidade de adiar a recompensa parece ser um indicativo consistente de realizações futuras.

No entanto, a despeito de todas essas descobertas, muito poucos atletas de *Super-humanos* tinham qualquer um desses privilégios. Lares desfeitos e infâncias ruins eram mais a regra do que a exceção, ou seja, nem natureza, nem proteção estavam em jogo.

No que diz respeito às 10 mil horas de prática deliberada, também não havia muito disso. Naturalmente, esses atletas passavam uma quantidade considerável de tempo praticando seu ofício, mas quase nada era gasto em repetições mecânicas. Na maioria das vezes, esses atletas praticavam em ambientes naturais — montanhas e oceanos —, onde o cenário muda de um momento para outro, fazendo com que, em muitos casos, a repetição necessária da prática deliberada não fosse sequer possível. Além disso, muitos dos atletas envolvidos haviam abandonado a carreira profissional nos esportes porque odiavam fazer os exercícios repetitivos que respaldam a prática deliberada. Na verdade, os próprios termos que eles cunharam para se descreverem — free-skiers, free-surfers, free-riders — expressavam essa rejeição.

Por fim, a questão da recompensa postergada foi quase ridícula. Esportes de ação têm tudo a ver com recompensa instantânea. Esses atletas são devotos hedonistas de "correr atrás da façanha" e um dicionário inteiro de expressões similares. São pessoas que certamente teriam comido o marshmallow de Mischel. Entretanto, de alguma forma, apesar de não seguirem nenhuma das regras tradicionais da excelência, ainda conseguiram reescrever o livro de regras das possibilidades humanas.

O terceiro e último desafio da regra das 10 mil horas foi executado pelo autor David Epstein em seu fantástico livro *Range: Why Generalists Triumph in a Specialized World* [*Alcance: Por Que os Generalistas Triunfam em um Mundo Especializado*, em tradução livre]. Basicamente, o livro é um argumento bem-elaborado contra o culto da especialização.

Na pesquisa de Epstein, quando estudou pessoas de desempenho máximo, em vez de uma década de prática deliberada em uma única área, ele descobriu o oposto. Em vez de escolher um tópico e se ater a ele, os dados revelam que a maioria das pessoas de desempenho máximo começam a carreira com um amplo "período de amostragem". Essa é uma época de descobertas, em que elas testam todos os tipos de atividades novas, pulando de uma para outra e voltando para a primeira, muitas vezes sem muito critério. Então esqueça esse negócio de especialização precoce e 10 mil horas para o conhecimento profundo; o que a pesquisa de Epstein revelou foi que a maneira mais rápida de chegar ao topo era andar em ziguezague.

Então o que está acontecendo? Isso é a regra ou a exceção das 10 mil horas? Será que realmente precisamos dessas décadas de prática deliberada? Existe um caminho mais fácil ou mais curto?

A resposta é sim e não, e muito mais.

FATOR DE QUALIDADE

É útil começar com a descoberta de Epstein: o caminho em ziguezague para o desempenho máximo. Por que o caminho mais rápido é o mais tortuoso? Tudo se resume ao "fator de qualidade", o termo que os economistas usam para descrever um ajuste muito estreito entre habilidades, interesses e o trabalho que você faz. Quando Shane McConkey diz "Amo o que faço", essa é uma expressão do fator de qualidade.

A pesquisa revela que pessoas de desempenho máximo tendem a iniciar suas carreiras com um período de amostragem amplo, porque estão em busca da combinação perfeita. Visto de fora, esse período parece o oposto exato

O CAMINHO MAIS CURTO PARA O SUPER-HOMEM

da especialização precoce. Parece, principalmente, algo demorado. Uau, dinossauros são a coisa mais legal do universo! Uau, revistas em quadrinhos são melhores do que dinossauros! Minha nossa, tênis é ainda melhor do que revistas em quadrinhos! Porém, uma vez que as pessoas de desempenho máximo acertam a mão — isto é, aprendem a amar o que fazem —, o resultado é uma poderosa turbinada.

Em dezenas de estudos, o fator de qualidade está diretamente correlacionado a taxas mais altas de aprendizado, o que o torna um dos melhores indicadores do desempenho máximo contínuo. Ou, como diz Epstein: "Uma pessoa ajustada é uma pessoa determinada."[9] E a combinação de aprendizagem acelerada e determinação aprimorada funciona como juros compostos, e é também por isso que — como um indicador de sucesso a longo prazo — a combinação perfeita acaba sendo um indicativo muito melhor do que a especialização precoce.

Na área educacional, por exemplo, programas de especialização precoce como o Head Start produzem um "efeito *fadeout*" significativo, em que as crianças ficam entediadas e acabam abandonando por completo a atividade, não lhes conferindo nenhum diferencial.[10] Nas empresas, vemos algo semelhante e muito mais. Em termos de receita, embora os especialistas precoces saiam na frente, isso não dura muito. Após uns 6 anos no mercado de trabalho, aqueles que iniciaram a própria carreira com períodos de amostragem mais amplos tendem a alcançar os especialistas precoces e deixá-los comendo poeira. E, por não terem o fator de qualidade, especialistas em início de carreira tendem a ficar esgotados e mudar de área. De fato, se seu interesse é o ramo executivo, em vez de um treinamento especializado em um único trabalho, o número de trabalhos diferentes executados em determinado setor continua sendo um dos melhores indicadores do sucesso de um CEO.[11]

E é por todos esses motivos que o "fator de qualidade" foi incorporado neste livro. O exercício da paixão é tão somente um período de amostragem longo, que enfatiza o aprendizado por meio da execução. Se seu interesse é o fator de qualidade, a "execução" é a chave. A tentativa e o erro são o caminho rápido para o autoconhecimento. Aprendemos aquilo de que gostamos e em que somos bons por meio de experiências práticas. Pesquisas revelam de maneira consistente que não podemos prever nossos gostos ou pontos fortes com antecedência. "Aja primeiro, pense depois", é o que a ciência afirma. Também é por isso que, na última seção, para identificar nossos pontos fortes, confiamos mais em nossa história do que em qualquer um dos diagnósticos principais. Ao que parece, a vida é mais bem relevada ao ser vivida.

De uma perspectiva mais panorâmica, o fator de qualidade é um sinal de que nossos cinco motivadores intrínsecos básicos — curiosidade, paixão, propósito, conhecimento profundo e pontos fortes — estão adequadamente empilhados. Motivadores alinhados de forma significativa aumentam a atenção, que sempre é a base do aprendizado.

Tudo se resume a energia.

Quando prestamos atenção, estamos fazendo uma escolha sobre como dispender energia. Estamos mudando recursos neuronais limitados para uma única fonte, filtrando o mundo a serviço de uma questão. A atenção é uma pergunta: Você é importante? Se a resposta for sim e se aquilo a que você está prestando atenção é digno de energia, o resultado automático é o aprendizado. É assim que o sistema funciona e, com o fator de qualidade, estamos fazendo esse sistema trabalhar por nós.

MAIS FLUXO

Se você quer realmente compreender como esses atletas precoces de esportes de ação conseguiram mais façanhas impossíveis do que praticamente qualquer outro grupo de pessoas na história, embora essa resposta possa iniciar com o fator de qualidade, ela definitivamente termina com o fluxo.

E o motivo já deveria ser conhecido: a neuroquímica.

Se você quer acelerar o progresso rumo ao caminho do conhecimento profundo, precisa aprender a amplificar o aprendizado e a memória. Um resumo de como esses processos funcionam no cérebro: quanto mais substâncias neuroquímicas aparecem durante uma experiência, maior a chance de essa experiência passar da retenção de curto prazo para o armazenamento de longo prazo. Esse é outro trabalho realizado pelas referidas substâncias — elas marcam as experiências como: "Importante, guardar para mais tarde."

No fluxo, cinco ou seis das substâncias neuroquímicas mais potentes que o cérebro consegue produzir inundam nosso sistema. É muita coisa "Importante, guardar para mais tarde". O resultado é um pico significativo no aprendizado e na memória. Em experimentos conduzidos por pesquisadores do Advanced Brain Monitoring, em associação com o Departamento de Defesa dos EUA, atiradores e atiradoras novatos(as) foram colocados em estado de fluxo e, depois, treinados para o nível de especialista. Fizeram isso com atiradores de revólver, de rifle e arqueiros. Em cada caso, levou 50% a menos de tempo do que o normal para os alunos se tornarem especialistas[12]. E as famosas 10 mil horas para o domínio? O que a pesquisa revela é que o fluxo pode cortá-las pela metade.

Isso explica como os atletas de esportes de ação e aventura em *Super-humanos* ultrapassaram os limites do desempenho humano tão longe e tão rápido. Eles faziam o que amavam fazer — uma combinação perfeita — e de uma forma que gerou uma quantidade imensa de fluxo. Esse estado e seu impacto no aprendizado foi o que permitiu aos atletas cortar o caminho rumo ao conhecimento profundo. É um ciclo virtuoso, e mais um motivo pelo qual o caminho para o impossível é mais curto do que muitas pessoas acreditam.

Quando o fluxo é a recompensa, o aprendizado altera de algo que é feito conscientemente, com energia e esforço, para algo feito automaticamente, por hábito e alegria. É o hábito da ferocidade aplicado ao aprendizado. Se conseguirmos automatizar todo esse instinto, da primeira fagulha de curiosidade que acende a aventura até a corrida para o conhecimento profundo, que é sua conclusão sem fim, alimentaremos constantemente nossa paixão e nosso propósito. Isso é o que nos permite jogar o jogo infinito. Se você continua aprendendo, continua jogando. E, se continua jogando por anos a fio, um dia notará que as apostas envolvidas não apenas superam suas expectativas, elas superam sua imaginação — que é, afinal de contas, um dos motivos pelo qual o chamam de "jogo infinito".

Parte III

Criatividade

Eu não uso drogas. Eu sou a droga.

— SALVADOR DALÍ[1]

15

A Vantagem Criativa

Se você se interessa por realizações significativas, a criatividade é importante — é por aí que deve começar.

Em 2002, a Partnership for 21st Century Learning, uma coalizão educacional sem fins lucrativos que incluía todos, de executivos da Apple, Cisco e Microsoft a especialistas da National Education Association e do Departamento de Educação dos EUA, foi encarregada de definir de quais habilidades nossas crianças precisam para prosperar no século XXI. A resposta antiga, é claro, eram os três Rs — leitura, escrita e aritmética [em inglês, reading, writing, e arithmetic].[1] A nova resposta? Os quatro Cs: criatividade, capacidade crítica, colaboração e cooperação.

Vemos resultados semelhantes nas empresas. Em 2010, pesquisadores da IBM decidiram que queriam compreender melhor as habilidades exigidas para gerir uma companhia. Para obter a resposta, eles perguntaram a cerca de 1.500 líderes corporativos de 60 países e 33 setores diferentes qual era a qualidade mais importante de um CEO.[2] Mais uma vez, a criatividade veio em primeiro lugar.

Talvez os melhores dados venham do *State of Create* da Adobe, de 2016, uma pesquisa abrangente, com mais de 5 mil adultos nos Estados Unidos, no Reino Unido, no Japão, na Alemanha e na França.[3] Em vez de focar um único setor, a Adobe fez uma pergunta mais geral: até que ponto a criatividade é crucial para a sociedade?

Crucial foi o que eles descobriram.

A ARTE DO IMPOSSÍVEL

No mundo inteiro, a Adobe descobriu que pessoas criativas são significativamente mais plenas, motivadas e bem-sucedidas do que as não criativas. Em média, elas ganham cerca de 13% a mais do que as pessoas não criativas. Empresas que investem em criatividade, por sua vez, ultrapassam as concorrentes em aumento de receita, participação de mercado, liderança competitiva e satisfação dos clientes — ou seja, quase todas as categorias cruciais. E, quando se trata de qualidade de vida, pessoas criativas relatam ser 34% mais felizes do que as não criativas. Entre muitas outras coisas, isso deveria nos fazer repensar, de forma definitiva, como lidamos com a depressão.

Por fim, quando se trata de perseguir o impossível, a criatividade tem um papel ainda mais importante. Na busca por sonhos grandes, raramente há uma linha reta entre onde estamos agora e onde queremos estar. O fato é que, quanto maior o sonho, menos visível é o caminho. Ou seja, no jogo infinito do desempenho máximo, a motivação o coloca dentro dele, o aprendizado lhe permite continuar jogando, mas a criatividade é seu guia.

Isso nos leva à próxima pergunta: O que diabos é a criatividade?

A CRIATIVIDADE DECODIFICADA: PARTE UM

Cientistas vêm tentando responder a essa pergunta há um bom tempo, principalmente porque levou um bom tempo para eles perceberem que isso era, de fato, uma pergunta. Muitas culturas antigas, inclusive os gregos, indianos e chineses, não tinham uma palavra para essa habilidade particular. Eles pensavam na criatividade como uma "descoberta", porque as ideias provinham dos deuses e eram meramente "descobertas" pelos mortais.[4]

Isso mudou durante a Renascença, quando os insights concedidos por divindades se tornaram ideias que fervilhavam na mente de pessoas importantes. Durante o século XVIII, demos um nome a esse "fervilhar de ideias", desenvolvendo o conceito de *imaginação* ou "o processo de trazer coisas à mente, coisas sem nenhuma contribuição de nossos sentidos". Depois, na virada do século XX, o polímata francês Henri Poincaré expandiu o conceito para um processo.

A VANTAGEM CRIATIVA

Fascinado pela maneira como sua mente resolvia problemas difíceis de matemática, Poincaré percebeu que os insights não vinham do nada. Pelo contrário, eles seguiam um ciclo confiável de cinco fases[5]. Alguns anos mais tarde, Graham Wallas, professor da London School of Economics, deu uma boa analisada no ciclo de Poincaré. Ele determinou que duas das fases podiam ser condensadas em uma só e publicou os resultados na obra clássica *The Art of Thought* [*A Arte do Pensamento*, em tradução livre].[6]

O ciclo, de acordo com Wallas e Poincaré, começa com um período de *preparação*. Nele, um problema é identificado e a mente começa a explorar suas dimensões. Isso leva à segunda fase, a *incubação*, em que o problema passa da mente consciente para a mente inconsciente, e o sistema de reconhecimento de padrões começa a ruminá-lo. O terceiro passo é a *iluminação*, em que a ideia ressurge na consciência, muitas vezes por meio da experiência que chamamos de "insight". O ciclo se fecha com um período de *verificação*, em que a ideia nova é consistentemente revisada, testada e aplicada a problemas reais.

Em 1927, o filósofo Alfred North Whitehead deu um nome a esse ciclo — "Criatividade"[7] —, que se tornou uma palavra familiar em 1948, quando o executivo publicitário Alex Osborn publicou seu best-seller nos Estados Unidos *Your Creative Power* [*Seu Poder Criativo*, em tradução livre].[8] A mudança no mar científico começou dois anos depois, quando o psicólogo J. P. Guilford fez seu discurso presidencial à Associação Americana de Psicologia e apontou que os pesquisadores haviam ignorado por completo uma ideia — a criatividade —, que, agora, graças a Osborn, estava totalmente difundida na cultura.[9]

Então ele começou a mudar esse fato.

Antes desse trabalho, Guilford ajudara a explorar o campo dos testes de inteligência (QI). Ao longo do processo, ele teria notado que determinadas pessoas — as criativas — muitas vezes obtinham pontuações mais baixas em testes de QI, não porque não conseguiam resolver os problemas dos testes, mas, sim, porque a maneira como os abordavam gerava múltiplas soluções.

Guilford cunhou um termo para esse processo: "pensamento divergente". É uma abordagem antissistemática de resolução de problemas, ilimitada e definitivamente ilógica, e esse era o problema. Testes de QI haviam sido elaborados para verificar o oposto disso, o pensamento convergente, em que

149

convergimos para uma ideia, procedendo por passos lógicos e limitando nossas possibilidades conforme avançamos. No entanto, Guilford percebeu que o pensamento divergente também não era inteiramente livre. Ele tinha quatro características principais:

Fluência: a capacidade de produzir uma quantidade grande de ideias em um período curto.

Flexibilidade: a capacidade de abordar um problema de muitos ângulos.

Originalidade: a capacidade de produzir ideias inovadoras.

Elaboração: a capacidade de organizar essas ideias e executá-las.[10]

Essas características foram um grande avanço. Elas transformaram a criatividade — uma ideia tão bizarra que os gregos antigos sequer tinham uma palavra para ela — em uma qualidade mensurável. Era possível colocar pessoas em um laboratório e lhes dar problemas para resolver, depois contar quantas ideias elas produziram. Era possível comparar e contrastar suas respostas, observando quais eram comuns e quais eram incrivelmente originais. Esse trabalho nos forneceu tanto uma ferramenta de mensuração como os rudimentos do que, desde então, tornou-se a definição aceita de criatividade: "o processo de desenvolvimento de ideias originais e com valor."

Nos anos 1960, surgiram novos avanços nesse processo. Pesquisas com pacientes que tinham o cérebro dividido — pessoas cujo corpo caloso fora rompido em uma tentativa de tratar epilepsia severa — revelaram diferenças funcionais nos hemisférios. Aparentemente, a linguagem e a lógica estavam no lado esquerdo; o direito era simbólico e espacial.[11] Era a peça que faltava no quebra-cabeça. Tínhamos a resposta: criatividade é um processo. O ciclo de quatro fases de Poincaré, respaldado pelas quatro características de pensamento divergente de Guilford, formavam as capacidades situadas no lado direito do cérebro.

Essa era a criatividade decodificada, ao menos foi por um tempo.

Infelizmente, como descobrimos desde então, quase nenhuma parte dessa história é verdadeira. Ou não exatamente. E isso nos coloca em um lugar peculiar. A pesquisa nos diz que a criatividade é fundamental para realizações importantes e o desempenho elevado, porém não consegue nos dizer o que a criatividade realmente é.

É por isso que já era tempo de os neurocientistas darem as caras.

A CRIATIVIDADE DECODIFICADA: PARTE DOIS

O que os neurocientistas aprenderam desde então: a criatividade não é uma coisa só. Esse é o motivo por que aqueles mitos antigos não são mais válidos.

Por exemplo, o ciclo da criatividade de Poincaré, muitas vezes, é como as coisas funcionam, mas nem sempre. Às vezes, pulamos os passos; com frequência, comprimimos prazos. Enquanto isso, as quatro características do pensamento divergente de Guilford resistiram, mas foram infinitamente subdivididas, reformuladas e reorganizadas. E a ideia de que o cérebro direito é criativo e o esquerdo é lógico não chega nem perto da verdade. É necessário o cérebro inteiro para ser criativo, e há zero dados mostrando que não se pode ser criativamente lógico ou logicamente criativo.[12]

No entanto, isso não significa que estamos em um mato sem cachorro. Na verdade, graças aos avanços contínuos na tecnologia de imagem cerebral, chegamos mais longe do que nunca. Mas, antes de revelarmos o que aprendemos, vamos começar por uma pergunta mais básica: O que o cérebro faz?

O cérebro transforma informação em ação. Ele reúne informações tanto por meio dos sentidos quanto de nossos processos internos (pensamentos e sensações) e, então, transformam-nas em ação por meio dos músculos, de preferência o mais energeticamente eficientes possível. Isso também explica um pouco sobre a estrutura cerebral básica. As informações provenientes de nossos sentidos e das fontes internas representam o fluxo de entrada do cérebro, enquanto as ações motoras representam o fluxo de saída. A maioria dos animais tem opções limitadas de ação porque seu cérebro é pequeno. É um problema imobiliário. Não há imóveis neurológicos suficientes entre entradas sensoriais e saídas motoras, portanto o circuito é extremamente estreito. É por isso que usamos termos como "instinto" ou "comportamento reflexo". É por isso que as zebras na África atual se comportam de maneira bastante semelhante ao modo como as zebras sempre se comportaram nesse continente.[13]

Mas, entre os humanos, isso é totalmente diferente.

Por quê? Porque o cérebro humano é diferente. Nosso córtex cerebral cresceu muito mais do que o da maioria dos animais. Isso nos dá uma vantagem dupla. Primeiro, esse imóvel extra coloca uma distância entre entradas sensoriais e saídas motoras. O espaço a mais em nosso cérebro significa que nem sempre temos que ficar no piloto automático. Temos opções. Podemos fazer escolhas. Podemos usar essa parte superior do cérebro para reprimir nosso comportamento instintivo, reunir mais dados, considerar possibilidades, escolher agir, esperar, dançar fandango. Resumindo, podemos fazer escolhas com base em uma ampla variedade de planos de ação.

Segundo, a parte anterior do córtex, o córtex pré-frontal, pode fazer simulações.[14] Essa parte do cérebro nos permite viajar no tempo e fazer experiências com outros futuros e outros passados possíveis. Ele pergunta: E se? O que poderia ser? O que poderia ter sido?

Portanto, do ponto de vista da estrutura cerebral, a criatividade está sempre relacionada a opções. Esse é um dos motivos pelo qual ela tem se provado tão obstinadamente difícil de entender. A criatividade é uma habilidade invisível escondida em nossa habilidade mais antiga: a exploração e a execução de planos de ação. Se nossas explorações produzem os mesmos velhos planos de ação, estamos sendo instintivos (vulgo eficientes), mas não criativos. Se estamos produzindo planos de ação completamente novos, somos criativos, mas, talvez, não eficientes. Porém, se estamos produzindo novos planos de ação que também são eficientes (vulgo úteis e preciosos), chegamos à definição psicológica atualmente padronizada de criatividade — "A produção de novas ideias que têm valor" —, ainda que com base neurológica sólida.[15]

Melhor ainda: adquirimos insights sobre como o cérebro produz essas ideias valiosas. Trocando em miúdos, aprendemos que a criatividade é sempre um processo recombinatório. É o que acontece quando o cérebro assimila novos conjuntos de dados, combina-os com informações mais antigas e usa os resultados para produzir algo novo em folha. Também descobrimos que esse processo recombinatório geralmente exige a interação de três redes neurais que se sobrepõem: atenção, imaginação e proeminência.[16] Se podemos compreender como essas três redes funcionam, podemos começar a pensar em aumentar seus efeitos, isto é, podemos começar a praticar a criatividade — que é a questão, afinal de contas.

A REDE DA ATENÇÃO

Se a criatividade começa quando o cérebro assimila informações novas, do que precisamos para assimilar essas informações? A resposta é atenção. Conforme a famosa explicação do psicólogo William James: "Milhões de itens… se apresenta[ra]m aos meus sentidos sem necessariamente adentrarem minha experiência. Por quê? Porque não tenho interesse algum por eles. Minha experiência é aquilo que concordo em ter. Apenas os itens em que reparo moldam minha mente — sem interesse seletivo, a experiência é um caos absoluto."[17]

O *sistema de atenção executiva* rege o processo de "instinto seletivo" de James, ou o que, por vezes, se denomina "foco da atenção".[18] Essa é a rede de referência para a concentração intensa, pois é o foco de luz que nos permite fazer escolhas. Podemos escolher o que focar e o que ignorar. Quando você está escrevendo um artigo, ouvindo uma palestra ou chutando uma bola, essa rede mantém sua mente no alvo.

Em termos neurobiológicos, essa rede é composta pelo córtex pré-frontal dorsolateral, pelo córtex orbitofrontal, o córtex cingulado anterior, o córtex parietal e o núcleo subtalâmico. Mesmo que esses nomes não lhe digam nada, se nos atemos às suas funções, as imagens começam a aparecer.[19]

A história começa no núcleo subtalâmico.

A informação chega por meio dos sentidos e é encaminhada (por meio do tálamo) a essa região. Nela, os neurônios têm duas funções principais. Primeiramente, eles ajudam a regular comportamentos instintivos. Depois, a área fornece o "foco" da atenção focada — só que não da maneira que você suspeitaria.

Em vez de destacar aquilo em que você quer prestar atenção, o núcleo subtalâmico apaga todas as outras coisas, basicamente removendo todas as possíveis distrações. Imagine cem bailarinos em um palco bem iluminado. Nessa situação, é difícil saber para onde direcionar o foco. Experimente apagar totalmente as luzes do palco; coloque um holofote sobre um único bailarino, e o problema se resolve. Agora, a atenção não tem nenhuma escolha a não ser concentrar-se no alvo. É exatamente assim que o núcleo subtalâmico funciona.

A partir daí, os dados vão para o córtex cingulado anterior e para o córtex parietal. O cingulado anterior lida com a correção dos erros. Se a informação que está vindo não combina com uma predição que o cérebro já fez, essa é a parte do cérebro que percebe. Por exemplo, digamos que você esteja procurando uma maçaneta. Você acha que a porta está destrancada, mas, na verdade, ela não está. O momento em que sua mão encontra resistência — a maçaneta não vai girar —, essa parte do cérebro se acende. Significa que sua realidade não está correspondendo à sua predição e, talvez, você queira elaborar outros planos, possivelmente mais criativos, para sair do recinto.

Quando se trata de atenção executiva, o lobo parietal tem três funções. Ele ajuda os olhos a permanecerem focados no alvo, permite que os objetivos sejam integrados à atenção e, para nos ajudar a cumpri-los, permite que novos planos de ação sejam executados. Em outras palavras, se você tem intenção de ir embora da festa, procura a maçaneta e um amigo o chama, essa é a região do cérebro que mantém seus olhos na porta e a mão estendida para ela. Também é a região que o ajuda a se desviar do comportamento usual, isto é, em vez de fazer o que sempre faz — ficar e tomar outra cerveja —, desta vez você ignora o amigo e vai para casa. Na manhã seguinte, quando acordar sem ressaca, pode agradecer a seu lobo parietal.

A partir daí, a informação sobe para o córtex pré-frontal dorsolateral e o córtex orbitofrontal. Analisaremos um de cada vez.

Seu córtex pré-frontal dorsolateral é onde sua memória operacional reside. Esse é o estacionamento de informações de curto prazo no cérebro, armazenando temporariamente um conjunto de dados enquanto reunimos informações adicionais e consideramos o que fazer em seguida.

O córtex orbitofrontal, por sua vez, nos ajuda a tomar decisões, basicamente fazendo análise de riscos e cognição social. Conforme mencionado, se você está tentando resolver um problema difícil por conta própria, bem, talvez seja esse o risco. Porém, se você tem um monte de amigos ajudando-o a resolver o problema, então não é tão perigoso. Essa é a parte do cérebro que ajuda a fazer esse cálculo social. Também é a parte que inibe nosso comportamento instintivo e nos permite fazer escolhas mais criativas.

Naturalmente, a atenção executiva é mais do que essas cinco regiões, e estas desempenham diversas outras funções além das abordadas. Entretanto, apesar de hipersimplificadas, agora entendemos um pouco mais sobre como as redes neurais estão conectadas e como essa rede particular fornece a atenção exigida pela criatividade.

A REDE DA IMAGINAÇÃO

A rede da imaginação — para pegar emprestada a expressão do psicólogo Scott Barry Kaufman — ou, mais formalmente, a rede em modo padrão, está relacionada à divagação mental.[20] O sistema fica ativo quando estamos acordados, mas sem nenhum foco em particular — o que as pesquisas revelam que é cerca de 30% do tempo. Quando ligado, é o cérebro sonhando acordado, simulando realidades alternativas e testando possibilidades criativas[21].

Neurobiologicamente, esse sistema inclui o córtex medial pré-frontal, o lobo medial temporal, o precuneus e o córtex posterior cingulado.[22] Mais uma vez, se combinamos estrutura e função, podemos começar a perceber como essas partes trabalham juntas para elaborar o grande todo, conhecido como criatividade.

O córtex medial pré-frontal tem a ver com a teoria da mente, ou nossa capacidade de pensar no que os outros estão pensando, e com autoexpressão criativa.[23] Se você está contando uma piada a um amigo e, de repente, ele começa a chorar, o córtex medial pré-frontal percebe o choro. Ele também lhe diz que pare de contar a piada e comece a consolar seu amigo.

O lobo medial temporal é uma estrutura da memória, assim como o precuneus, embora este último esteja envolvido, sobretudo, na recuperação de memórias pessoais. Quando associadas, em nosso exemplo anterior, uma vez que você toma a decisão criativa de interromper a piada e começar a consolar seu amigo, essas duas estruturas o ajudam a vasculhar bancos de dados de ocasiões anteriores em que se deu mal com piadas e os amigos começaram a chorar. O objetivo delas é encontrar outras informações que possam ajudá-lo a decidir como, *exatamente*, consolar seu amigo.

O precuneus dá um passo a mais. Além da memória, essa área lida com autoconsciência, simulação mental autorrelacionada e geração de pensamentos aleatórios. Se você está contando a tal piada, mas, de repente, imagina-se em um parque de diversões, gritando em uma montanha russa e sentindo-se envergonhado(a) na frente de seu(sua) acompanhante — bem, pode culpar o precuneus.

Por fim, o córtex cingulado posterior nos permite integrar vários pensamentos internos a um todo mais coerente, basicamente reunindo os dados gerados por essas outras áreas do cérebro em uma única ideia.

No entanto, essas áreas do cérebro não contam toda a história.

No início desta análise, nosso objetivo explícito era descobrir como essas redes trabalham juntas para produzir ideias novas e úteis. Aqui está o problema. Sob circunstâncias normais, essas redes não trabalham juntas.

A rede em modo padrão e a rede de atenção executiva operam em oposição. Tipicamente, a ativação de uma faz com que a outra seja desativada. Mas esse não é o caso das pessoas criativas, que conseguem manter os dois sistemas ativos de uma vez e migrar de um para o outro com mais fluidez do que a maioria das pessoas.

Para retomar todos os nossos exemplos, isso significa que pessoas criativas conseguem começar a contar uma piada a um amigo, o que requer atenção focada. Elas conseguem, em seguida, notar que o amigo começou a chorar, o que é um sinal novo que *deveria* servir para estreitar esse foco. Em vez disso, porém, pessoas criativas se lembrarão daquela vez em que gritaram na montanha russa — que é um sinal gerado pela rede em modo padrão. Quem não é criativo jamais notaria e, em vez disso, manteria a atenção no amigo chorando. Mas quem é criativo consegue mudar o foco para esse sinal interno e ficar aí por tempo suficiente para se lembrar daquela sensação de vergonha. De repente, o córtex cingulado posterior junta tudo. Você percebe que o amigo está chorando porque está com vergonha e, em vez de consolá-lo, deve desculpar-se pela piada ofensiva.

Essa informação também nos permite um vislumbre do trabalho que vem pela frente. Quando você está treinando o cérebro para ser mais criativo, uma parte do que está treinando é essa capacidade de coativação de redes.

Por quê?

Quando ambas as redes estão coativadas, podemos colocar o CFM para funcionar: contornar, fragmentar e mesclar.[24] Essas são as habilidades, além da criatividade, que nos permitem contornar o que vemos, fragmentar o que sentimos e mesclar tudo de uma nova maneira. No entanto, há mais um participante nessa história, que é a rede que realmente controla todo o show, aquela que nos permite migrar de uma dessas duas redes para a outra.

A REDE DA PROEMINÊNCIA

Proeminência, como termo, refere-se à evidência.[25] Objetos têm proeminência física por causa da cor ou intensidade, motivo pelo qual aquela Corvette reluzente e vermelha chama sua atenção. Objetos também podem ter proeminência emocional ou pessoal, motivo pelo qual a tal Corvette reluzente faz você se lembrar do carro antigo de seu avô. Portanto, a rede da proeminência é a parte do cérebro que percebe essa evidência.[26]

Essa rede funciona como um filtro de informações gigantesco, monitorando dados que surgem e marcando-os como importantes ou irrelevantes. E ela monitora tanto nosso mundo externo como o interno, o que é parte do motivo pelo qual a rede da proeminência é tão crucial para a criatividade.

Nosso mundo interno é turvo. Os sinais nem sempre são claros. Os pensamentos e as emoções que borbulham geralmente são sutis e, muitas vezes, conflitantes com dados mais envolventes do mundo externo. A rede da proeminência é o que o alerta para o fato de que uma ideia que acabou de borbulhar é boa e digna de sua atenção.

De maneira mais crítica, para proporcionar essa atenção, a rede da proeminência é aquela que controla nossa habilidade de migrar entre a rede em modo padrão e a rede de atenção executiva. É a chave geral, tornando-se a porta de entrada para uma criatividade intensificada.

Para entender como a rede da proeminência funciona, precisamos descompactar algumas outras regiões do cérebro, começando pela ínsula anterior e o córtex cingulado dorsal anterior. Vamos analisar uma de cada vez.

A ínsula tem um papel importante na autoconsciência. Ela recebe todos os sinais de seu corpo, desde os níveis de energia até o estado emocional, mistura-o com fatores-chave do ambiente e, então, usa os resultados mais importantes para tomar decisões. Digamos que você esteja subindo uma escada e o degrau acima parece solto. A ínsula é a parte do cérebro que inicia o processo de transformar essa sensação na decisão de não subir a escada.

O córtex cingulado dorsal anterior é a metade superior do córtex cingulado anterior. Essa é a região responsável pela correção dos erros, a que se acende quando a porta, que deveria estar aberta, na verdade está trancada. A parte superior lida com erros de cognição, e a inferior com erros emocionais. No total, quando você notou a sensação do degrau solto da escada, a ínsula usou essa soltura para chamar sua atenção, enquanto o cingulado anterior transformou essa proeminência em um sinal de erro — não dê mais um passo, há algo de estranho na Dinamarca.

A VANTAGEM CRIATIVA

Por fim, enquanto a ínsula e o córtex cingulado anterior são considerados os pontos de ancoragem da rede de proeminência, um trio extra de estruturas é igualmente crucial: a amídala, o corpo estriado ventral e a área tegmental ventral. A amídala detecta ameaças. É a parte do cérebro que percebe qualquer coisa nova e original, embora seja especialmente sensível a perigos novos e originais. A área estriada ventral e a área tegmental ventral, por sua vez, estão envolvidas na motivação e na recompensa. Essas regiões gerem o comportamento, reforçam-no e, em termos gerais, fornecem uma quantidade enorme de substâncias neuroquímicas do prazer para realizar essas tarefas.

No cérebro de pessoas criativas, todas essas áreas funcionam de maneira diferente das outras pessoas.[27] Trata-se da "supressão de repetição", que é a supressão automática de estímulos familiares. Quando você se mudou para São Francisco e viu, pela primeira vez, as curvas e voltas da Lombard Street, seu cérebro produziu uma resposta significativa. Mas essa resposta ficou menor na segunda vez em que viu aquelas voltas, e menor ainda na terceira. Na quarta, mal havia uma reação. É quando a Lombard Street se transforma em apenas mais um borrão no ambiente, conforme você caminha rumo à loja da esquina — e isso é a supressão de repetições.

No entanto, o cérebro criativo não tem essa tendência. Sua supressão de repetições não está em jogo.[28] No mundo real, isso se traduz na capacidade de perceber o novo no velho.

O que tudo isso significa?

Que, se seu interesse é treinar a criatividade, você precisa treinar todas as três redes: proeminência, modo padrão e atenção executiva. "Para otimizar a criatividade", como Scott Barry Kaufman, psicólogo da Universidade Columbia e especialista em criatividade escreveu na *Atlantic*, "você deseja que várias redes cerebrais estejam disparando em todos os cilindros, prontas para se envolverem e se desatrelarem de forma flexível, dependendo do estágio do processo criativo".[29]

Então, como fazer todas essas redes dispararem em todos os cilindros? É exatamente o que examinaremos a seguir.

Hackeando a Criatividade

O termo "hackear" tem má reputação. Ele vem da codificação e se refere a alguém que tenta adquirir controle sobre um sistema computacional, geralmente para propósitos ilegais. Desde então, a palavra se transformou um pouco, tornando-se uma forma abreviada de "solução rápida" ou "atalho". Nenhuma dessas definições se aplica aqui. Em primeiro lugar, o sistema sobre o qual estamos tentando obter controle é nossa própria neurobiologia. Em segundo, quando se trata de manter o desempenho máximo, não há atalhos.

Em vez disso, quando uso um termo como "hackear" para descrever uma abordagem para o desempenho máximo, o que realmente estou dizendo é "descobrir como fazer sua neurobiologia trabalhar *por* você, e não *contra* você". Essa tem sido nossa abordagem para realizações importantes desde o início deste livro e é, mais uma vez, nossa abordagem neste capítulo, em que voltamos nossa atenção às maneiras de aumentar a criatividade.

Sete maneiras, para ser exato.

Ao longo do capítulo, pegaremos toda a informação científica que acabamos de aprender e a aplicaremos ao problema da criatividade. Identificaremos sete estratégias para aumentar nossa habilidade de gerar ideias originais e úteis, explorando como essas táticas funcionam no cérebro e observando como podemos aplicá-las na vida.

UM: SEJA AMIGO DO SEU CCA

Quando os pesquisadores falam sobre a criatividade, um dos tópicos mais frequentes da conversa a respeito do fenômeno é conhecido como insight. Essa é a experiência da compreensão súbita, o momento "eureca" quando entendemos uma piada, solucionamos um enigma ou resolvemos uma situação ambígua. No entanto, ainda que o insight tenha sido reconhecido há muito tempo como importantíssimo para o mistério da criatividade, durante a maior parte do século XX, ele foi uma caixa preta.

Isso mudou na virada do século XXI, quando Mark Beeman, neurocientista da Northwestern University, e o psicólogo cognitivo John Kounios, da Universidade Drezel, descobriram um jeito de elucidar o assunto.[1] Beeman e Kounios davam uma série de problemas de associação remota — vulgo problemas de insight — e, então, usavam EEG e fMRI para monitorar seu cérebro conforme elas tentavam resolver esses problemas.

Problemas de associação remota são quebra-cabeças de palavras. Os sujeitos da pesquisa recebem três palavras — perde/ama/mente, com uma quarta palavra que complementa cada uma. Nesse caso, a resposta é "dor", como em: perdedor, amador e dormente. Há pessoas que resolvem esse problema usando a lógica, simplesmente testando uma palavra após a outra. Outras chegam ao resultado por meio do insight, ou seja, a resposta certa simplesmente vem à mente. E algumas, ainda, mesclam ambas as estratégias.

O que Beeman e Kounios revelaram foi uma mudança notável na função cerebral. Um pouco antes de elas visualizarem um problema que, mais cedo ou mais tarde, resolveriam através do insight, havia um aumento de atividade no córtex cingulado anterior, ou CCA. Como já vimos, o CCA exerce uma função tanto na proeminência quando na atenção executiva, e é a parte do cérebro que lida com a correção de erros, detectando sinais conflitantes. "Isso inclui estratégias alternativas para resolver um problema", explica Kounios. "O cérebro não consegue usar duas estratégias diferentes ao mesmo tempo. Algumas são fortemente ativadas, por serem as mais óbvias. Outras são fracas e associadas apenas remotamente ao problema — pensamentos estranhos, ideias distantes. Essas são as ideias criativas. Quando o CCA está ativado, ele consegue detectar essas ideias não óbvias e fracamente ativadas, e indicar ao cérebro que volte a atenção para elas. Esse é o momento 'eureca'".

HACKEANDO A CRIATIVIDADE

O que Beeman e Kounios descobriram é que o CCA é ativado quando estamos considerando essas ideias esquisitas. Essa é a rede em modo padrão em busca de possibilidades e a rede de proeminência monitorando a atividade em modo padrão, sempre pronta para ser ativada caso essa rede encontre qualquer coisa interessante. Porém, o CCA também rege o passo final. Se encontrarmos alguma coisa interessante, o CCA muda o modo de rede padrão e rede de atenção executiva. É o que nos permite começar o processo de consideração.

Isso nos leva a uma pergunta importante: O que ativa o CCA?

Resposta: o bom humor.

Quando estamos de bom humor, o CCA é mais sensível a pensamentos incomuns e palpites estranhos.[2] Trocando em miúdos, se um CCA ativo é a condição pronta para o insight, então o bom humor é a condição pronta para um CCA ativo. O oposto também é válido. Enquanto o bom humor aumenta a criatividade, o mau humor amplia o pensamento analítico.

Quando estamos com medo, o cérebro limita nossas opções ao testado e aprovado. É o lógico, o óbvio, a certeza de que sabemos que funcionará.

Quando estamos de bom humor acontece o contrário. Nós nos sentimos seguros e protegidos. Estamos aptos a dar ao CCA mais tempo para prestar atenção aos sinais fracos e, também, estamos mais dispostos a correr riscos. Isso é importante. A criatividade é sempre meio perigosa. Ideias novas geram problemas. Elas podem estar totalmente equivocadas, ser complicadas de implementar e ameaçar as instituições. Mas isso quer dizer que somos duplamente penalizados pela negatividade. O mau humor não apenas limita a capacidade do CCA de detectar esses sinais mais fracos, como também nossa disposição de tomar uma atitude a respeito dos sinais que, de fato, detectamos.

Enquanto o bom humor for o ponto de partida para a criatividade intensificada, já começamos por esse caminho. Uma prática diária de gratidão, atenção plena, exercícios regulares e uma boa noite de descanso — ou seja, quatro atividades apresentadas na seção de motivação — continuam sendo a melhor receita já descoberta para aumentar a felicidade.

A ARTE DO IMPOSSÍVEL

Como cada uma dessas práticas exerce uma função extra no estímulo da criatividade — além da amplificação que você obtém com o bom humor —, todas elas são ótimas maneiras de resolver diversos problemas de uma vez só. Isso também é importante. Pessoas de desempenho máximo são ocupadas demais para resolver um problema de cada vez. Elas estão sempre à procura de soluções multiferramentas. Essas quatro práticas são impulsionadoras multiferramentas da criatividade, que turbinam nossa capacidade de transformar o original em algo útil.

A gratidão treina o cérebro para focar as coisas positivas, alterando suas tendências de filtragem de informações geralmente enviesadas. Isso impacta o humor, mas também aumenta o ineditismo — uma vez que estamos acostumados com o negativo, o positivo, muitas vezes, é uma diferença bastante agradável. Uma vez que informações inéditas são o ponto de partida para o processo recombinatório da criatividade, a gratidão alimenta a rede de proeminência com mais matéria-prima; então, o consequente bom humor confere à rede em modo padrão uma chance melhor de usar essa matéria para fazer algo surpreendentemente novo.[3]

A atenção plena ensina o cérebro a ficar calmo, focado e não reativo, basicamente ampliando a atenção executiva. Mas também acrescenta um pouco de espaço entre o pensamento e o sentimento e, portanto, dá ao CCA mais tempo de considerar essas possibilidades alternativas e distantes. O mais importante: o tipo de prática de atenção plena que você está usando é importante aqui.

Práticas com base em foco, como acompanhar a respiração ou repetir um mantra, são fantásticas para o pensamento convergente. Mas o pensamento divergente, que, muitas vezes, sustenta essas conexões distantes, exige um estilo aberto de meditação.[4] No estilo aberto, em vez de tentar ignorar pensamentos e sentimentos, permita que eles aconteçam, apenas não os julgue. Você está ensinando a rede de proeminência a monitorar as ideias geradas pela rede de modo padrão, sem a negatividade comum que, com frequência, provém do ato de monitorar esse fluxo de consciência.

Os exercícios, por sua vez, reduzem os níveis de estresse, mandando embora o cortisol de nosso sistema e, ao mesmo tempo, aumentando as substâncias neuroquímicas de prazer, incluindo serotonina, norepinefrina, endorfinas e dopamina. Isso reduz a ansiedade, estimula o bom humor e aumenta a capacidade do CCA de detectar possibilidades mais remotas. Além disso, a pausa da vida normal que o exercício proporciona funciona como um período de incubação, a segunda fase do ciclo criativo de Poincaré.

Por fim, uma boa noite de descanso proporciona benefícios extras. Aumenta os níveis de energia, fornecendo mais recursos para encarar os desafios da vida. A consequente sensação de segurança aumenta nosso humor e nossa disposição de correr riscos, e ambos ampliam a criatividade. Além disso, o sono é o período de incubação mais importante de todos. Quando dormimos, o cérebro tem tempo para encontrar todos os tipos de conexões ocultas entre as ideias.[5] É por isso que há tantas histórias de momentos "eureca" no meio da noite.

Também é por isso que a gratidão, a atenção plena, os exercícios e o sono são inegociáveis para o desempenho máximo contínuo. A parte não negociável é a chave. Quando a vida se complica, geralmente são essas quatro práticas que removemos da agenda. Mas pesquisas mostram que essa é a última escolha que devemos fazer. Quando a vida se complica, entregue-se a essas práticas, já que é por meio delas que você conseguirá a criatividade necessária para destrinchar a complicação.

DOIS: EXPANDA SEUS HORIZONTES

No início deste capítulo, falamos sobre a noção datada de um cérebro dividido em lado direito e esquerdo, em que a criatividade residia no lado direito e a lógica, no esquerdo. Desde então, aprendemos que são necessários ambos os lados do cérebro para ser criativo. Também sabemos que há diferenças reais e críticas entre os hemisférios, e essas diferenças são importantes para a criatividade.

Uma das maiores diferenças é a parte versus o todo. O lado esquerdo do cérebro é orientado para os detalhes, enquanto o direito quer compreender o panorama geral. O lado esquerdo vê as árvores; o direito repara na floresta. E, se seu interesse é treinar a criatividade, precisamos aprender a usar o lado direito do cérebro para assimilar esse panorama mais geral.[6]

Esse é outro motivo pelo qual o humor é importante. Em momentos de crise, focamos os detalhes. Queremos saber se há dados disponíveis para a resolução de problemas aqui e agora. Ficamos analíticos e lógicos, e preferimos um plano de ação simples com grandes chances de sucesso.

Quando estamos relaxados, o sistema toma outra direção. A perspectiva se expande. Ficamos mais propensos a começar a pensar no contexto mais amplo e, consequentemente, a nos envolver com o lado direito do cérebro.

Mas isso não significa que o bom humor seja a única maneira de fazer o cérebro começar a pensar no panorama geral. Visões mais amplas também ampliam a atenção. Quando você, literalmente, enxerga a distância, também a vê no sentido figurado. É por isso que, na natureza, o tempo é tão fortemente relacionado a insights criativos. Esse tempo age como um período de incubação, e a natureza diz ao CCA para começar a considerar possibilidades mais remotas. Uma vez que a natureza também tem efeitos significativos na melhora do humor, isso amplia ainda mais a capacidade do CCA de encontrar essas conexões distantes e aumenta ainda mais a criatividade.[7]

Na mesma linha, ficar em lugares pequenos e apertados causa o efeito contrário. Isso reduz a atenção, levando-nos a focar as partes, e não o todo. Então, em termos práticos: saia debaixo da mesa. Vá lá fora. Olhe em volta. Repita conforme necessário.

TRÊS: A IMPORTÂNCIA DO NÃO TEMPO E DO NINGUÉM

"Não tempo" foi a expressão que criei para a vasta extensão de vazio entre as 4h, quando inicio minha sessão matinal de escrita, e as 7h30, quando o restante do mundo acorda. Isso é o não tempo, um ápice de escuridão que não pertence a ninguém. O dia ainda não amanheceu, portanto, as preocupações ainda não apareceram. Há tempo para este luxo final: a paciência. Se levo duas horas para estruturar uma frase, quem se importa? É o não tempo. Se você precisa escrever cinco parágrafos, jogue-os fora e escreva mais cinco — não há relógios no não tempo.

E a criatividade precisa desse não tempo.

HACKEANDO A CRIATIVIDADE

Muitas vezes, prazos podem ser estressores.[8] Quando estamos lutando contra o relógio, a pressão força o cérebro a focar os detalhes, ativando o hemisfério esquerdo e bloqueando o panorama mais geral. O pior é que, quando pressionados, muitas vezes ficamos estressados. Frequentemente ficamos descontentes com a pressa, que azeda nosso humor e estreita ainda mais o foco. Ficar preso ao tempo, portanto, muitas vezes é a criptonita para a criatividade.

No entanto, pessoas de desempenho máximo não gostam de tempo livre. É por isso que a "recuperação" é considerada uma habilidade de determinação. Também é por isso que precisamos arranjar tempo para o não tempo em nossa agenda. O não tempo é o tempo de sonhar acordado e do distanciamento psicológico. Sonhar acordado muda a rede de modo padrão. Se o objetivo é capacitar nosso subconsciente para encontrar associações remotas entre ideias, precisamos que essa rede esteja envolvida.

Também precisamos de determinada distância de nossos problemas, o que é outro motivo por que o não tempo é tão crucial. Essa distância nos permite ver as coisas de múltiplas perspectivas, a fim de considerar o ponto de vista de outras pessoas. Porém, se não tivermos tempo para manter essa distância psicológica, a fim de espaçar nossas emoções e fazer uma pausa do mundo, não teremos o luxo da paciência ou o impulsionamento de possibilidades alternativas.

E isso não é só o não tempo; é também o ninguém.

A solidão é importante. Sem dúvida, uma quantidade grande de criatividade exige colaboração, mas a fase de incubação requer o oposto. Fazer uma pausa do bombardeamento sensorial do mundo dá ao cérebro ainda mais motivos para perambular por cantos remotos. Um estudo de 2012 conduzido por psicólogos da Universidade de Utah, por exemplo, revelou que, após quatro dias sozinhos em meio à natureza, os sujeitos da pesquisa tiveram um resultado 50% melhor em testes-padrão de criatividade.[9] Esse é outro motivo para afastar as distrações e começar o seu dia com concentração ininterrupta de 90 a 120 minutos. É um fluxo elevado de não tempo e de ninguém que, em longo prazo, paga dividendos significativos.

QUATRO: RECONHECIMENTO DE PADRÕES, PARÂMETROS DE BUSCA E TRÊS MARTÍNIS NO ALMOÇO

Foi um estudo estranho. Em janeiro de 2012, cientistas da Universidade de Chicago exibiram um filme de animação a quarenta voluntários.[10] Metade do grupo apenas assistiu ao filme. A outra metade assistiu ao filme enquanto bebia coquetéis à base de vodca. Depois, todos receberam uma tarefa criativa de resolução de problemas de uma variedade já conhecida. Foram apresentadas aos voluntários três palavras como *doce*, *duro* e *fruta*, e foi solicitado que eles escolhessem uma quarta, que pudesse combinar com cada uma (como *pão*). Antes de começarem a beber, o desempenho de ambos os grupos na tarefa foi praticamente o mesmo.

Depois nem tanto.

Acontece que os bêbados (um exagero, já que os voluntários embriagados beberam a um nível de álcool de 0.075, pouco abaixo do limite legal de 0.08) se saíram melhor do que os sóbrios em termos de velocidade e precisão. Em média, os embriagados resolveram enigmas em 11,5 segundos; os sóbrios precisaram de 15,2 segundos. Além disso, os bêbados acertaram nove respostas, em comparação com as seis respostas corretas dos abstêmios. Existe uma moral para essa história? Para ser criativo, é preciso voltar aos dias em que se tomavam três martínis no almoço?

Talvez.

Ou talvez haja um jeito mais fácil.

Primeiro, vamos pensar no motivo pelo qual a bebida nos ajuda a resolver enigmas de associação remota. O cérebro é um sistema de reconhecimento de padrões. Em pessoas sóbrias, quando o sistema vai em busca de padrões, ele tende a pesquisar redes conhecidas e locais. A criatividade exige uma abordagem mais exótica. Em vez de vasculhar territórios conhecidos, precisamos revirar os cantos empoeirados do cérebro, o quarto dos fundos e os armários esquecidos.

Então, por que beber ajuda? A bebida atenua o foco e amplia a atenção. A embriaguez atua da mesma forma que paisagens grandes na natureza. Ela informa ao CCA que comece a buscar ideias remotas. Ela expande nossos parâmetros de busca, ampliando o tamanho da base de dados pesquisada pelo sistema de reconhecimento de padrões.[11]

Pessoas bêbadas são mais brincalhonas do que pessoas sóbrias. Ao brincar, o medo de falhar se reduz e corre-se mais riscos. É por isso que as pessoas resolvem mais problemas de associação de palavras após assistirem a um filme divertido. A diversão faz surgir o bom humor, o que aumenta a capacidade do cérebro de encontrar conexões mais remotas. Então, alguma dessas coisas se traduz em experiências cotidianas? Bem, você não precisa beber três martínis no almoço se um vídeo engraçado consegue surtir o mesmo efeito.

Mas há outras abordagens para se considerar, como começar com o desconhecido.[12] Diante de uma atividade criativa, o ponto por onde você começa causa um impacto enorme no ponto em que termina. Se deseja mais criatividade em sua vida, você precisa começar com uma ideia que não tenha conexão imediata com as coisas que já conhece. Ao começar pelo desconhecido, forçamos o cérebro a expandir parâmetros de busca e estimular as habilidades de associação remota.[13]

Por exemplo, se você está encarregado de escrever o boletim informativo da empresa, comece pelo estranho. Em vez de "No mês passado, batemos nossos índices trimestrais", tente "No mês passado, funcionários encontraram um filhote de elefante no refeitório". A questão não é iniciar o boletim com essa frase (é mais provável que você a edite mais tarde). Em vez disso, tentar elaborar uma frase semelhante à do elefante e que seja realmente relevante para a empresa força o cérebro a começar a fazer conexões incomuns.

E, melhor ainda, sem ressaca!

CINCO: PENSE DENTRO DA CAIXA

"Pense fora da caixa" é o que diz o ditado, mas também pode ser o contrário. Aprenda a pensar dentro da caixa. As restrições impulsionam a criatividade. Como o gigante do jazz, Charles Mingus, explicou certa vez: "Você não pode improvisar com base em nada, cara; você precisa improvisar com base em alguma coisa."[14]

Em estudos conduzidos na Universidade Rider sobre a relação entre limites e criatividade, os alunos recebiam oito substantivos e eram solicitados a usá-los em uma série de rimas, do tipo das que são encontradas em cartões de felicitação. O trabalho era, então, julgado pela criatividade por um júri independente de especialistas. Diversas vezes, os participantes que iniciavam com oito substantivos — um limite predeterminado — superavam os outros.[15]

O psicólogo Keith Sawyer, da Universidade da Carolina do Norte, percebeu o mesmo em seus estudos sobre grupos de improvisação teatral.[16] "Atores que improvisam são ensinados a serem específicos", disse Sawyer certa vez. "Em vez de dizer 'Cuidado, uma arma!', você deveria dizer 'Cuidado, é o novo dispositivo ZX-23 de laser letal!'. Em vez de perguntar 'Qual é seu problema?', diga 'Não me diga que ainda está chateado por causa daquela vez em que deixei seu colar cair na privada.'"

A questão é: limites acionam a criatividade. A página em branco é muito branca para ser útil. É por isso que, quando trabalho, uma de minhas regras cardinais é: sempre conheça seus inícios e seus fins. Esses são os limites que libertam. Se eu tiver essas duas pedras angulares posicionadas, o que quer que haja entre elas — um livro, um artigo, uma palestra — é tão somente ligar os pontos. Porém, sem esses pontos para ligar, posso ficar empacado ou, pior, perder tempo perambulando sobre terrenos tangenciais, o que ajuda a explicar por que meu primeiro romance levou 11 anos para ficar pronto. Se a criatividade é necessária, não saber aonde você está indo é o jeito mais rápido de nunca chegar lá.

Uma ressalva importante: muitas pessoas acreditam que restrições de tempo — ou seja, prazos — são um limite que estimula a criatividade. Talvez sim, talvez não. Anteriormente, aprendemos que não sentir a pressão do tempo era uma das chaves para fomentar a criatividade. Isso continua valendo. Porém, também é verdade que prazos podem impedir que projetos criativos se arrastem indefinidamente. Basta deixar esse prazo distante o suficiente para incluir períodos longos de não tempo em sua agenda. Em outras palavras, prazos criativos devem caber dentro do ponto ideal de habilidades e desafios — potentes o bastante para nos esticar, mas não tão duros a ponto de nos arrebentar.

SEIS: CARREGUE O SISTEMA DE RECONHECIMENTO DE PADRÕES

A criatividade exige o reconhecimento de padrões, mas o que o reconhecimento de padrões exige? Munição. Se você não está fornecendo novas informações a esse sistema com regularidade, o cérebro fica sem a munição de que precisa para fazer conexões entre ideias. É por isso que "a oportunidade favorece as mentes preparadas", embora a oportunidade, nesse caso, na verdade seja a dopamina.

Reconhecer padrões é tão fundamental à nossa sobrevivência que o cérebro recompensa a experiência. Conforme mencionado, sempre que conectamos duas ideias — isto é, sempre que o cérebro reconhece um padrão — recebemos um pequeno jato de dopamina. Qualquer pessoa que já fez palavras-cruzadas ou jogou sudoku deveria saber disso. A pequena onda de prazer que sentimos quando preenchemos uma resposta correta é a dopamina.

Mas a dopamina também afina as relações entre sinais e ruídos, ajudando-nos a observar ainda mais padrões. No exemplo das palavras-cruzadas, quando preenchemos a primeira resposta correta, muitas vezes preenchemos a segunda ou terceira imediatamente depois. A dopamina que surgiu desse primeiro exemplo de reconhecimento de padrões estimula o exemplo seguinte, e assim por diante. É por isso que ideias criativas tendem a surgir em espiral.

Porém, aqui também há ressalvas.

Se a informação com que estamos alimentando o sistema de reconhecimento de padrões está intimamente ligada à informação com a qual se conecta — um padrão conhecido —, não há novidade o suficiente para produzir a reação desejada. E isso pode ser um problema no mundo especializado da atualidade.

Mesmo que a especialização seja o caminho padrão para a expertise, ela é uma péssima fórmula para o reconhecimento de padrões. "A expertise é uma faca de dois gumes", explica Scott Barry Kaufman.[17] "Um pouco é bom para a criatividade. Mas, se você está no limite extremo dessa curva — com expertise demais —, ela pode impedi-lo de perceber essas associações remotas".

A solução: lance uma rede ampla.

A ARTE DO IMPOSSÍVEL

Leia de 25 a 50 páginas de um livro que esteja longe de ser sua especialidade. Escolha um assunto que fique na interseção de curiosidades múltiplas — conforme identificado no Capítulo 1, em que aprendemos a receita da paixão —, mas que não tenha nada a ver com seu trabalho habitual. Enquanto lê, permita-se um tempo para devaneios. Quando uma ideia chamar sua atenção, faça uma pausa e dê ao cérebro a chance de fazer uma conexão. Mas não se preocupe em fazer essa conexão. O cérebro reconhece padrões automaticamente. Se você o abastece com munição, ele encontrará meios de elaborar os fogos de artifício.

SETE: O MÉTODO MACGYVER

O personagem de TV MacGyver é um excelente solucionador de problemas. É por isso que Lee Zlotoff, que o criou, teve que se tornar um excelente solucionador de problemas. "Para escrever episódios de programas de TV", explica Zlotoff, "tive que produzir uma quantidade enorme de material em prazos muito apertados. Não havia tempo para ficar travado".[18]

Após anos nesse trabalho, Zlotoff notou que, sempre que ele realmente travava, as respostas que buscava nunca apareciam nos lugares óbvios — como quando estava sentado à mesa, ruminando o problema. Em vez disso, ele obtinha as respostas ao dirigir o carro ou tomar banho. Acontecia com tanta frequência que, sempre que travava, Zlotoff saía do escritório, ia para casa dirigindo e tomava um banho.

Por fim, ele decidiu descobrir o que estava acontecendo. O que descobriu foi que atividades levemente estimulantes, como tomar banho, ocupa a mente consciente, mas não em excesso. Isso serve como um período de incubação, permitindo-nos passar um problema do consciente para o subconsciente. E o subconsciente é um solucionador de problemas muito melhor. É muito mais rápido, mais energeticamente eficiente e tem memória RAM quase ilimitada — isto é, enquanto a mente consciente pode lidar com cerca de 7 bits de informação por vez, aparentemente não há limite para a quantidade de ideias com que o subconsciente consegue fazer malabarismos.

O mais importante é que Zlotoff descobriu, ainda, que é possível programar o subconsciente com antecedência. Podemos dar ao cérebro um problema para resolver de forma consciente, depois usar atividades ligeiramente estimulantes para ativar o subconsciente e, então, reengajar a mente consciente nos bastidores dessa atividade para recuperar a resposta. Zlotoff chama isso de método MacGyver.

Ele funciona desta forma:

PASSO UM: IDENTIFICAÇÃO DO PROBLEMA

Escreva seu problema. Literalmente. Falá-lo em voz alta não funcionará. Contá-lo a um amigo não ajudará. Por conta da relação entre experiência tátil e memória, escrever é a chave.

Também seja o mais detalhado possível, mas não se preocupe tanto com o tecido conectivo.

Por exemplo, digamos que amanhã eu comece um capítulo novo de um livro, mas não sei por onde começar. Escreverei simplesmente: "Amanhã quero escrever um novo capítulo que seja engraçado, envolvente, termine com um impasse e tenha algo a ver com baleias-azuis e a madre Teresa."

Quero a maior quantidade possível de detalhes, mas não preciso me preocupar em conectar esses detalhes. Por quê? Porque o reconhecimento de padrões está incorporado ao sistema. Se tenho clareza de meus objetivos, o restante acontece automaticamente, como parte do passo dois.

PASSO DOIS: INCUBAÇÃO

Distancie-se do problema por um instante. Após pegar o jeito, um período de 1 a 4 horas será suficiente. Mas, no início, planeje metade do dia ou mais (ou leve o problema para a cama). Durante esse período, faça algo estimulante, porém não extenuante. Zlotoff gosta de construir aeromodelos. Cuidar do jardim, limpar a casa e lançar bolas na cesta de basquete também funciona. Assim como caminhadas longas. O que não funciona é TV — exige muito processamento mental para desativar a consciência.

Da mesma forma, se você opta por fazer exercícios durante seu período de incubação, certifique-se de escolher algo leve. Se ficar exausto com a malhação, mais tarde ela pode prejudicar sua capacidade de encontrar a solução que está buscando. E, se você acabou ficando estressado porque está cansado e não consegue encontrar uma solução, a ansiedade extra posteriormente reduzirá sua capacidade de conectar ideias e tornará ainda mais árdua a busca por essa solução.

PASSO TRÊS: ESCRITA LIVRE

Após passadas essas horas, sente-se com seu bloco de anotações e comece a escrever novamente. Não importa o quê. Copie trechos de seu livro favorito, escreva letras de canções, faça haicais. Após uma pequena espera — em geral, não mais do que 5 minutos —, as respostas para seu problema começarão a surgir.

No caso de meu exemplo anterior, eu simplesmente começaria assim: "Agora estou tentando escrever meu próximo capítulo, mas na verdade não sei de que ele trata." Parece simples, mas os resultados podem ser impressionantes. Você se encontrará resolvendo problemas criativos com muito mais rapidez e eficiência do que o costume.

Zlotoff acredita que os maiores ganhos são emocionais. "Nunca tive que me preocupar com um problema", afirma. "Se fico travado, sei que meu subconsciente pode surgir com as respostas que minha mente consciente não consegue, literalmente, sonhar, e em prazos muito mais curtos. Isso excluiu por inteiro a ansiedade do meu processo de escrita".

Criatividade de Longo Prazo

Dez anos atrás, comecei a investigar um tipo crucial de criatividade, mas raramente discutido. Enquanto a maioria das pesquisas científicas focavam a criatividade cotidiana ou aquela necessária para resolver um problema iminente, fiquei curioso sobre o que era preciso para manter essa criatividade ao longo de uma carreira de muitas décadas. *Criatividade de longo prazo*, foi assim que cheguei a pensar nesse tópico[1].

A criatividade de longo prazo é um mistério em cima do outro. Carreiras criativas são traiçoeiras. Prodígios de um único sucesso existem aos montes, mas poucos são superastros duradouros. Uma carreira criativa não tem a ver com subir a montanha, mas com subir a montanha todos os dias. E esse nível de comprometimento exige não apenas originalidade, mas também a expressão última da originalidade: a reinvenção consistente do eu.

Várias e várias vezes.

A criatividade de longo prazo não está relacionada a um primeiro ou segundo ato. É o terceiro, o quarto e o quinto ato. É aquele impossível derradeiro, o jogo infinito, em que o objetivo é tão somente continuar no jogo.

No capítulo anterior, analisamos sete maneiras de intensificar a criatividade no dia a dia. Neste, estamos em busca de formas de manter essa criatividade intensificada por toda a vida. Infelizmente, é aqui que a ciência fica escassa. Pouca pesquisa foi realizada sobre a criatividade de longo prazo. Há muitos fatores confusos para qualquer abordagem razoável. A maioria dos pesquisadores simplesmente evitou essa questão.

A ARTE DO IMPOSSÍVEL

Porém, isso não significa que estamos totalmente perdidos. Significa, ao menos para este capítulo, que alteraremos nossa abordagem. Já que não há pesquisas importantes sobre o tema, fiz uma por conta própria. Ao longo da última década, conversei com centenas de pessoas de desempenho máximo — atletas, artistas, cientistas, acadêmicos, arquitetos, designers, músicos, roteiristas, entre outras —, procurando soluções que tivessem passado pelo teste do tempo.

Uma coisa é certa: a criatividade de longo prazo envolve uma série de habilidades incomuns, muitas das quais entram em conflito com nossas ideias sobre o que é preciso, em primeiro lugar, para ser criativo. E mais: a criatividade de longo prazo geralmente exige que alguém ganhe a vida com criatividade. No entanto, ser criativo é diferente de trabalho criativo. Muitas pessoas que aprendem a ser boas na primeira opção são péssimas na segunda. Por fim, em termos emocionais, a criatividade tem um preço.

Década após década, esse número aumenta.

Portanto, aqui estão nove de minhas lições favoritas sobre a luta árdua da criatividade de longo prazo. Algumas são de minha autoria. A maioria eu aprendi com outras pessoas. Todas elas são coisas que apliquei em minha carreira, com sucesso considerável. No entanto, não presuma que o que funciona para mim funcionará para você. Improvise como achar melhor.

UM: PREPARE A ALJAVA COMPLETA

Na graduação, tive a chance de estudar com o romancista John Barth.[2] Frequentemente considerado o patrono da metaficção norte-americana, Barth fez carreira ultrapassando os limites da linguagem e inspirando um movimento literário no caminho. Ele também me deu alguns dos melhores conselhos que já recebi sobre criatividade de longo prazo.

Um contexto vem a calhar.

Barth e eu estávamos discutindo o clássico *O Arco-Íris da Gravidade*, do autor Thomas Pynchon. Para quem não sabe, o livro é um colosso: mais de oitocentas páginas com mais de oitocentos personagens diferentes, e uma das

CRIATIVIDADE DE LONGO PRAZO

linguagens mais hiperestilizadas já escritas. E isso é o que estávamos discutindo: as pirotecnias linguísticas de Pynchon e minha obsessão por imitá-las. Eu também queria escrever frases superestilizadas, frases com diversas camadas, cheias de extravagâncias. Mas Barth salientou que havia mais coisas ali.

No meio do livro *O Arco-Íris da Gravidade*, explicou ele, Pynchon conta duas histórias fundamentais para os temas principais do livro, com uma linguagem bastante simples.[3] Quando necessário, ele trocava o estilo pela substância.

"Você nunca pode ter flechas demais em sua aljava", Barth explicou. Ele quis dizer que, ao longo de qualquer livro, a maioria dos autores precisará ser fluente em meia dúzia de estilos diferentes. Pynchon incluiu de tudo em *O Arco-Íris da Gravidade*, desde anúncios a letras de canções e contos. De maneira semelhante, ao longo do curso de uma carreira longa, um escritor terá de ser especialista em umas doze formas diferentes de comunicação: anúncios, marketing, romances, livros de não ficção, artigos, blogs, cartas de venda, sites etc. Barth estava enfatizando a necessidade de cercar seu ofício.

Para os criativos, essa é uma lição difícil de aprender.

A diversão da criatividade é fazer bem o que se sabe fazer, mas aprender a fazer bem o que todos fazem: isso não é tão empolgante. Mas é como se sustenta uma carreira. Vale para a escrita. Vale para qualquer área. Como Barth apontou: você nunca pode ter flechas demais em sua aljava.

DOIS: OS QUATRO DE FERRISS

Anteriormente, Tim Ferriss nos ajudou com 80/20 de nossa abordagem para a aquisição de habilidades. Neste capítulo, ele pondera sobre a criatividade de longo prazo. Ferriss usa uma abordagem de quatro passos.[4] Quatro coisas que ele faz com regularidade que o ajudaram a manter o momento criativo por anos a fio.

EXERCÍCIOS DIÁRIOS

Ferriss recomenda pelo menos uma hora por dia, e o motivo já deveria ser conhecido: exercícios reduzem os níveis de ansiedade e ajudam a arejar a cabeça. Como alívio consistente do estresse, não deve existir abordagem melhor.

MANTENHA UM CRONOGRAMA DO CRIADOR

A expressão "cronograma do criador" vem de um artigo de 2009, escrito pelo cofundador da Y Combinator, Paul Graham.[5] Ele se refere a um cronograma que deixa espaço para o não tempo e para ninguém. Contém blocos grandes de tempo reservados para concentração focada em uma tarefa particular.

Graham compara isso com o "cronograma do gerente", que é o dia dividido em porções minúsculas, cada uma com um propósito específico: reuniões, telefonemas, e-mails, e assim por diante. O cronograma do gerente é útil às vezes, mas, para manter a criatividade de longo prazo, Ferriss acredita que o cronograma do criador é fundamental.

Portanto, dedique um tempo considerável às tarefas criativas. Se você precisa resolver problemas complexos ou fazer uma análise, Ferriss recomenda reservar intervalos de tempo de quatro horas de duração. Sem distrações — desligue o e-mail, o celular, as mensagens, o Skype, o Twitter e tudo o mais. Embora possa não ser dessa forma que normalmente dividimos o dia, nos momentos em que precisarmos de criatividade, não haverá outra escolha.[6]

FAÇA CAMINHADAS LONGAS

Sem música, podcasts ou distrações, deixe a mente devanear propositalmente. A caminhada é um período de incubação obrigatório. Ele desliga a atenção focada e liga a rede de modo padrão — vulgo rede da imaginação —, dando ao cérebro o tempo de que ele necessita para sair em busca de associações remotas entre ideias.[7]

CRITICALIDADE DE LONGO PRAZO

FAÇA A MELHOR PERGUNTA

Cerque-se de pessoas boas em identificar o que você está supondo. "Não apenas as pessoas que me fazem questionar minhas suposições", explica Ferriss. "As melhores pessoas são aquelas que ouvem minha pergunta e respondem desta forma: 'Você está fazendo a pergunta errada. A melhor pergunta é...'"

Este último ponto é importante. O feedback é crucial para a criatividade, mas a escolha de quem lhe dará esse feedback também é fundamental. Todos têm pontos cegos. Todos têm preferências. Muitas sobreposições entre você e seu parceiro de feedback podem prejudicar o propósito. Porém, se esse parceiro estiver muito longe de você, o feedback nunca será realmente aplicável. É um equilíbrio delicado.

Para os criativos, obter o equilíbrio adequado torna-se muito mais importante quanto mais bem-sucedida a pessoa se torna. Se você se intitula "criativo", as pessoas têm a tendência de confiar em suas ideias um pouco além do que deveriam. Com muita frequência, elas lhe dão o benefício da dúvida. Essa não é uma fórmula absoluta, portanto Ferris adota uma abordagem proativa.

Para obter o feedback de que precisa, Ferriss busca pessoas que o ajudam a reformular a pergunta. Em vez de apenas inspecionar detalhes ou bancar o advogado do diabo, os reformuladores levam a ideia muito além. Ao fornecerem uma pergunta melhor, eles estão fornecendo uma rampa de lançamento para a curiosidade. Isso (re)energiza o sistema e cria o momento. E, para a criatividade de longo prazo, nada é mais importante do que o momento.

TRÊS: O MOMENTO É MAIS IMPORTANTE

E por falar em momento... há algo profundamente exaustivo nos requisitos para a imaginação ano após ano. Toda manhã, o escritor encara uma página em branco; o pintor, uma tela vazia; o inovador, uma dezena de direções a seguir de uma só vez.

O conselho que me ajudou a resolver esse trabalho pesado veio do ganhador do prêmio Nobel Gabriel García Márquez. Em uma entrevista concedida anos atrás para a *Playboy* (por incrível que pareça), Márquez disse que a chave para sustentar o momento era parar de trabalhar no instante de maior empolgação. Em outras palavras, quando Márquez realmente começa a cozinhar, ele desliga o fogão.[8]

Isso parece contraintuitivo. A criatividade é uma propriedade emergente. Parar quando se está mais empolgado — quando as ideias estão começando a pipocar — parece exatamente o oposto do que deveria ser feito.

No entanto, Márquez tem toda a razão.

A criatividade não é uma batalha única, é uma guerra constante. Ao parar quando se está empolgado, você está levando o momento para a sessão de trabalho do dia seguinte. O momento é a real chave. Ao perceber que deixou um local estimulante e familiar — um local em que você sabe qual ideia virá a seguir —, você mergulha de volta, sem perda de tempo, sem tempo para permitir que o medo se insinue novamente na equação, e muito menos tempo para começar a acelerar.

E não é apenas Márquez que tem essa sensação. Ernest Hemingway era a favor da mesma ideia. De fato, Hemingway a levaria para um extremo ainda mais distante, muitas vezes terminando a sessão de escrita no meio da frase, deixando uma série de palavras suspensas em...[9]

QUATRO: ALGUMAS REFLEXÕES SOBRE CHOROS, BERROS E SOCAR COISAS DURAS

Escrevi quinze livros. Dois estão dentro de gavetas e treze estão nas lojas. Todos têm uma coisa em comum: em algum momento em que os escrevia, perdi a cabeça.

Sem dúvida, pelo menos uma vez por livro, acabo de cara no chão, chorando, berrando e socando o piso. Não sei como acontece. Simplesmente acontece. Em um minuto, estou sentado na escrivaninha; no minuto seguinte, perco totalmente a compostura.

Mas é claro que não sou o único.

CRIATIVIDADE DE LONGO PRAZO

Quase todas as pessoas com quem conversei sobre criatividade de longo prazo têm uma história parecida. Então, sim, a criatividade é algo loucamente frustrante, e é loucamente frustrante para todos. A pergunta para a criatividade de longo prazo é: O que fazer com isso?

Nada, simples assim.

A frustração é um passo fundamental no processo criativo. Freud falava sobre "sublimação", um mecanismo de defesa que transforma frustrações particulares, muitas vezes socialmente inaceitáveis (eu, com a cara virada para baixo, socando o chão), em expressões de criatividade socialmente aceitáveis (o livro que você está lendo agora).[10] O psicólogo gestaltista Kurt Lewin simplificou mais as coisas, argumentando que a frustração é tão somente uma obstrução a um objetivo que exige uma resposta inovadora.[11]

Há muita evidência científica respaldando essa ideia. O pensamento geral é que problemas não resolvidos "colam" no cérebro, em forma de memórias fáceis de recuperar. Em *The Eureka Factor* [O Fator Eureca, em tradução livre], John Kounios e Mark Beeman explicam isso desta forma: "Essa memória é muito mais do que uma nota mental. Ela energiza todas as suas associações à informação no problema, deixando-o sensível a qualquer coisa a seu redor que possa ser relevante, incluindo a solução em potencial. Assim, quando você se depara com algo que seja remotamente associado ao problema — uma palavra, um som, um cheiro —, isso pode agir como uma dica que desencadeia um insight."[12]

De uma perspectiva prática, isso significa que temos que inverter nossa relação tradicional com a frustração. Quando a maioria das pessoas dá de cara com esse sentimento, toma como um sinal de que estão fazendo algo errado. Porém, se a frustração é uma etapa necessária no processo criativo, temos que parar de tratar sua chegada como uma tragédia. Para a criatividade, a frustração é um sinal de progresso, um sinal de que essa descoberta tão necessária está muito mais próxima do que você imagina. Ou, como disse o dramaturgo Edward Albee certa vez: "Às vezes, é necessário percorrer uma longa distância do trajeto para voltar corretamente uma curta distância."[13]

CINCO: SIR KEN ROBINSON AVALIA A FRUSTRAÇÃO

Sir Ken Robinson tornou-se um de nossos principais proponentes da criatividade. Sua TED Talk sobre o tema continua sendo a mais assistida de todos os tempos.[14] Ele argumentou que a criatividade deve ser considerada tão fundamental na educação de uma criança quanto a alfabetização e a matemática e, também, que a criatividade é a habilidade de sobrevivência mais importante em um mundo de mudanças tecnológicas aceleradas. Porém, uma coisa de que ele nunca falou muito foi o que é necessário para manter essa habilidade de sobrevivência ao longo de uma carreira extensa.

Então, alguns anos atrás, em uma conferência na Itália, quando tive a chance de me sentar para conversar com Robinson, uma das primeiras coisas que perguntei foi onde estavam os ingredientes necessários para a criatividade de longo prazo.[15]

"Na frustração", respondeu ele.

Robinson acredita que a criatividade de longo prazo exige um senso de frustração pequeno e quase constante. Isso é diferente da versão de frustração no momento de loucura que acabamos de abordar. Frustrações em momentos de loucura são do tipo que deixa uma pessoa (eu, pelo menos) no chão. A versão de Robinson tem a ver com motivação. É uma constante comichão de insatisfação, um senso profundo de "e se?" e "posso fazer melhor?", coisas desse tipo.

Para ilustrar a diferença, ele me contou uma história sobre quando conheceu George Lucas. Aparentemente, Robinson fez a pergunta de um milhão de dólares. "Ei, George", ele perguntou, "por que continua fazendo remakes de todos os filmes de *Star Wars*?"

Lucas respondeu de maneira magistral: "Neste universo particular, eu sou Deus. E Deus não está satisfeito."

CRIATIVIDADE DE LONGO PRAZO

SEIS: TODOS TÊM TRABALHO A FAZER

Há uma suposição equivocada de que a criatividade é uma busca solitária. Isso até pode ser verdade em algumas etapas do processo, mas, se seu interesse é a criatividade nos negócios — isto é, ser pago para ter ideias originais e úteis —, é melhor se acostumar a trabalhar com outras pessoas.

A criatividade nos negócios é sempre colaborativa. Todo jornalista deve enfrentar *ad infinitum* um desafio com editores, editores de texto e editores-chefes. Livros, filmes, peças e poemas são mais do mesmo. Empreendedores de startup sempre têm investidores, enquanto CEOs criativos devem navegar por conselhos de administração. Isso me traz a uma questão importante: todos têm trabalho a fazer.

E todos querem conservar esse trabalho.

Na escrita, isso significa que, mesmo que eu entregue algo perfeito, meus editores ainda são pagos para editar — e eles farão isso. Descobri que é por isso que é importante tentar ficar à frente dessa curva. Atualmente, sempre que entrego um texto finalizado, incluo propositalmente alguns parágrafos horríveis. Isso dá algo para meus editores fazerem. Isso faz com que se sintam úteis, além de manter suas mãozinhas pegajosas longe das minhas frases perfeitas.

SETE: HÁ SEMPRE ALGUÉM À SUA CAÇA

Burk Sharpless é roteirista, produtor e membro de um clube de elite — uma das poucas pessoas em Hollywood que escreve filmes de ação de orçamento elevado. *Orçamento elevado* significa mais de US$100 milhões. Significa risco alto. Para Burk, levou quase duas décadas de um trabalho inacreditavelmente árduo antes que alguém o deixasse correr esse risco. E, para manter sua criatividade de longo prazo, Burk acredita que se deve lançar mão de um dos motivadores mais antigos de todos: a competição.

"Há sempre alguém à minha caça", afirma ele. "Tento me lembrar disso. Para cada filme de minha autoria que é feito, há milhares que não são. Para cada roteirista como eu, há outros 5 mil logo abaixo de mim, e outros 10 mil logo abaixo deles. É sempre uma competição. Todos querem meu emprego. E provavelmente umas centenas deles sejam muito, muito bons. Eles são do meu nível. Têm o talento necessário, apenas não fizeram todas as conexões certas. Mas farão. Acho muito motivador lembrar isso".[16]

OITO: A CRIATIVIDADE É UM SUBPRODUTO

Contrariamente à opinião popular, a criatividade é quase sempre o subproduto do trabalho árduo entusiasmado, e não o contrário. A bicampeã olímpica e quatro vezes medalhista de ouro do X Games, Gretchen Bleiler, considerada uma das snowboarders mais criativas da história, explica isso desta maneira: "Você não se levanta da cama e diz 'Hoje serei mais criativo.' Você faz as coisas que ama fazer, atinge sua essência e permite que as coisas surjam."[17]

Vale a pena desenvolver um pouco mais a ideia de Bleiler. Fazer o que se ama é empilhar impulsos intrínsecos. Com a frustração embutida no processo criativo, sem essa pilha organizada de forma adequada, não há como manter esse esforço em longo prazo. Tentar chegar à essência das coisas significa caminhar rumo ao conhecimento profundo, a necessidade de estar constantemente aprendendo e se aprimorando. Permitir que as coisas surjam é o que acontece se você faz tudo isso da forma correta.

Parafraseando a neurocientista Liane Gabora: "Criatividade é, paradoxalmente, tirar do cérebro uma coisa que nunca esteve dentro dele." Nesse processo, notamos opções onde antes não havia nenhuma. No entanto, a maioria dessas opções apenas se torna visível no meio da atividade. Sempre proponho escrever frases ótimas, mas nunca proponho escrever uma frase ótima. A arte emerge do trabalho. É a natureza animalesca. Associações remotas significam que uma coisa leva a outra, e a outra, e assim sucessivamente. Assim, não se pode forçar o assunto com antecedência. O que realmente se pode fazer é trabalhar duro e, como diz Bleiler, deixar que as coisas surjam.

CRIATIVIDADE DE LONGO PRAZO

NOVE: SEMPRE MANTENHA A PALAVRA — SOBRETUDO AO CONVERSAR COM SI MESMO

"Os criativos revelam tendências de pensamentos e atitudes que, na maioria das pessoas, são segregacionistas", escreveu o psicólogo Mihaly Csikszentmihalyi em sua obra-prima, *Creativity* [*Criatividade*, em tradução livre]. "Eles têm extremos contraditórios; em vez de serem um 'indivíduo', cada um é uma 'multidão'".[18]

O que Csikszentmihalyi quer apontar é a natureza do tipo de personalidade criativa. Cada traço de caráter pode ser pensado como um espectro. A maioria de nós é da variedade ou/ou. Ou extrovertidos, ou introvertidos; ou competitivos, ou cooperativos; ou espertos, ou ingênuos. Mas isso não vale para os criativos.

Os criativos costumam ser ambos/e.

Considere "conservador" e "rebelde", duas características que parecem diametralmente opostas uma à outra. No entanto, muitas vezes exige-se que pessoas criativas sejam ambas as coisas ao mesmo tempo. Um diretor que está fazendo uma história de detetive de época está *conservando* a tradição do cinema *noir*. O mesmo diretor pode optar por substituir as tomadas sombrias e melancólicas frequentemente encontradas nesse estilo de filme por cores supersaturadas e brilhantes — aqui, ele está se *rebelando* contra a tradição. E, obviamente, ele pode agir das duas formas no mesmo filme.

Isso também pode ser afirmado em relação à introversão e à extroversão. Homens de negócios criativos podem ser extremamente introvertidos quando estão elaborando sua estratégia de vendas para o próximo trimestre, mas totalmente gregários quando saem para fazer chamadas de vendas. Ou em relação aos fantasiosos e aos realistas. Um escritor de ficção científica pode ser fantasioso para escrever um livro sobre a vida em outros planetas e extremamente prático ao elaborar a estratégia de marketing para o lançamento da obra.

No total, Csikszentmihalyi identificou dez características do tipo "ambos/e" em pessoas criativas: enérgico e tranquilo, esperto e ingênuo, brincalhão e disciplinado, fantasioso e realista, extrovertido e introvertido, ambicioso e abnegado, conservador e rebelde, humilde e orgulhoso, passional e objetivo, sensível aos outros e frio como gelo. Todos são o subproduto desse processo criativo ou os requisitos neurobiológicos da criatividade. Mas e o resultado desse ambos/e?

Frequentemente, uma montanha-russa emocional. "A abertura e a sensibilidade de pessoas criativas muitas vezes os expõem ao sofrimento e à dor e, ainda assim, também a muito prazer", continua Csikszentmihalyi. "É fácil entender esse sofrimento. A sensibilidade mais aguçada pode causar pequenos problemas e ansiedades que, geralmente, não atingem a maioria de nós... Estar sozinho à frente de uma disciplina o deixa igualmente exposto e vulnerável... Também é verdade que o interesse profundo e o envolvimento em assuntos obscuros, muitas vezes, não são recompensados ou, inclusive, caem no ridículo. Com frequência, o pensamento divergente é considerado um desvio pela maioria e, assim, a pessoa criativa pode se sentir isolada e incompreendida. Esses riscos ocupacionais vêm com o território, por assim dizer, e é complicado ver como uma pessoa poderia ser criativa e, ao mesmo tempo, insensível a eles".

Isso nos traz à última parte do conselho para a criatividade de longo prazo: mantenha a palavra.[19]

Em primeiro lugar, mantenha a palavra com outras pessoas. A montanha-russa da criatividade pode enfrentar uma sensação de crise. Para muitas pessoas, é quase como uma permissão para se comportar mal. Isso deixa os criativos com uma fama de difíceis de lidar no curto prazo e de não confiáveis no longo prazo. Mesmo que isso possa ser verdade, definitivamente não vale para pessoas que descobrem como ganhar a vida sendo criativas.

O mais importante: mantenha a palavra consigo mesmo.

O desempenho máximo é uma checklist. É a coragem de se levantar todos os dias, completar cada objetivo dessa checklist e repetir. Mas, uma vez que a criatividade começa a entrar na dança e esses objetivos se tornam criativos, a montanha-russa pode nos consumir. É por isso que você precisa aprender a manter a palavra consigo mesmo. Se você define o objetivo, completa o objetivo, não importam as emoções envolvidas. É assim que você mantém a criatividade à distância. Afinal, se não conseguir continuar fazendo o trabalho, não haverá prazo de nenhum tipo, muito menos o longo.

18

O Fluxo da Criatividade

Em 1968, a NASA estava confusa.[1] A agência espacial contava com diversas pessoas inteligentes na equipe, mas inteligência e criatividade eram coisas diferentes. A essência da NASA era a inovação. Eles precisavam desesperadamente de seus engenheiros mais criativos trabalhando em seus desafios mais difíceis. Porém, o problema era contar os Picassos daquela multidão previsível.

Para ajudar a peneirar e classificar os engenheiros, a NASA contratou o especialista em criatividade, George Land. Land elaborou um teste para medir habilidades de pensamento divergentes — vulgo não lineares, livres e fora da caixa —, o que, atualmente, chamamos de "teste de usos alternativos". Questão típica: cite o máximo de finalidades que puder para esse pote de M&Ms. Respostas tipicamente lógicas do "pensamento convergente": um pote de balas, um porta-canetas ou um lugar para colocar moedas avulsas. Respostas mais divergentes e menos típicas: uma prisão para baratas, um capacete espacial mal-isolado.

O teste funcionou. Land resolveu o problema, e a NASA adorou os resultados. Mas o êxito trouxe à tona outra pergunta: De onde vem a criatividade, da natureza ou da prática? Então, a ficha caiu: sem querer, Land elaborara uma ferramenta para responder, também, a essa questão. Seu teste era tão simples que poderia ser feito com crianças. Na verdade, ele poderia ser feito diversas vezes, rastreando as crianças ao longo do tempo, percebendo como a prática impactou a natureza durante o percurso.

Com a ajuda da NASA, Land reuniu um grupo de 1,6 mil crianças de 4 e 5 anos, de origens amplamente variadas. Todas receberam o teste; os resultados chocaram a todos. Ocorreu que 98% das crianças pontuaram em nível de gênios da criatividade. Quer dizer, uma criança média de 4 anos conseguiu superar o engenheiro médio da NASA em termos de inovação.

Mas esse talento não durou.

Land testou novamente as crianças cinco anos depois. Nessa ocasião, as pontuações nos testes despencaram para 30%. Aos 10 anos, por razões desconhecidas, uns 68% da criatividade delas havia desaparecido.

Cinco anos mais tarde, os resultados foram piores. Quando essas crianças completaram 15 anos, seu nível de criatividade caiu para 12%.

Em seguida, Land deu o teste para mais de um milhão de adultos. A idade média deles era 31 anos. A média de criatividade: 2%.

Land tinha a resposta. A natureza constrói os criativos; a prática os destrói. De acordo com essa pesquisa, crescer era o fator de risco número 1 para arruinar a inovação.

Por quê?

Land acredita que o problema seja um conflito entre a conexão fundamental entre nosso cérebro e nosso sistema educacional. Majoritariamente, o cérebro usa o pensamento convergente com a rede de atenção executiva e o pensamento divergente com a rede de modo padrão. Mas nosso sistema educacional exige que os alunos usem ambos os sistemas de uma vez. Apresentar ideias originais por meio da rede de modo padrão e avaliá-las imediatamente, usando a atenção executiva. Esse julgamento constante, esse ciclo sem-fim de criticismo criativo e dúvida, na opinião de Land, está matando a genialidade.[2]

No entanto, essa explicação tem alguns problemas. Para começar, o teste de Land foi elaborado nos anos 1960, quando pesquisadores acreditavam que convergente e divergente eram estilos diferentes de cognição. Só que não. "Divergente e convergente não são tipos de pensamento", explica o psicólogo John Kounios, "são tipos de tarefas de laboratório. Em termos de cognição, o pensamento divergente é o pensamento convergente repetido sem [a] substituição de soluções previamente geradas. Não é tão diferente".[3]

Além disso, a questão de Land é que as escolas estão forçando os alunos a usarem a rede de modo padrão e a rede de atenção executiva ao mesmo tempo. Porém, a ciência revela que a criatividade exige exatamente esse tipo de abordagem de múltiplas redes. Ao forçar os alunos a usarem ambas as redes, as escolas não deveriam treinar essa habilidade em si?

O FLUXO DA CRIATIVIDADE

Acontece que elas não estão treinando.

O motivo? Mais uma vez: a neurobiologia.

A atenção executiva reside no córtex pré-frontal, mas este não é totalmente maduro até que completemos 25 anos. Consequentemente, a habilidade de atenção executiva das crianças é menor. Isso significa menos controle dos próprios impulsos, mas também das próprias ideias criativas. Além disso, o cérebro de uma criança não é superorganizado. Nascemos com uma quantidade enorme de conexão entre neurônios, porém essas conexões diminuem com a idade. Portanto, quando cérebros jovens saem à caça de associações remotas entre ideias, há mais o que encontrar. Esse é o real motivo pelo qual o pensamento divergente decai com o tempo. Não é porque a educação mata a criatividade; é porque os processos normais de desenvolvimento atrapalham.

E é aí que o fluxo entra em cena.

No fluxo, as três principais redes cerebrais que reforçam o processo criativo trabalham juntas de uma forma incomum. A rede executiva está ligada, mas não completamente. A região que gera o foco direcionado específico para tarefas está hiperativa; tudo o mais está desligado. Ou seja, você pode focar seu problema criativo, porém a crítica interna permanece em silêncio.

De maneira simultânea, a rede de proeminência está hiperativa e incrivelmente sensível. Ela está conectada tanto aos sinais internos gerados pela rede de modo padrão quanto pelos sinais externos que exigem atenção executiva.

Por último, a rede de modo padrão está amplamente desperta e levemente ajustada. O córtex cingulado anterior está hiperativo, e a amídala, majoritariamente desligada — isto é, nossa habilidade de reconhecer padrões e fazer associações remotas está elevada, mas o viés usual do cérebro para informações negativas está reduzido. Em outras palavras, o fluxo é o cérebro em hiperimpulso criativo.[4] Ele imita toda a inventividade própria de uma pessoa de 4 anos, mas sem a desvantagem, você sabe... de ter um cérebro de 4 anos.

Isso leva, no entanto, a uma última pergunta: Onde conseguir mais fluxo?

Parte IV

Fluxo

A grandeza é possível hoje?

— FRIEDRICH NIETZSCHE[1]

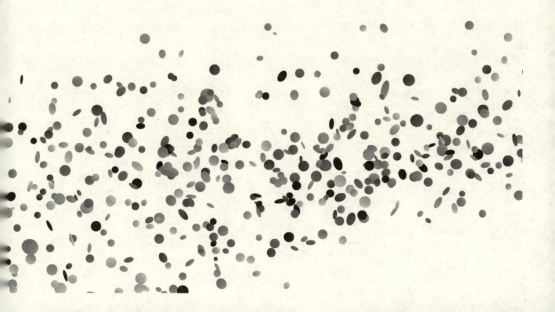

O Decodificador Secreto

Há um episódio que deixei de fora de nossa história, que foi como consegui decifrar o código do fluxo. Meu decodificador secreto: a doença de Lyme.

Quando eu tinha 30 anos, contraí a doença de Lyme e passei a melhor parte de três anos na cama.[1] Para quem não sabe, Lyme é um misto da pior gripe que você já pegou e esquizofrenia paranoide. Fisicamente, eu mal conseguia atravessar um quarto. Mentalmente era pior. O termo técnico para isso é "névoa cerebral". Minha experiência pessoal foi totalmente maluca.

Primeiro, a concentração sumiu. Era como tentar enxergar através de neblina. Depois, a insônia se instalou, como também a paranoia e a depressão. Em seguida, minha visão falhou. A memória de longo prazo desapareceu. A de curto prazo, também. E assim por diante.

Após três anos disso, eu estava acabado. Os médicos tiveram que suspender os remédios, porque o revestimento do meu estômago começou a sangrar, e não havia mais nada que eles pudessem fazer por mim. Eu permanecia funcional menos de uma hora por dia. Será que um dia eu ficaria melhor? Ninguém sabia.

Percebi que, desse momento em diante, eu seria um fardo para meus familiares e amigos. Eu tinha uma coleção considerável de barbitúricos no banheiro e algumas garrafas de uísque na cozinha. O suicídio se tornou uma possibilidade bastante real. Não era mais uma questão de "e se"; era apenas uma questão de "quando".

Em meio a essa escuridão, uma amiga apareceu em casa e me convidou para irmos surfar. É claro que era um pedido ridículo. Eu mal conseguia andar, muito menos pegar ondas. Mas minha amiga insistiu. Ela não calaria a boca nem iria embora. Depois de horas me importunando, não aguentei mais. "Dane-se", eu disse. "Vamos surfar. Sempre posso me matar no dia seguinte".

Minha amiga me levou a Sunset Beach, em Los Angeles, que deve ser uma das praias com as ondas mais minúsculas do mundo. Ela me deu uma prancha do tamanho de um Cadillac; quanto maior a prancha, mais fácil é surfar. O dia estava quente; as ondas, pequenas; e a maré, baixa. Isso significava que poderíamos atravessar a rebentação, o que era uma coisa boa, já que minha amiga quase teve que me carregar até lá.

Nem três segundos depois que cheguei, uma onda apareceu no horizonte. A memória muscular deu as caras. Girei a prancha, remei duas vezes e fiquei de pé. Caí naquela onda e, depois, em outra dimensão — que eu nem sabia que existia.

A primeira coisa que notei foi que o tempo começou a se arrastar. Meu cérebro parecia funcionar a uma velocidade normal, mas a vida estava passando em uma moldura congelada. Minha visão era panorâmica. Parecia que eu podia enxergar por trás de minha cabeça. Então, percebi que, aparentemente, eu não tinha cabeça. Ou não exatamente. Havia um corpo viajando em uma prancha de surfe, atravessando a onda, mas o condutor estava ausente. Meu senso de ego desaparecera. Minha consciência se expandira. Eu me fundira ao oceano, tornara-me uno com o universo — porque, você sabe, isso acontece.

Mas essa não foi a parte mais bizarra.

A parte mais bizarra: eu me senti ótimo! Pela primeira vez em anos. A dor sumira. Minha mente estava clara e precisa, minhas tendências suicidas eram coisas do passado.

Foi tão bom estar naquela onda que peguei mais cinco no mesmo dia. Depois disso, não fiquei destruído, fiquei desmontado. Minha amiga me levou para casa, carregou-me até a cama e não me mexi por duas semanas. As pessoas tinham que me trazer comida, porque eu estava exausto demais para andar 15 metros até a cozinha e fazer uma refeição. Porém, no 15º dia, o primeiro em que consegui andar, peguei carona com um vizinho, voltei à praia e fiz de novo.

O DECODIFICADOR SECRETO

E a mesma coisa aconteceu. Um estado de consciência alterado radicalmente potente nas ondas, uma versão posterior desalinhada e extinta de mim mesmo. Mas algo mudara, e eu sabia. Então, dormi por mais dez dias, voltei para o oceano e fiz de novo.

E de novo.

Ao longo de oito meses, em que a única coisa diferente que eu estava fazendo era surfar e ter essas experiências quase metafísicas enquanto pegava ondas, eu melhorei. Fiquei mais saudável. Muito mais saudável. Passei de funcional em 10% do tempo para funcional em 80% do tempo.

Nada disso fazia o menor sentido.

Para começar, o surfe não é uma cura conhecida para condições autoimunes crônicas. Em segundo lugar, meu negócio era a ciência, um materialista racional até a medula. Eu não tinha experiências místicas e, certamente, não as tinha enquanto surfava.

Mas eu também suspeitava de que havia um bom motivo para isso. Em raras situações, a Lyme pode atingir o cérebro, único momento em que a doença pode ser fatal. Eu tinha quase certeza de que estava tendo essas experiências místicas porque a doença acabara de atingir esse nível. Mais uma vez, embora eu estivesse me sentindo melhor, tive certeza de que meu fim estava próximo.

Então comecei uma busca colossal para descobrir o que diabos estava acontecendo comigo. Eu não sabia o que estava ocorrendo nas ondas, mas sabia que uma parte da experiência — a parte de se tornar uno com tudo — era classificada como "mística". Será que a ciência poderia me dizer alguma coisa sobre misticismo? Será que alguém poderia me dizer por que o misticismo estava dando as caras no surfe?

Acontece que há muitas coisas a dizer.

Na verdade, experiências místicas são muito comuns em esportes de ação. A literatura histórica está cheia de relatos. No surfe certamente, mas também nas trilhas, no skydiving, no esqui, no snowboarding, no alpinismo, no alpinismo no gelo e no montanhismo. Um desses livros, *Bone Games*, escrito por Rob Schultheis, teve um papel importante em minha pesquisa.[2] Schultheis sugeriu que as experiências místicas que montanhistas relatavam poderiam estar relacionadas à então nova ideia do *fluxo*. Esse é o primeiro nome que consigo lembrar ao ouvir o termo. Schultheis falava minha língua. Ele falava sobre neurobiologia. Conectava o fluxo às endorfinas, a explicação popular para a "emoção do corredor" e para nossos hormônios de luta ou fuga, bem como para uma série de substâncias químicas que estimulam o humor.

O indício de uma ideia começou a se formar. Era mais uma pergunta: Se essa mudança na neurobiologia chamada "fluxo" me ajudou a passar de um estado gravemente abaixo do esperado para o normal, o fluxo poderia ajudar pessoas normais — como os atletas de esportes de ação e aventura que conheci — a chegar ao nível do Super-Homem?

Eu não fazia ideia. Sequer sabia a quem perguntar. Mas, depois, tive outra oportunidade. Ainda estava em minha busca para decodificar a ciência das experiências místicas, o que me levou até o neurocientista Andrew Newberg, da Universidade da Pensilvânia.

Newberg ficara curioso sobre a "unidade cósmica", que é a expressão para aquela sensação que tive nas ondas, a sensação de se tornar uno com tudo. Para tentar entender isso melhor, ele usou a tomografia computadorizada de emissão única de fótons para tirar fotos do cérebro de freiras franciscanas e budistas tibetanos durante a "meditação extática" — em que extática significa a produção da sensação de unidade cósmica por meio da meditação.

Newberg descobriu a biologia por trás dessas experiências. A meditação extática gera uma mudança profunda na função cerebral. Ela se resume ao foco extremo que esse tipo de meditação exige e que, por sua vez, exige uma quantidade enorme de energia. Mas o cérebro contém um limite fixo de energia, ou seja, ele está sempre tentando conservá-la. Durante a meditação extática, a fim de fornecer a energia extra exigida pelo foco extremo, o cérebro realiza uma troca de eficiência. Ele encerra estruturas não cruciais e redireciona essa energia para a atenção.

Uma estrutura que se encerra é o lobo parietal superior posterior direito.[3] Sob condições normais, essa é uma parte do cérebro que nos ajuda a nos lo-comovermos pelos espaços. Ele cria uma linha fronteiriça ao redor do corpo, separando uma pessoa de outra, uma sensação que nos diz onde terminamos e onde o restante do mundo começa. Se está tentando atravessar um ambiente cheio de gente, você precisa desse *felt-sense* do eu para não trombar com outras pessoas. Em contrapartida, se essa área do cérebro está danificada, você tem dificuldades para se sentar em uma cadeira, porque não tem certeza de onde você termina e onde a cadeira começa.

Na meditação, quando essa estrutura é desativada, a linha fronteiriça que traçamos ao nosso redor se dissolve. Perdemos a capacidade de nos separar do outro. "Nesse instante", explica Newberg, "o cérebro conclui, ele tem que concluir, que você é uno com todas as coisas".

A descoberta de Newberg trouxe à tona outra pergunta: Surfistas precisam estar extremamente focados para pegar ondas. Esse tipo de atenção poderia ser o mesmo necessário à meditação extática? Esse mesmo foco extremo poderia ser o que estava ativando o fluxo nos surfistas e produzindo essa sensação de ser uno com as ondas que vivenciei?

Eu não sabia a resposta, e foi por isso que entrei em contato com Andrew Newberg pela primeira vez. Aquele telefonema levou a outro, depois a um terceiro. Durante cerca de oito meses, nós juntamos as peças.[4] A conclusão: Newberg suspeitou que talvez eu estivesse certo. "Foco é foco", disse ele. "Provavelmente não há muita diferença entre a atenção direcionada necessária para os surfistas e a atenção direcionada de que os meditadores precisam".

Também perguntei se ele achava que o objeto da atenção era importante. As freiras focavam o amor de Deus, portanto elas se tornavam una com o amor. Os budistas, focados na unidade cósmica, tornavam-se unos com tudo. E a atenção dos surfistas estava no oceano, então eles se misturavam com o mar. Será que você se tornava uno com o objeto que focava?

"Essas são boas perguntas", disse Newberg. "Você deveria continuar perguntando".

E foi isso que fiz nas duas décadas seguintes. Ao longo do restante da Parte Quatro deste livro, revelarei o que descobri, observando como o fluxo funciona no cérebro e aprendendo a colocar essa informação em prática em nossa vida. Mas, antes de fazer isso, uma historinha vem a calhar. E o melhor lugar por onde começar é pelo início dela, no final do século XIX, com Friedrich Nietzsche, o primeiro filósofo de desempenho máximo do mundo.

A Ciência do Fluxo

A ERA ÜBERMENSCH

"Eu lhe ensino o Super-Homem. O homem é algo que deve ser superado. O que você fez para superá-lo?"

Nietzsche escreveu essas palavras em 1883, em sua obra-prima *Assim Falou Zaratustra*.[1] Vale a pena mencionar isso aqui porque Nietzsche foi o filósofo original do alto desempenho, o primeiro pensador realmente moderno a considerar a questão do desempenho máximo. É o "super-homem" da citação acima, o "Übermensch" no original em alemão; e a preocupação central de Nietzsche era como se tornar esse "Übermensch".

Nietzsche recebeu esse título não por ser o primeiro filósofo a refletir sobre o desempenho máximo. Há muitos fatos históricos por trás disso: a doutrina estoica dos gregos antigos, a perfeição do homem dos pensadores iluministas. Mas Nietzsche foi o primeiro filósofo a dar atenção ao tema depois que Charles Darwin publicou *A Origem das Espécies* — ou seja, foi o primeiro a acreditar que o desempenho máximo se resumia à biologia.[2]

Em 1859, Darwin reescreveu o livro de ouro do desempenho máximo. *A Origem das Espécies* arruinou a casa de Deus. Antes dessa questão, grandes conquistas eram dádivas divinas. Quer vencer inimigos em combates? Experimente pedir a Marte. Quer escrever um soneto? Talvez as Musas possam ajudar.

Mas Darwin afirmava outras coisas, e Nietzsche concordava com ele.[3]

A ARTE DO IMPOSSÍVEL

Nietzsche percebeu que, se o corpo evolui, a mente evolui, a consciência evolui e, se você está interessado na atuação humana, é preciso levar em conta esses fatos. Nietzsche começou a evocar uma nova ciência, que usasse a estrutura da evolução e as ferramentas do método científico para examinar as obras da mente humana. Ele tomou o termo então popular para essa área, "psicologia", e deixou clara a sua opinião: qualquer filósofo que não compreendesse essa nova ciência não era digno de ser compreendido. Ou, como Nietzsche escreveu em *Ecce Homo*: "Quem entre os filósofos, antes de mim, era de certa forma um psicólogo? Antes de mim simplesmente não havia psicologia."[4]

A primeira coisa que essa nova psicologia ensinou a Nietzsche foi que os pensadores iluministas, seus antecessores intelectuais, estavam errados. Eles argumentavam que a humanidade estava evoluindo rumo à perfeição, que a evolução era direcionada e tinha um propósito. Nietzsche via a cultura através das lentes de Darwin: como várias histórias de sucesso aleatórias. A cultura era algo que ajudava as pessoas a sobreviverem, codificada em nossa biologia, programada em nosso cérebro, moldando o comportamento por meio das funções inacessíveis de nosso inconsciente. Em vez de pináculos da evolução, seres humanos são apenas um aglomerado de partes aleatórias, um pot-pourri de instintos, impulsos, hábitos, histórias etc. "O passado de toda forma e modo de vida", escreveu Nietzsche em *Além do Bem e do Mal*, "das culturas que antes se dispunham lado a lado ou acima umas das outras, agora flui em nossas 'almas modernas'; nossos impulsos agora se movem para todas as direções; nós próprios somos uma espécie de caos".[5]

Mas Nietzsche sentia que podíamos escapar do caos. Podíamos substituir a luta por sobrevivência pela "vontade de poder", e a batalha pela atualização, pela autocriação e autossuperação, pelo domínio, pela excelência e pelo significado. Em outras palavras, todas as coisas que costumavam vir de Deus agora precisam vir de nós.

Certo, Nietzsche, e como fazemos isso?

É aqui que a história fica interessante, porque Nietzsche tinha um plano, um plano bastante prático para explorar a vontade de poder e se tornar o Übermensch — e esse plano deveria soar terrivelmente familiar.

A CIÊNCIA DO FLUXO

O primeiro passo de Nietzsche rumo ao Super-Homem: encontre sua paixão e seu propósito, o que ele chamava de "ideia organizada". Uma ideia organizada é uma missão, o tema central da vida de uma pessoa, e isso não surge de repente, de uma só vez. "A ideia organizada destinada a reger [nossa vida] continua crescendo internamente. Ela começa a comandar e, aos poucos, nos tira de caminhos vicinais e equivocados; prepara qualidades e aptidões únicas que um dia se revelarão indispensáveis".

Nietzsche também era muito claro em relação ao passo seguinte: aprenda a sofrer. O desempenho máximo exige determinação, e o sofrimento, afirmava o filósofo, era a maneira mais rápida de adquirir essa habilidade. "Aos seres humanos que me preocupam de certo modo, desejo sofrimento, desolação, doença, maus-tratos, humilhações... Desejo-lhes a única coisa que pode provar, hoje, se alguém vale ou não alguma coisa — que devemos suportar". Ou, como se gabava em *A Vontade de Poder*: "Sou mais um campo de batalha do que um homem."

Isso nos leva ao terceiro passo de Nietzsche: aprendizado e criatividade. Pegue tudo e transforme em arte. Aprendizado e criatividade têm a ver com autoexpressão, autossuperação e descoberta de sentido. Nietzsche achava que a arte era o antídoto ao niilismo. Se Deus está morto e não há nenhum sentido divino na vida, então precisamos criar sentido por conta própria. Essa é a vontade de poder, o mandamento existencialista. Assumimos a responsabilidade por nossas escolhas, agimos, criamos, e somente nós somos responsáveis por nossa criação.

E isso nos leva ao último passo no processo de Nietzsche: fluxo — embora ele não usasse esse termo.

O termo de Nietzsche era *rausch*, palavra originalmente cunhada por Johann Goethe, que se traduz como "a aceleração do movimento que leva a um fluxo de alegria".[6] Em *A Vontade de Poder*, Nietzsche descreve *rausch* como "o grande estímulo da vida", um processo inconsciente e biológico e um modo mais elevado de existir, caracterizado por poder, força e visão, em que nosso eu moderno pensante é substituído pelo "vigor animal" de um eu mais antigo, primitivo.

201

Nietzsche considerava o *rausch* uma das experiências mais ponderosas que poderíamos ter e um prerrequisito fundamental para atingir nossa genialidade interior criativa. "Para que haja arte", escreveu ele em *Crepúsculo dos Ídolos*, "para que haja qualquer estética no fazer e no ver, uma pré-condição fisiológica é indispensável: *rausch*. O *rausch*, em primeiro lugar, deve ter aumentado a excitabilidade de todo o sistema, do contrário não há arte".[7]

Nietzsche iniciou sua carreira convocando uma abordagem embasada na ciência para o desempenho máximo e terminou com o mesmo esquema usado neste livro.

Passo um: Encontre uma paixão e um propósito.

Passo dois: Fortaleça a paixão com determinação e objetivos.

Passo três: Amplie os resultados com aprendizado e criatividade.

Passo quatro: Use o fluxo para turbinar todo o processo.

Também há um motivo para isso. É exatamente aí que a ciência quer chegar. Vamos analisar com mais profundidade.

A PSICOLOGIA DO FLUXO

O psicólogo Mihaly Csikszentmihalyi teve um motivo para cunhar o termo *fluxo*. Nos anos 1970, ele iniciou uma das maiores pesquisas sobre otimização do desempenho já feitas, viajando pelo mundo e perguntando a dezenas de milhares de pessoas em quais momentos de suas vidas elas se sentiram melhor e tiveram o melhor desempenho. Ele começou com especialistas — jogadores de xadrez, cirurgiões, bailarinos, e assim por diante — e, depois, com todo o tipo de gente: viticultores italianos, pastores de ovelhas Navajo, trabalhadores de linha de montagem de Chicago, coreanas idosas, adolescentes japoneses membros de gangues de motocicletas... a lista continua.[8]

A CIÊNCIA DO FLUXO

Todas as pessoas com quem ele conversou, independentemente de cultura, classe, gênero ou idade, disseram que se sentiram melhor e tiveram o melhor desempenho quando estavam em um estado alterado de consciência, um estado em que toda decisão e toda ação *fluem* com facilidade e perfeição até o fim. Csikszentmihalyi escolheu o termo "fluxo" porque é a sensação desse estado. O fluxo é fluente; é uma descrição literal da experiência em si.

Essa foi a primeira de uma série de descobertas fundamentais feitas por Csikszentmihalyi sobre o estado. Sua segunda descoberta foi elaborada a partir da primeira. O fluxo surgia em todos os lugares aonde ele ia. Por quê? Porque esse estado é universal. A evolução moldou o cérebro para ter o melhor desempenho ao entrar no fluxo. Portanto, o estado surge em qualquer pessoa, em qualquer lugar, contanto que determinadas condições iniciais sejam cumpridas.

Sua terceira descoberta foi que o fluxo era passível de definição. O estado tinha seis características psicológicas e, se todas elas aparecem, chamamos a experiência de fluxo. Esta é a lista completa:

Concentração Total: Mais especificamente, concentração total em um campo limitado de informações. A atenção focava a tarefa presente. Envolvimento, alegria e total absorção no aqui e agora.

Fusão entre Ação e Consciência: Essa é a borda frontal daquela sensação de ser uno com todas as coisas. Significa que a dualidade, o senso de ser tanto um observador externo quanto um participante ativo em sua vida, desaparece. Não é mais possível distinguir o eu daquilo que o eu está fazendo.

Nosso Senso de Eu Desaparece: No fluxo, nosso senso de eu desaparece. Nosso senso de autoconsciência também. O crítico interno está calado. A voz da dúvida silencia. E vivenciamos isso como uma liberação, como liberdade; estamos, finalmente, saindo de nosso caminho.

Senso Alterado de Tempo: Tecnicamente, "dilação temporal". Ou o tempo desacelera e temos o efeito de imagem congelada, ou ele acelera e cinco horas passam em cinco minutos. Passado e futuro desaparecem, mergulhamos em um presente estendido, o que, às vezes, é chamado de "o agora profundo".

Paradoxo do Controle: Temos uma sensação potente de controle sobre a situação — muitas vezes em uma situação que, em geral, não é controlável. Nesse momento, somos os capitães de nosso navio, donos de cada fragmento de nosso destino.

Experiência Autotélica: A experiência é intensa e intrinsecamente compensadora, ou, em linguagem técnica, "autotélica" — o que significa que a atividade é a própria recompensa. O que estamos fazendo é tão prazeroso e gratificante que vamos até o fim do mundo para fazê-lo outra vez, mesmo com enormes riscos e custos pessoais.

O quarto passo de Csikszentmihalyi decorre do terceiro: por ser passível de descrição, o fluxo é mensurável. Atualmente, os psicólogos têm à disposição diversos métodos extremamente bem-validados para fazer isso. Todos medem esses seis atributos, bem como a profundidade com que eles aparecem durante determinada experiência.

A quinta coisa que Csikszentmihalyi percebeu foi que a experiência que chamamos de fluxo é, na verdade, um espectro de experiências.[9] Em certo sentido, esse estado é como qualquer outra emoção. Pense na raiva. Você pode ser um pouco irritadiço ou um homicida: mesma emoção, apenas lados opostos de um espectro. Isso também vale para o fluxo. Você pode estar em um nível baixo de "microfluxo" em um limite do espectro ou em um estado pleno de "macrofluxo" no outro.

No microfluxo, todas as características centrais do fluxo, ou a maioria delas, aparecem, só que ligadas no modo superbaixo. É quando você se senta para escrever um e-mail rapidinho e, no fim, uma hora depois, percebe que escreveu um ensaio. Durante o processo, você não teve a menor ideia de que o tempo estava passando, e seu senso de eu sumiu um pouco — talvez realmente precisasse ir ao banheiro, mas não reparou até que terminasse de escrever o e-mail.

O macrofluxo é o outro limite do espectro. É quando todas as características do fluxo dão as caras ao mesmo tempo, ligadas no 220. O macrofluxo é, por exemplo, minha experiência quase mística de surfar para longe da doença de Lyme, e uma das experiências mais marcantes que podemos ter neste planeta. No macrofluxo, o impossível não apenas se torna possível, ele simplesmente se transforma em qualquer outra coisa que fazemos, como tomar o café da manhã ou amarrar o cadarço do sapato.

A sexta descoberta feita por Csikszentmihalyi sobre o fluxo talvez seja a mais importante. Em sua pesquisa, as pessoas que marcaram mais pontos em bem-estar geral e satisfação com a vida eram aquelas que tinham mais fluxo em sua existência. Esse estado é o código-fonte.

A pergunta seguinte é: Qual é a fonte desse código-fonte?

E é aí que a neurociência entra em cena. Desde que Csikszentmihalyi executou seu principal trabalho, a tecnologia de imagens cerebrais avançava aos trancos e barrancos. Isso nos permitiu olhar com profundidade por debaixo da capota do fluxo, para ver de onde esse estado vinha e por que estava vindo. Provavelmente mais que qualquer outra descoberta, foi esse mapa que fez com que treinar o fluxo se tornasse uma possibilidade real.

Mas estamos colocando o carro na frente dos bois.

Vamos começar com a alfabetização coletiva: uma compreensão sobre o que exatamente está acontecendo em nosso cérebro e em nosso corpo quando estamos dando o melhor de nós.

A NEUROCIÊNCIA DO FLUXO

Para compreender o fluxo, queremos compreender como as mudanças nas quatro categorias da atividade cerebral apresentadas anteriormente — neuroanatomia, neuroquímica, neuroeletricidade e redes — conspiram para criar esse estado.

Duas dessas áreas, a neuroanatomia e as redes, respondem à pergunta sobre *em que lugar* do cérebro algo está acontecendo. Neuroanatomia é uma forma de falar sobre estruturas localizadas, como a amídala e o hipocampo. No entanto, como as coisas raramente acontecem somente em uma parte do cérebro, também é necessário abordar as redes. A rede de proeminência, a de modo padrão e a do medo são exemplos. São áreas no cérebro ligadas por conexões de alta velocidade, ou que tendem a coativar.

As duas categorias seguintes, neuroquímica e neuroeletricidade, têm a ver com a comunicação. São as duas formas com que o cérebro envia mensagens tanto a si mesmo quanto ao restante do corpo. Substâncias neuroquímicas —

vulgo dopamina, serotonina e todas as outras — são moléculas sinalizadoras que basicamente dizem ao cérebro para fazer determinadas coisas em maior ou menor quantidade. Neuroeletricidade é o mesmo, exceto que os sinais são elétricos em vez de químicos.

Para explorar o fluxo, percorreremos cada uma das categorias, começando pela neuroanatomia, ou onde o fluxo está acontecendo no cérebro. Porém, se quer conhecer o "onde", na verdade precisa começar pelo "quando". E não, não é: "Quando essa experiência particular de fluxo está acontecendo?" Melhor: "Em que momento da história você está fazendo essa pergunta sobre onde o fluxo está acontecendo?"

NEUROANATOMIA

Durante a maior parte do século passado, o que mais se pensava sobre o desempenho máximo é o que chamamos, atualmente, de "o mito dos 10% do cérebro".[10] Essa é a noção de que, sob condições normais, usamos apenas uma pequena parte do cérebro, digamos, 10%, portanto o desempenho máximo — vulgo fluxo — deve ser o cérebro cheio de hiperimpulsos.

No entanto, era exatamente o contrário.

No fluxo, não estamos usando mais do cérebro e, sim, menos. A expressão para isso é "hipofrontalidade transitória". *Transitório* significa temporário. *Hipo* é o oposto de "hiper" — ou seja, desacelerar, fechar ou desativar. *Frontalidade* se refere ao córtex pré-frontal.[11]

O córtex pré-frontal é uma região poderosa. Como vimos, é a sede de diversas funções cognitivas mais elevadas. Atenção executiva, tomada lógica de decisões, pensamentos de longo prazo, senso de ética e de força de vontade — todos eles residem no córtex pré-frontal. Só que, no fluxo, essa parte do cérebro se fecha.

Conforme entramos nesse estado e nossa necessidade de atenção extremamente focada aumenta, o sistema extrínseco mais lento e que demanda mais energia — o processamento consciente — é trocado pelo processamento muito mais rápido e eficiente do sistema intrínseco e subconsciente. "É [outra] troca de eficiência", afirma o neurocientista Arne Dietrich, da Universidade Americana de Beirute, que ajudou a descobrir o fenômeno. "Estamos trocando a energia geralmente usada para funções cognitivas mais elevadas por mais atenção e autoconsciência".[12]

Esse é um dos motivos pelo qual o tempo passa de maneira tão estranha no fluxo. O tempo é um cálculo feito em diversas regiões diferentes do córtex pré-frontal.[13] É um efeito em rede. Porém, como qualquer outra rede, quando muitos pontos se fecham, o sistema inteiro entra em colapso. Quando isso acontece, não conseguimos mais separar o passado, o presente e o futuro, e somos lançados para o "agora profundo".

E o agora profundo causa um impacto grande no desempenho. A maioria de nossos medos e ansiedades não existem no presente. Ou estamos preocupados com coisas horríveis que aconteceram há muito tempo — e estamos nos lembrando delas no presente, para não repetirmos o erro —, ou são coisas assustadoras que podem acontecer no futuro e estamos tentando ficar longe delas no presente. Porém, se eu remover o passado e o futuro da equação, os níveis de ansiedade caem. Os hormônios do estresse são expulsos do sistema e substituídos por substâncias químicas que elevam o humor, como a dopamina. Como o bom humor aumenta a capacidade de encontrar conexões remotas entre ideias, a criatividade também dispara.

Acontece algo parecido com nosso senso de eu.[14] O eu é outro efeito em rede, gerado por diversas estruturas diferentes no córtex pré-frontal. Quando essas estruturas começam a se fechar, esse senso começa a desaparecer.

Em 2008, demos uma boa analisada nesse desaparecimento quando o neurocientista Charles Limb, da Universidade Johns Hopkins, usou fMRI para examinar o cérebro de músicos de jazz no fluxo ao improvisar músicas.[15] Ele descobriu que seu córtex dorsolateral pré-frontal, região do cérebro conhecida pela autovigilância, ficava quase totalmente desativada.[16] A autovigilância é a voz da dúvida, o chato derrotista, nosso crítico interior. Já que o fluxo é um estado fluido — em que a resolução de problemas é quase automática —, o questionamento somente consegue desacelerar o processo. Quando o córtex dorsolateral pré-frontal silencia, esses questionamentos são cortados na fonte.

O resultado é a liberação. Agimos sem hesitar. A criatividade fica mais fluida, correr riscos fica menos assustador, e essa combinação nos permite fluir a um ritmo muito mais acelerado.

NEUROELETRICIDADE

Mudanças na função das ondas cerebrais favorecem esse processo. No fluxo, passamos da onda beta acelerada da consciência desperta para a fronteira muito mais lenta entre alfa e teta.[17]

Beta é a onda em que você se encontra neste instante, enquanto lê este livro. É o sinal neurológico do estado desperto, alerta e da atenção. Basicamente, significa que o córtex pré-frontal está ativado e que a rede de atenção executiva está trabalhando. Se eu acelerar um pouco mais essa onda, ampliando-a para "beta elevada", a atenção fica exagerada: ansiedade, resposta ao estresse, pensamento hiperimpulsionado.

As ondas alfa são ligeiramente mais lentas do que as beta. É o cérebro pausado, ocioso ou em modo devaneio, quando passamos de uma ideia para outra sem muita resistência interna. Ondas alfa mostram quando a rede de modo padrão está ativada, motivo pelo qual, muitas vezes, são associadas à criatividade.

As ondas teta, por sua vez, são ainda mais lentas. Essa onda aparece principalmente durante o sono REM ou pouco antes de adormecermos, naquele estado hipnótico, em que as ideias conseguem se combinar de maneiras fantásticas. Na onda teta, o suéter verde em que você está pensando de repente se transforma em uma tartaruga verde, que se transforma em um oceano verde e em um planeta verde.

Mesmo que o fluxo de base pareça pairar em torno da fronteira alfa/teta (cerca de 8 hertz), não permanecemos aí o tempo todo. Sempre que tomamos uma decisão — e o fluxo é um estado de ação em que estamos continuamente tomando decisões —, somos retirados da base. Isso acontece com todos nós. Uma das grandes diferenças entre pessoas de desempenho máximo e o restante das pessoas é que as primeiras conseguem voltar à base, enquanto a maioria se deixa levar por distrações.

A CIÊNCIA DO FLUXO

Por fim, há mais uma onda cerebral para considerar: a gama. Essa é uma onda que se move extremamente rápido e aparece quando o cérebro faz conexões entre ideias, um processo conhecido como ligação. Ele se chama "ligação" porque o ato de fazer essas conexões na verdade altera o cérebro, ligando neurônios em uma nova rede — literalmente, a manifestação física da conexão entre ideias. A ligação é exatamente o que acontece quando vivenciamos um progresso repentino, quando a solução para um problema simplesmente brota na consciência, a experiência conhecida como insight "eureca".[18]

Pesquisas feitas por John Kounios e Mark Beeman revelam que momentos antes de termos esse insight há um disparo de ondas gama no cérebro. Mas a onda gama está "acoplada" à onda teta, o que significa que somente podemos criar uma onda gama se já estivermos criando as ondas teta. Uma vez que o fluxo acontece na fronteira alfa/teta, o estado nos coloca, de maneira perpétua, no limite do insight "eureca". Por esse motivo, quando estamos nessa zona, sempre estamos a uma distância curta de um progresso criativo importante.

NEUROQUÍMICA

A neuroquímica do fluxo se tornou uma das melhores histórias de detetive da ciência. O mistério surgiu no final dos anos 1970, quando a expressão "emoção do corredor" substituiu "fluxo" como uma descrição moderna do desempenho máximo. Pesquisadores definiram que as endorfinas, uma descoberta recente na época, eram o ingrediente secreto por trás dessa emoção.

As endorfinas são uma recompensa química extremamente potente. Elas são um analgésico que produzem prazer, uma espécie de opioide interno, o que significa que se ligam aos mesmos locais receptores que os opioides externos como a heroína e a oxicodona. O problema é que é difícil mensurar as endorfinas no cérebro, e ninguém conseguiu provar essa questão de forma conclusiva. Essa frustração foi aumentando e atingiu seu ponto mais alto em 2002, quando o presidente da Society for Neuroscience, Huda Akil, disse ao *New York Times* que as endorfinas em corredores "são uma fantasia completa da cultura popular".[19]

A ARTE DO IMPOSSÍVEL

Os investigadores chegaram a um impasse.

Isso durou alguns anos. Então, Arne Dietrich desvendou uma pista diferente. Dietrich, o primeiro neuroscientista a propor a hipofrontalidade transitória como um mecanismo do fluxo, estava fazendo pesquisas sobre atletas de resistência. Ele descobriu anandamida no cérebro deles durante a emoção do corredor.[20]

Anandamida vem de *ananda*, a palavra em sânscrito para êxtase. É outro neurotransmissor analgésico e indutor de prazer, com a diferença que, nesse caso, age como (e faz ligações com) o mesmo receptor que o THC — a molécula que desperta o "barato" da maconha. A descoberta de Dietrich foi confirmada e ampliada, e agora sabemos que, enquanto a anandamida é produzida durante o fluxo nos esportes, ela também aparece quando cantamos, dançamos e, muito provavelmente, será encontrada onde quer que esse estado esteja presente.

Em 2007, neurocientistas usaram a tomografia para provar que Huda Akil estava equivocado, encontrando endorfinas no cérebro durante o fluxo e definindo essa questão de uma vez por todas.[21] Em seguida, o psicólogo Greg Berns, da Universidade Emory, sugeriu que a dopamina estava presente no fluxo;[22] desde então, outros pesquisadores apoiaram essa opinião.[23] Uma vez que a rede de proeminência está ativa no estado, outros pesquisadores perceberam que a norepinefrina precisa estar envolvida.[24] Por fim, também foi sugerido que a serotonina e a oxitocina estão presentes no fluxo, embora ainda não haja evidência suficiente para afirmar isso.[25]

O que podemos afirmar com certeza é que todas essas substâncias neuroquímicas ajudam a explicar por que o fluxo tende a aparecer quando o impossível se torna possível. O motivo é a maneira como essas substâncias impactam os três lados do triângulo do desempenho elevado: motivação, aprendizado e criatividade.

Do lado da motivação, todas as seis substâncias químicas são drogas de recompensa, tornando o fluxo uma das experiências mais compensadoras que podemos ter. É por isso que os pesquisadores chamam o estado de "código-fonte da motivação intrínseca" e que McKinsey descobriu que a produtividade aumenta 500% durante o fluxo — é esse o poder da química viciante do prazer.[26]

210

A CIÊNCIA DO FLUXO

A aprendizagem também é quimicamente orientada. Quanto mais substâncias químicas surgem durante uma experiência, melhores são as chances de a experiência passar da retenção de curto prazo para o armazenamento de longo prazo. Nossa habilidade de reter informações atinge níveis estratosféricos, uma vez o fluxo produz um coquetel neuroquímico enorme. Em uma pesquisa sobre o fluxo conduzida pelo Advanced Brain Monitoring e o Departamento de Defesa dos EUA, as taxas de aprendizagem aumentam 230%.[27]

Por fim, a criatividade dá um salto ainda maior, já que as mesmas substâncias neuroquímicas cercam o processo criativo do cérebro. Quando elas estão em nosso sistema, absorvemos mais informações por segundo, prestamos mais atenção às informações que surgem e descobrimos conexões mais rápidas entre essas informações que aparecem e ideias mais antigas — assim, a aquisição de dados, a proeminência e o reconhecimento de padrões disparam. Também descobrimos conexões mais remotas entre essas ideias, portanto, o pensamento lateral também aumenta. Finalmente, não basta apenas ter essa ideia organizada, também é preciso apresentá-la ao mundo; assim, a criatividade também exige que corramos riscos. E a atitude de correr riscos, graças a toda a dopamina em nosso sistema, também fica amplificada. Melhor ainda: Teresa Amabile, de Harvard, descobriu que a criatividade ampliada produzida pelo fluxo pode durar um ou dois dias a mais do que o estado em si.[28]

Essa surra de combinações neuroquímicas é o que torna o fluxo tão crucial para progressos que mudam paradigmas. Igualmente importante é que lidar com objetivos elevados e difíceis muitas vezes envolve trabalho em equipe, e aqui a neuroquímica desempenha um papel adicional.

Há duas variedades de fluxo. Como a maior parte deste livro tem se ocupado com o desempenho individual, nosso foco tem sido o fluxo individual. Mas também há o fluxo grupal, a versão compartilhada e coletiva do estado. As mesmas substâncias químicas ajudam a impulsionar esse estado compartilhado. As seis substâncias que foram conectadas ao fluxo são "pró-sociais" ou reforçam as conexões sociais. Apaixonar-se é a combinação de norepinefrina e dopamina. Endorfinas geram conexão materna, a oxitocina promove a confiança, enquanto a serotonina e a anandamida aumentam nossa abertura a outras pessoas e promovem a calma em situações sociais. Esse coquetel é o motivo por que a cooperação e a colaboração disparam no fluxo.

REDES

As redes são o ponto em que a ciência do fluxo começa a ficar um pouco mais confusas, mas isso já era de se esperar, já que o conectoma — o diagrama de fiação de rede do cérebro — é uma das últimas fronteiras da neurociência. Vamos começar com o que achamos que sabemos.

Há uma quantidade crescente de pesquisas que mostram que o fluxo envolve uma interação complexa entre a rede de proeminência, a rede de atenção executiva e a rede de modo padrão. No entanto, há descobertas conflitantes. Uma quantidade interminável de evidências revela que o fluxo ativa tanto a rede de proeminência quanto a rede de atenção executiva, enquanto desativa a de modo padrão. O problema é que o fluxo aumenta a criatividade, e a criatividade está associada ao aumento da atividade na rede de modo padrão. Em outras palavras, há mais trabalho a se fazer.

E mais trabalho foi feito.

Pesquisas adicionais, conduzidas pelo Flow Research Collective e pelo neurocientista de Stanford, Andrew Huberman, indica que a resposta de luta do cérebro, que envolve um circuito entre o tálamo e o córtex medial pré-frontal, envolve-se no limite frontal do estado de fluxo.[29] Também sabemos que qualquer outro aspecto de nosso sistema de medo fica desativado, enquanto quase todos os aspectos do sistema de recompensa produtor de dopamina ficam ativados. Além disso, graças à hipofrontalidade transitória, a rede que cria nosso senso de eu se desativa.

Esse quebra-cabeça, é claro, não termina aqui. Porém, mesmo que ainda não saibamos tudo, definitivamente sabemos o bastante para sermos perigosos — o que nos leva aos gatilhos do fluxo e à questão sobre como, exatamente, podemos obter mais fluxo em nossa vida.

Gatilhos do Fluxo

Nos anos 1970, quando Csikszentmihalyi estava começando a explorar o fluxo, ele descreveu que o estado tinha nove características principais em vez das seis apresentadas anteriormente. Essas três características extras eram *objetivos claros, feedback imediato* e o *equilíbrio entre desafios e habilidades*. Nos anos posteriores a esse trabalho, ficou claro que, enquanto essas característi-cas realmente surgiam sempre que o fluxo estava presente, havia um motivo diferente para isso. Em vez de serem características do estado, elas eram as causas dele, ou o que mais tarde Csikszentmihalyi definiu como "condições proximais para o fluxo" e o que atualmente chamamos de "gatilhos do fluxo".[1]

Desde então, identificamos 19 outros gatilhos do fluxo, com um total atual de 22.[2] Provavelmente existem mais, mas esse é o ponto mais distante a que as pesquisas nos trouxeram. Todos esses gatilhos funcionam impulsionando a atenção para o momento presente.[3] E eles fazem isso por meio de uma com-binação de três formas. Ou eles empurram norepinefrina e/ou dopamina em nosso sistema, que são substâncias neuroquímicas do foco, e/ou reduzem a carga cognitiva, que libera energia extra, a qual pode, então, ser redirecionada para a atenção.

Em *Super-humanos*, situei esses gatilhos em quatro categorias amplas: psicológicos, ambientais, sociais e criativos. Desde então, mudei os nomes de algumas dessas categorias para que refletissem com mais precisão suas funções e alterei, ainda, alguns gatilhos para categorias diferentes. Peço desculpas pela atualização, mas a ciência tem dessas coisas.

Já analisamos muitos desses gatilhos, mas agora expandiremos essas ideias e juntaremos as peças, criando um panorama geral prático e tático. A questão mais importante, no entanto, é esta: esses gatilhos são sua caixa de ferramentas. Se você deseja mais fluxo em sua vida, construa-a com base nesses gatilhos.

GATILHOS INTERNOS

Gatilhos internos são condições em seu ambiente interior e psicológico que criam mais fluxo. Nos anos 1970, Mihaly Csikszentmihalyi identificou os *objetivos claros*, *feedback imediato* e o *equilíbrio entre desafios e habilidades* como as três condições mais fundamentais. Ele também listou a *concentração total* como uma característica do fluxo — o que ela ainda é —, mas, desde então, ela foi acrescentada à lista de gatilhos (por motivos óbvios). Por sua vez, psicólogos que estudam a motivação intrínseca colocaram outros dois gatilhos na lista: *autonomia* e o trio *curiosidade-paixão-propósito*.

Começaremos pela autonomia.

AUTONOMIA

Autonomia é um gatilho do fluxo porque ela e a atenção são sistemas acoplados. Quando estamos encarregados de nossa mente (liberdade de pensamento) e nosso destino (liberdade de escolha), todo o nosso ser fica envolvido. Em seu artigo de 2014, "Attention and a Holistic Approach to Behavior" [Atenção e uma Abordagem Holística do Comportamento, em tradução livre], Csikszentmihalyi explica isso desta maneira:

Se a atenção é o meio pelo qual uma pessoa troca informações com o ambiente... então o foco voluntário da atenção é um estado de interação otimizada. Em um estado como esse, uma pessoa se sente totalmente viva e no controle, porque ele ou ela pode direcionar o fluxo da informação recíproca que une a pessoa e o ambiente em um sistema interativo. Sei que estou vivo, que sou alguém, que sou importante... A habilidade de focar a atenção é a maneira mais básica de reduzir a ansiedade ontológica, o medo da impotência, da não existência. Talvez seja esse o principal motivo por que o exercício da concentração, quando interpretado subjetivamente para ser livre, é uma experiência tão agradável.[4]

Esse trecho também nos dá um vislumbre dos mecanismos por trás do processo. A atenção, dependendo do que estamos focando, pode ser produzida tanto pela dopamina quanto pela norepinefrina. A sensação de se estar totalmente vivo é a empolgação e o prazer criados por essas substâncias químicas, e o senso de controle, por sua vez, provém de seu aumento pelo maquinário de processamento de informações do cérebro.

Simultaneamente, o que Csikszentmihalyi descreve como "ansiedade ontológica" é o medo que temos da morte e nosso desejo de que esta vida seja importante. É uma forma de carga cognitiva persistente, o que o psicólogo Ernest Becker chamou de "negação da morte".[5] Quando focamos a atenção no presente, tiramos a atenção dessas formas de ansiedade. Isso alivia a carga e nos permite redirecionar a energia extra para o foco.

Então de quanta autonomia realmente precisamos para ativar esse gatilho?

Analisamos essa questão anteriormente, ao decompor as diferentes abordagens feitas pelo Google, pela 3M e a Patagonia. Vimos que dedicar de 15% a 20% do tempo é mais do que suficiente, ao passo que as exigências mínimas para a autonomia são quatro: dormir o suficiente à noite; fazer exercícios com regularidade; conseguir trabalhar durante períodos de alerta máximo e sair em busca de fluxo quando necessário.

Na verdade, quando se está em busca de uma vida de fluxo elevado, esse é um dos melhores lugares por onde começar. Mas essa ideia foi abordada anteriormente. Neste capítulo, quero adicionar um componente extra: a arte de dizer não.

Pessoas de desempenho máximo dispensam rotineiramente oportunidades, mesmo que sejam fantásticas, se estas reduzem a autonomia. Em geral, isso envolve dinheiro. Escritores, por exemplo, têm sérias dificuldades para pagar as próprias contas. Sites, revistas e jornais às vezes oferecem a esses mesmos escritores a oportunidade para resolver o problema, ao se tornarem editores e receberem um salário fixo. A segurança e a estabilidade são tentadoras. O prestígio também. Porém, qual é a principal diferença entre escritores de sucesso e escritores que não conseguiram alcançá-lo? Os de sucesso dizem não à tentação. Os outros dizem sim, perdem a capacidade de controlar os próprios horários, de escrever com regularidade e agora são... editores.

Há situações parecidas em praticamente qualquer profissão. Se você está verdadeiramente interessado em feitos elevados consistentes, precisa aprender que a arte do não é tecida por meio da arte do impossível. Por quê? Porque a arte do fluxo demanda a arte da autonomia.

CURIOSIDADE-PAIXÃO-PROPÓSITO

Quando John Hagel, o cofundador da Deloitte's Center for the Edge, fez um estudo global sobre as pessoas que tinham o melhor desempenho do mundo, ele descobriu, de forma consistente, que "pessoas e equipes que vão mais rápido e mais longe eram aquelas que acessavam constantemente a paixão e descobriam o fluxo".[6] Por quê? Porque a curiosidade, a paixão e o propósito são gatilhos do fluxo — um trio de motivadores intrínsecos que ajudam a prover o foco gratuitamente.

E *trio* é a palavra-chave. Quando os três motivadores estão perfeitamente empilhados — sobretudo quando o propósito está incluído —, o poder deles cresce consideravelmente. Em termos neurobiológicos, por conta própria, cada um desses motivadores tem potencial para estimular dopamina e norepinefrina em nosso sistema. Empilhados um em cima do outro, seu pico de substâncias neuroquímicas combinadas geralmente é potente o bastante para estreitar o foco e começar a mudar a consciência rumo ao fluxo.

De maneira mais crítica, a paixão é uma experiência muito egoísta. O propósito corrige o problema. A paixão produz foco direcionado para o ego, em que, muitas vezes, questões de orgulho e identidade estão envolvidas. Por que isso é importante? Quando o ego está envolvido, o córtex pré-frontal se ativa. Isso torna quase impossível atingir a hipofrontalidade transitória. Mas o propósito muda nossa ótica, colocando a atenção para fora de nós mesmos, na tarefa atual. Quando estamos focados em algo exterior a nós, é muito mais fácil sair de dentro da mente em direção à zona.

CONCENTRAÇÃO TOTAL

O fluxo é consequência do foco. Esse estado só aparece quando toda a nossa atenção está centrada no momento presente, direcionada firmemente à tarefa atual. Isso ajuda a manter o ego fora de cena e o córtex pré-frontal desativado. Quando direcionado e carregado, o foco específico para tarefas torna-se o portal para a combinação de ação e percepção, e a ativação altera para o processamento automatizado. Agora, o cérebro consegue transferir as responsabilidades de gestão do consciente para o consciente, enquanto o ego, que destrói o fluxo, fica fora de cena.

Isso faz com que a concentração total seja mais do que um gatilho do fluxo; ela também rompe contratos com o fluxo. Sempre que trabalho com organizações, a primeiríssima coisa que digo às pessoas é que, se elas não podem pendurar uma placa em sua porta com a frase "caia fora, estou no fluxo", então não podem fazer esse trabalho. Isso significa zero distrações. Nada de multitarefas. E-mail e celulares desligados, o streaming de vídeo está pausado e as mídias sociais são deixadas de lado.

Por quanto tempo?

Pesquisas mostram que um período de 90 a 120 minutos de concentração ininterrupta é o ideal para maximizar o foco e, consequentemente, o fluxo.[7] Se a tarefa presente exige uma criatividade considerável, os "blocos de quatro horas" sugeridos por Tim Ferriss muitas vezes são necessários. Além disso, uma vez que a autonomia e a atenção são sistemas acoplados, garanta que a tarefa atual, a que está prestes a reivindicar de 90 a 120 minutos de seu tempo, seja exatamente aquela a que você deseja dedicá-lo.

Se não for, procure uma motivação melhor. Encontre algo na tarefa que se alinhe com sua curiosidade, sua paixão e seu propósito. Encontre algo nela que o ajude a progredir em sua arte e caminhar rumo ao conhecimento profundo. É uma forma de reenquadramento cognitivo que pode aumentar consideravelmente o fluxo.

Por último, converse antecipadamente com as pessoas. Blocos extensos de concentração ininterrupta podem ser difíceis de conseguir no mundo atual. Diga a seus chefes, colegas de trabalho, cônjuge e filhos o que exatamente você está fazendo e por quê. O que no início pode parecer perda de tempo acaba se tornando um poupa-tempo no fim. Uma vez que o aumento na produtividade e no desempenho que o fluxo produz começa a surgir com regularidade, você conseguirá fazer muito mais coisas em muito menos tempo e ter mais de si para oferecer a seus chefes, colegas de trabalho, cônjuge e filhos.

OBJETIVOS CLAROS

Objetivos claros nos dizem em que e quando colocar nossa atenção. Se nossos objetivos são claros, o cérebro não precisa se preocupar com o que fazer ou o que fazer em seguida — ele já sabe. Portanto, o foco se estreita, a motivação aumenta e as informações externas são filtradas. Isso reduz a carga cognitiva e libera energia extra, que pode, então, ser redirecionada para a atenção. A ação e a percepção podem começar a se misturar, e somos atraídos com uma profundidade ainda maior para o agora. E no agora não há passado ou futuro, e há muito menos espaço para o ego — os intrusos irritantes que mais tendem a nos puxar para o depois.

Isso também nos diz uma coisa importante sobre a ênfase. Ao pensar em "objetivos claros", a maioria de nós tende a pular o adjetivo "claros" e passar direto para o substantivo "objetivos". Quando nos dizem para definir objetivos claros, imediatamente nos visualizamos no pódio olímpico, no palco do Oscar ou na lista dos 500 da *Fortune*, dizendo: "Tenho sonhado com este momento desde os 15 anos."

Acreditamos que essa seja a questão.

GATILHOS DO FLUXO

Mas esses momentos de pódio podem nos afastar do presente. Mesmo que o sucesso esteja a segundos de distância, ele ainda é um acontecimento futuro sujeito a esperanças, medos e todos os tipos de distrações que destroem o agora. Pense na longa lista de vacilos esportivos: o lançamento perdido no último segundo das finais da NBA; a tacada errante que encerra o Augusta Masters. Em momentos como esses, a seriedade do objetivo tirou os participantes do agora quando, ironicamente, o agora era tudo de que precisavam para vencer.

Se gerar mais fluxo é a meta, a ênfase cai no "claro", e não em "objetivos." A clareza nos dá certeza. Sabemos o que fazer e onde focar nossa atenção ao executá-los. Quando os objetivos são claros, a metacognição é substituída pela cognição do momento, e o ego fica fora de cena.[8]

Se você deseja aplicar essa ideia na vida diária, separe as tarefas em porções pequenas e defina os objetivos de acordo com elas. Tenha como meta o ponto ideal entre os desafios e as habilidades. Para um escritor, por exemplo, é melhor tentar escrever três parágrafos grandes do que um único capítulo grande. Pense em desafios factíveis — apenas estímulos suficientes para desviar a atenção para o agora, mas não muito estresse a ponto de fazê-lo recuar novamente.

É claro que os melhores objetivos claros são aqueles que se alinham com seu propósito maciçamente transformador, com os objetivos elevados e árduos e todos os motivadores intrínsecos — curiosidade, paixão, propósito, autonomia, conhecimento profundo, medo, e assim por diante. Trocando em miúdos, é muito difícil parar as pessoas que conseguem alinhar essa pilha tão bem.

FEEDBACK IMEDIATO

Feedback imediato é outro atalho para o agora.[9] A expressão se refere a uma ligação direta e de momento entre causa e efeito. Como mecanismo de foco, o feedback imediato é uma extensão dos objetivos claros. Estes últimos nos dizem o que estamos fazendo; o feedback imediato nos diz como fazer melhor.

Se sabemos como aprimorar o desempenho em tempo real, a mente não sai em busca de dicas para esse aprimoramento. Continuamos presentes e totalmente focados, e muito mais propensos a entrar no fluxo.

A ARTE DO IMPOSSÍVEL

Implementar esse gatilho em nossa vida é bastante direto: estreite os ciclos de feedback. Coloque os mecanismos no lugar, para que a atenção não precise divagar. Peça mais opiniões. Quanto? Bem, esqueça revisões trimestrais. Considere revisões diárias. Estudos revelaram que, em profissões com ciclos de feedback menos diretos — análise de ações, psiquiatria, medicina —, mesmo os melhores pioram com o tempo. Cirurgiões, ao contrário, são a única área da medicina que melhoram quanto mais longe ficam da faculdade de medicina. Por quê? Confunda as coisas na mesa de cirurgia e a pessoa morre. Isso é feedback imediato.[10]

Igualmente importante: defina o tipo exato de feedback de que você precisa. Essa é uma preferência individual. Algumas pessoas gostam do "up" do reforço positivo; outras preferem as verdades duras do feedback negativo. Alguns gostam que ele seja escrito; outras querem ouvi-lo em voz alta. Um jeito fácil de definir qual funciona melhor para você é pela análise retrospectiva. Reveja suas últimas três experiências de fluxo profundo. Que tipo de feedback você recebeu? Com que frequência? Então, leve isso adiante. Nas semanas seguintes, quando o fluxo surgir, interrogue sua chegada.

Além disso, não exagere.

Meu conselho: defina seu "feedback mínimo para o fluxo", ou FMF.

Como escritor, gosto de saber três coisas sobre meu trabalho: Ele é chato? É confuso? Ou é arrogante? Esses são os três erros mais comuns que cometo; então, se eu tiver esse feedback, sei como direcionar. É o feedback mínimo de que preciso para o fluxo.

Para obter essa informação, trabalho com um editor, alguém de minha equipe que lê tudo o que escrevo poucos dias depois de eu ter escrito. Mas isso vale para mim. Se não quiser contratar alguém para essa tarefa, encontre um amigo de feedback. O importante, aqui, é ficarmos focados. Amigos de feedback não dizem tudo o que está dando certo ou errado na vida. Trata-se de uma análise bastante direta — o suficiente para passar, não o bastante para sobrecarregar. Se você consegue dizer a seu amigo de feedback exatamente quais informações está buscando — seu FMF —, muitas vezes consegue deixar opiniões subjetivas fora do processo.

GATILHOS DO FLUXO

Para ser honesto, definir seu FMF não é algo que acontecerá de uma hora para outra. Nem treinar um amigo de feedback. Mas, se você tem interesse em uma vida de fluxo elevado, essa é apenas mais uma aventura pela qual terá de passar. A menos, é claro, que você seja fã de mediocridade.

O EQUILÍBRIO ENTRE DESAFIOS E HABILIDADES

O equilíbrio entre desafios e habilidades é o gatilho mais importante do fluxo, e vale a pena rever por quê. O fluxo exige um foco direcionado para tarefas. Prestamos boa parte da atenção à tarefa atual quando o desafio dela é ligeiramente maior do que nosso conjunto de habilidades. Se o desafio é grande demais, o medo inunda o sistema. Se é fácil demais, paramos de prestar atenção. O fluxo aparece próximo ao caminho do meio emocional (mas não nele) entre o tédio e a ansiedade, no que os cientistas chamam de "canal do fluxo". É o ponto em que a tarefa é difícil o bastante para nos esticar, mas não a ponto de nos arrebentar.

Esse ponto ideal mantém a atenção direcionada para o presente. Quando o desafio está firmemente dentro dos limites de habilidades conhecidas — ou seja, já fiz isso antes e tenho quase certeza de que posso fazer novamente — o resultado é predeterminado. Estamos interessados, não arraigados. Porém, quando não sabemos o que acontecerá em seguida, prestamos mais atenção a isso. A incerteza impulsiona nossa viagem de foguete para o agora.

No entanto, há obstáculos.

Muitos, na verdade. Houve um longo debate sobre o sentido de "desafio" e de "habilidades". Pesquisadores têm tocado nesse assunto com frequência. Sete fatores surgem de maneira constante, muitos dos quais serão familiares. A lista completa é esta: confiança, otimismo, estado de espírito, habilidades reais, tolerância à ansiedade, capacidade de postergar a gratificação, valores sociais.[11]

Vale a pena analisar alguns com mais detalhes. Confiança e otimismo, por exemplo, parecem óbvios. Quanto mais confiantes e otimistas somos em nossas habilidades, mais fácil o desafio deve *parecer*. Entretanto, não estamos falando de uma medida real de habilidades, mas, sim, de nossa atitude em relação a elas. Pode-se presumir que, para ativar o fluxo, atitudes importam menos do que habilidades reais, mas nem sempre é esse o caso. Entre atletas de elite, por exemplo, estudos revelam que a maneira como eles se sentem em relação ao que estão fazendo é tão importante quanto a habilidade que trazem à tona para fazê-lo.

Valores sociais também são complicados. Muitos pensadores antigos de alto desempenho, inclusive Friedrich Nietzsche, William James e Sigmund Freud, acreditavam que a família e a cultura tinham um peso excessivo. Ignorar limitações sociais, argumentavam, era o primeiro passo necessário em qualquer caminho rumo à autorrealização. Sem dúvida, nos anos seguintes, as forças da modernização, da globalização e do progresso social afrouxaram esses grilhões. No entanto, essas barreiras continuam existindo, e pessoas de desempenho máximo devem continuar negociando esse desafio.

Por fim, em *Super-humanos*, para maximizar esse gatilho, falei sobre o número mágico dos 4%. Isso significa que prestamos mais atenção à tarefa em mãos quando o desafio dela é 4% maior do que nosso conjunto de habilidades. Também sinalizei que esse número era mais uma metáfora do que uma medida real. Contudo, nos anos posteriores ao lançamento desse livro, essa metáfora tem produzido resultados constantemente positivos para milhares de pessoas.

Eis por que os 4% são traiçoeiros.

Se o desafio é 4% maior do que suas habilidades, isso é o bastante para tirá-lo de sua zona de conforto. É problemático para os tímidos, os medrosos e os avessos a riscos. Os 4% estão do lado enervante da equação. É por isso que a tolerância à ansiedade é um componente crucial do local ideal da relação entre desafios e habilidades. Quando está corretamente conectado, você está fora de sua zona de conforto, portanto aprender a se sentir confortável no desconforto é obrigatório.

Para os agressivos, pessoas de personalidade tipo A, descobrimos o oposto. Os 4% são pequenos demais para serem importantes. Superdotados em busca de adrenalina enfrentarão desafios 20%, 30% e até 40% maiores do que suas habilidades, simplesmente pela emoção do processo. Mas, ao fixarmos a visão nessas montanhas elevadas, estamos nos privando do estado de que necessitamos para subi-las.

GATILHOS DO FLUXO

Isso não significa deixar de definir objetivos elevados e árduos. Basta dividi-los em etapas factíveis que possam se tornar objetivos claros. O que é um objetivo claro perfeito? Aquele em que o desafio é 4% maior do que suas habilidades.

Por exemplo, quando estou escrevendo um livro, enfrento a questão com minha contagem de palavras diárias. No início, antes de saber o que estou fazendo, meu objetivo é escrever quinhentas palavras por dia. No meio, quando tenho um melhor senso de direção, a quantidade sobe para 750 palavras por dia. Quando estou terminando, meu alvo é 1.000. Em outras palavras, mesmo que o ponto ideal entre desafios e habilidades possa ser um alvo móvel, 4% é a maneira como miro nele.

Para aplicar isso em sua vida, basta pensar nas tarefas mais importantes que você encara em um dia e se perguntar se está sobrecarregado ou subestimado. O desafio é grande demais? Pensar nele gera ansiedade em excesso? Se for esse o caso, divida-o em tarefas menores e alivie o fardo. Se é o oposto e você acha que os desafios à frente não têm muito estímulo, deixe-os mais difíceis. Exija mais excelência de si mesmo. De qualquer modo, ajuste as tarefas que você faz em um dia, para que cada uma delas incida sobre o ponto ideal entre desafios e habilidades.

GATILHOS EXTERNOS

Gatilhos externos são gatilhos ambientais ou características do mundo que nos cerca que nos impulsionam mais a fundo no fluxo. Existem quatro no total, embora todos tendam a funcionar da mesma maneira, estimulando dopamina e norepinefrina em nosso sistema, aumentando o foco e empurrando-nos para a zona.

GRANDES CONSEQUÊNCIAS

Grandes consequências são as ameaças que nos espreitam no ambiente que nos cerca.[12] Pode ser um CEO entrando em uma sala de reuniões, um soldado se esgueirando por trás das linhas inimigas ou um surfista remando no oceano. Em todos os casos, o perigo é uma característica embutida na experiência.

E o perigo ajuda nossa causa.

O perigo aumenta a quantidade de norepinefrina e dopamina em nosso sistema. Na verdade, a ideia geral de "onda de adrenalina" é imprópria. Muito poucas pessoas realmente gostam da sensação de adrenalina. Mas praticamente todos nós ficaremos na fila por dopamina e norepinefrina.

Também é válido distinguir as *grandes consequências* do aumento do risco necessário para manter o *equilíbrio entre desafios e habilidades*. No lado desafios/habilidades da moeda, o risco está mais relacionado a uma abordagem interna à tarefa em mãos do que a uma característica externa encontrada no ambiente. Como escritor, se estou sendo excepcionalmente vulnerável e verdadeiro em uma obra em prosa, estou um pouco fora da zona de conforto e aplicando o equilíbrio entre desafios e habilidades da maneira correta. Se decido carregar meu laptop até o pico de uma montanha alta e escrever empoleirado na beira de um penhasco, isso seria um ambiente de grande consequência. É claro que também é possível reunir esses gatilhos — ou seja, um esquiador em uma encosta íngreme de verdade (um ambiente de grande consequência), tentando saltar de um penhasco (um modo de ampliar o equilíbrio entre desafios e habilidades), ou um gerente de nível médio que decide lançar uma ideia nova (mudança no equilíbrio habilidades-desafios) em uma reunião com toda a empresa (um ambiente de grande consequência).

É importante salientar que o gatilho de grande consequência não precisa de riscos físicos. Você pode se colocar em ambientes sociais, criativos ou intelectuais mais arriscados. Pergunte a qualquer médico em treinamento: a faculdade de medicina é um ambiente intelectual de grande consequência.

Riscos sociais são um gatilho fantástico para o fluxo. O cérebro processa o perigo social com as mesmas estruturas com que processa o perigo físico, e por motivos evolutivos sólidos. Até pouco tempo atrás, fazer parte de uma

GATILHOS DO FLUXO

comunidade é o que nos mantinha vivos. Volte 300 anos, irrite seus vizinhos e acabe banido ou exilado — essa era uma pena capital. Ninguém sobrevivia sozinho. Portanto, o cérebro trata o perigo social como um perigo mortal — porque, até pouco tempo atrás, era exatamente isso que ele era.

Esses fatos também nos dizem algo a respeito das empresas do Vale do Silício e seu lema sobre o "fracasso rápido". Esse lema gera um ambiente propício para as consequências, o que o torna um ambiente de fluxo elevado. Se os funcionários não têm espaço para fracassar, então não têm capacidade para assumir riscos. No Facebook, há uma placa pendurada na escada principal onde se lê: mova-se rápido, quebre coisas. Esse tipo de atitude é crucial para qualquer inovação cultural. Se você não está incentivando o risco, está negando acesso ao fluxo, que é a única maneira de continuar impulsionando a inovação.

Como explicou Ned Hallowell, psiquiatra de Harvard, em *Super-humanos*: "Para atingir o fluxo, é preciso estar disposto a correr riscos. O apaixonado deve despir sua alma e assumir o risco da rejeição e da humilhação para adentrar esse estado. O atleta deve estar disposto a correr o risco de se machucar, e até de perder a vida, para entrar nesse estado. O artista precisa estar disposto a ser desprezado e preterido pelos críticos e ainda seguir em frente. E a pessoas comuns — você e eu — precisam estar dispostas a fracassar, parecer tolas e quebrar a cara se quiserem entrar nesse estado."[13]

AMBIENTE RICO

O próximo gatilho do fluxo é o *ambiente rico*. Esse é um combo de três gatilhos distintos: *novidade, imprevisibilidade* e *complexidade*. Os três lançam dopamina em nossos sistemas e, consequentemente, captam e prendem a atenção de modo bastante semelhante ao risco.[14] Abordaremos um de cada vez.

Novidade é uma das experiências favoritas do cérebro. Como já aprendemos, na verdade, existe uma rede inteira — a rede de proeminência — voltada para sua detecção. De uma perspectiva evolucionista, isso faz muito sentido. A novidade poderia mostrar que ou há perigo, ou oportunidades à espreita em nosso ambiente. Já que ambos são fundamentais para a sobrevivência, o cérebro prioriza a informação.

Imprevisibilidade significa que não sabemos o que acontece em seguida. Assim, prestamos atenção extra ao depois. Um trabalho realizado por Robert Sapolsky em Stanford revela que o pico de dopamina produzido pela imprevisibilidade, sobretudo quando acoplada à novidade, é muito próximo em quantidade ao pico produzido por substâncias como cocaína. É um aumento de quase 700% em dopamina, o que leva a um acréscimo enorme no foco e tende a nos conduzir diretamente para o fluxo.

Complexidade surge quando forçamos o cérebro a expandir sua capacidade perceptiva, por exemplo, quando estamos na beira do Grand Canyon e contemplamos a questão das eras geológicas, ou quando olhamos para o céu à noite e percebemos que muitos dos pontos únicos de luz são, na verdade, galáxias. Essa é a experiência da admiração, quando ficamos tão sugados pela beleza e pela magnitude do que estamos contemplando que o tempo desacelera e o instante se estende para o infinito. Esse é um processo impulsionado pela dopamina, o que também o torna o limite frontal de um estado de fluxo.

Como empregar esses gatilhos na própria vida? Basta aumentar a quantidade de novidade, complexidade e imprevisibilidade em seu ambiente.

Foi exatamente o que Steve Jobs fez ao projetar os escritórios da Pixar. Jobs construiu um grande átrio no centro do edifício. Então, ele colocou as caixas de correio, a cafeteria, as salas de reunião e, o mais notório, os únicos banheiros do lugar bem ao lado desse átrio. Isso forçou os funcionários de toda a empresa a se esbarrarem aleatoriamente, o que aumentou imensamente a novidade, a complexidade e a imprevisibilidade. O resultado foi mais fluxo, maior criatividade e todos aqueles Oscars.

Mas, novamente, não é preciso ir tão longe assim.

Um passeio em meio à natureza resolverá o problema. Ambientes naturais têm grandes concentrações de novidade, complexidade e imprevisibilidade. Isso estimula as substâncias neuroquímicas do prazer em nosso sistema, o que também explica por que uma caminhada de 20 minutos no meio do mato supera a maioria dos antidepressivos no mercado.

Também podemos ativar esses gatilhos por meio da leitura ou ao decidir trabalhar em um café longe de casa, ou ambas as coisas. Sempre que estou tentando aprender um tema novo, por exemplo, carrego meus livros pelas ruas. A novidade, a complexidade e a imprevisibilidade no ambiente novo estimulam o fluxo, e o fluxo faz com que seja muito mais fácil aprender esse tema.

CORPORIFICAÇÃO PROFUNDA

No limiar entre um gatilho interno e um externo está a *corporificação profunda*.[15] A corporificação profunda é um tipo de autoconsciência física expandida. Significa que prestamos uma atenção enorme à tarefa atual quando diversos sentidos estão envolvidos nessa tarefa.

Se você está apenas observando uma cena se desenrolar, esse é um nível de envolvimento. Porém, se está, de fato, participando desse desenrolar, então o envolvimento é muito maior. Esse é um dos motivos principais pelos quais atletas obtêm tanto êxito em entrar no estado de fluxo. Esportes exigem consciência corporal — a integração com o ambiente. Mas não são apenas atletas que podem ativar esse gatilho, e esse é o ponto mais importante.

Alguns anos atrás, Csikszentmihalyi e um pesquisador da área de educação da Universidade de Utah chamado Kevin Rathunde saíram à procura de ambientes educacionais de fluxo elevado. O que eles descobriram? A educação Montessoriana.[16]

O método Montessori enfatiza tanto a motivação intrínseca quanto o aprendizado por meio da prática. De fato, por este último motivo, frequentemente ele é chamado de "educação corporificada". Não se limite a ler sobre cultivo orgânico — saia e plante uma horta. Plantar envolve múltiplos sistemas sensoriais ao mesmo tempo — visão, som, toque, cheiro —, dirigindo, assim, a atenção para o agora e, consequentemente, estimulando o fluxo. O reforço que o estado produz no aprendizado é um dos motivos pelos quais crianças educadas pelo método Montessori tendem a superar outras em praticamente todos os testes imagináveis.

Mas a questão aqui é simples: mova-se. Aprenda fazendo. É o necessário para ativar esse gatilho. Sensos múltiplos exigem todo o nosso foco, e isso é mais do que suficiente para nos levar à zona.

GATILHOS CRIATIVOS

Criatividade

Se você observar mais de perto a criatividade, além do óbvio, verá duas coisas: o reconhecimento de padrões, a capacidade do cérebro de conectar ideias novas e o ato de correr riscos, a coragem de trazer essas ideias novas para o mundo. Ambas as experiências produzem dopamina, estimulando o foco e o fluxo.

Isso significa que, para quem deseja ter mais fluxo na vida, é preciso fazer três coisas de maneira consistente. Em primeiro lugar, precisamos carregar constantemente o sistema de reconhecimento de padrões com as matérias-primas de que ele necessita para encontrar conexões. É por isso que é preciso ler de 25 a 50 páginas por dia de um livro que esteja um pouco fora de sua área de especialidade.

Em segundo lugar, aprenda a pensar diferente. Em vez de lidar com problemas de perspectivas conhecidas, dê alguns passos para trás e para os lados, e com estilo. Saia de seu trajeto para expandir a imaginação. Aumente de maneira maciça a quantidade de novidades em sua vida. Ambientes e experiências novas, muitas vezes, são o início das conexões que se transformam em ideias novas.

A terceira coisa talvez seja a mais importante: faça da criatividade um valor e uma virtude. Sua vida deve se tornar sua arte. Ou, para ser mais específico, a arte do impossível exige a arte da vida.

Um dos motivos por que vimos uma explosão tão grande de fluxo no mundo dos esportes de ação e aventura foi essa espécie de mudança de prioridades. Até o movimento *"expression session"*, movimento Free Ride dos anos 1990, a excelência era basicamente julgada por métricas facilmente mensuráveis, como a velocidade. No esqui e no snowboarding, vence a pessoa que chega mais rápido na base da colina. Nos anos 1990, no entanto, o pessoal desistiu desses

GATILHOS DO FLUXO

tipos de competição em pistas de testes e, em vez disso, começou a valorizar a criatividade. A linha mais criativa era a medida real da excelência. O que importava era o estilo. A maneira como um ciclista interpretava o terreno era o fator mais relevante. Foi assim que a criatividade se tornou um valor central e uma virtude. O resultado foi um ímpeto de fluxo no impossível.

GATILHOS SOCIAIS

Anteriormente, aprendemos que o fluxo ocorre de duas formas: a individual e a grupal. Ainda que a maior parte deste livro tenha sido voltada para o lado individual da equação, aqui queremos passar algum tempo descobrindo como ativar a versão compartilhada e coletiva desse estado.

Um pouco de história vem a calhar.

O psicólogo Keith Sawyer foi o primeiro a identificar o fluxo grupal.[17] Sawyer, um músico de jazz de longa data, reparou que, quando a banda se reunia e a música corria solta, havia uma mudança fundamental na consciência. Era uma confusão mental que gerava um efeito do tipo o-todo-é-maior-do-que-a-soma-das-partes.

Sawyer saiu em busca dessa sensação durante a graduação na Universidade de Chicago, onde estudou sob orientação de Mihaly Csikszentmihalyi. Enquanto Csikszentmihalyi notara que grupos de pessoas pareciam mergulhar juntos no fluxo, ele presumiu que isso era o subproduto de vários indivíduos em fluxo, e não uma experiência compartilhada. Sawyer acreditava que havia mais coisas acontecendo.

Para descobrir o que era, ele levou a campo suas questões, investigando o fluxo em grupos de jazzistas que faziam improvisações, de comédia e trupes teatrais durante quase 15 anos. Boa parte desse trabalho foi realizada com a Second City Television, o grupo de comédia com sede em Chicago que serviu durante muito tempo como fomentador de programas como o *Saturday Night Live*. Sawyer gravou apresentações em vídeo e, então, desenvolveu uma técnica detalhada de análise quadro a quadro para revisar a filmagem. Ele estava em busca daqueles momentos marcantes em que o grupo se reunia e o nível da apresentação disparava. Em seguida, Sawyer trabalhou em retrospecto com base nesses momentos até as pré-condições que os geraram, descobrindo, por fim, que havia dez gatilhos para esse estado compartilhado.

Nos anos subsequentes a esse trabalho original de Sawyer, outros pesquisadores ampliaram e expandiram suas ideias. Posteriormente, o fluxo grupal foi subdividido em "fluxo social", ou o fluxo que surge em um contexto social, "fluxo interpessoal", ou o que duas pessoas conversando podem vivenciar, e "fluxo de equipe", que resulta de gatilhos inatos a dinâmicas de equipes.[18] Também foi realizado um trabalho considerável sobre a natureza dessa experiência de fluxo compartilhado e, ao menos de uma perspectiva psicológica, sobre o que poderia estar causando-a.

Entretanto, ainda existem lacunas significativas em nossa educação. Limitações tecnológicas foram um obstáculo para pesquisas aprofundadas sobre a neurobiologia do fluxo grupal, ou os gatilhos do fluxo grupal. Portanto, mesmo que percebamos alguns mecanismos semelhantes em funcionamento, ainda existem lacunas na ciência que têm a distância de uma viagem de ônibus.

Ainda assim, conforme você verá no panorama geral a seguir, definitivamente aprendemos o suficiente para sermos práticos e táticos.

CONCENTRAÇÃO TOTAL

Do mesmo modo que o fluxo individual exige concentração total, o fluxo grupal exige o mesmo. Pesquisas sugerem que deixar a equipe isolada do mundo é a melhor abordagem. Nada de mensagens instantâneas ou multitarefas. Nada de smartphones ou mídias sociais. É melhor deixar os e-mails para depois. Ou o grupo fica atento, ou não entra no fluxo.

OBJETIVOS CLAROS E COMPARTILHADOS

Para que o fluxo em grupo apareça, todos precisam seguir na mesma direção. Como isso acontece? Com objetivos claros e compartilhados. Lembre-se de que não precisa ser nada extravagante. O que importa é que o grupo sinta que está se movimentando em conjunto rumo aos mesmos objetivos (ou a objetivos complementares).

Uma coisa importante que Sawyer descobriu foi que, enquanto equipes de alto desempenho precisam de um objetivo compartilhado, o fluxo grupal se atrapalha se esse objetivo for exageradamente focado. Basicamente, o bom é uma meta suficiente para que a equipe reconheça quando estiver próxima do sucesso — e o progresso pode ser medido —, mas aberta o bastante para a criatividade poder aparecer.

Mais recentemente, outros pesquisadores apresentaram o conceito de "ambição coletiva" como uma variação desse gatilho. Aqui, a principal diferença é a dimensão do objetivo. Problemas que resolvemos hoje são objetivos claros e compartilhados. Problemas que o grupo se reúne para resolver logo de cara têm a ver com ambição coletiva.

Por fim, "objetivos pessoais alinhados" tornaram-se outra variação sobre o tema. Significa que, se você quer o fluxo grupal, quando a equipe vence, as pessoas que a compõem também têm que vencer. Se a equipe sabe que o líder acabará monopolizando os holofotes, ele está roubando dopamina do time — e pagando o preço em relação ao fluxo.

RISCO COMPARTILHADO

Risco compartilhado significa que todos os membros da equipe estão diretamente envolvidos. Sawyer descreve isso como o "potencial para fracassar" e argumenta que, sem o risco de todos caírem, não há chance alguma de ninguém voar. Isso também quer dizer que as pessoas realmente protegem umas às outras, dando espaço para que caiam e ajudando-as a se levantarem ao cair.

ESCUTA ATENTA

A escuta atenta ocorre quando a atenção está totalmente envolvida no aqui e agora. Em conversas, significa que você não está pensando em alguma coisa inteligente para dizer em seguida ou no sarcasmo afiado que veio por último. Ao contrário, essa escuta produz respostas não planejadas e em tempo real, conforme o diálogo se desenvolve. Há empatia e atenção envolvidas, e a parte que lhe cabe na conversa surge naturalmente dessa troca.

BOA COMUNICAÇÃO

Para o fluxo grupal surgir, deve haver um diálogo constante entre os membros da equipe. As informações são compartilhadas igualmente, assim como estratégias e orientações. Em um sentido bem real, *boa comunicação* é tão somente a versão em grupo do feedback imediato, um dos gatilhos mais importantes do fluxo individual. A verdadeira questão é que o feedback precisa guiar o comportamento coletivo do grupo e fornecer a informação necessária para maximizar o conjunto de habilidades individual de cada um dos membros desse grupo.

FUSÃO DE EGOS

Fusão de egos é uma versão coletiva da humildade. Quando os egos se fundem, ninguém monopoliza os holofotes, e todos estão integralmente envolvidos. Isso impede a ativação do córtex pré-frontal, permite uma fusão coletiva de ação e consciência e cria um senso compartilhado de identidade.

PARTICIPAÇÃO IGUALITÁRIA

A participação igualitária exige que todos tenham uma parte a fazer e que todos façam sua parte. E nossa parte é aquela que exige que utilizemos nossas habilidades ao máximo. Esse é outro motivo pelo qual a informação precisa circular livremente por toda a equipe. Sem isso, a participação não pode ser igualitária, e essa falha no equilíbrio de poder impede as pessoas de mergulharem no fluxo grupal, ou tira o grupo do estado compartilhado.

FAMILIARIDADE

Familiaridade significa que o grupo tem uma base de conhecimentos compartilhados, uma linguagem comum e um estilo de comunicação com base em compreensões não ditas. Isso quer dizer que todos estão sempre na mesma página e, quando surgem insights novos, o momento não é perdido com a necessidade de explicações demoradas.

A familiaridade também exige que se tenha experiência suficiente com os sinais e as tendências do outro e, quando o inesperado surge, a reação do grupo a esses acontecimentos não é, em si, inesperada. O objetivo é a imprevisibilidade previsível. Você sabe o que os membros da equipe farão quando as coisas ficarem difíceis, então se torna mais fácil permanecerem juntos.

SENSO DE CONTROLE

O senso de controle combina autonomia — ser livre para fazer o que quiser — e competência — ser bom no que se faz. Significa que você foi feito sob medida para a função que desempenha na equipe.

Para a equipe, isso também significa que você escolhe os próprios desafios e tem as habilidades que tornam possível cumpri-los. Quer dizer que o grupo não lhe delega um objetivo sem seu consentimento e, também, não limita (com exageros) a maneira como você quer lidar com ele.

Marisa Salanova, psicóloga da Universidade Jaime I, na Espanha, ampliou recentemente essa ideia ao descobrir que "crenças na eficácia coletiva" são um indicador frequente do fluxo grupal.[19] Seria possível pensar nas crenças em eficácias coletivas como uma extensão do senso de controle — em si, é a confiança da equipe. Uma equipe precisa acreditar que pode dar conta do trabalho; precisa ter um senso coletivo de controle para maximizar o fluxo.

SEMPRE DIGA SIM

Nosso último gatilho, *sempre diga sim*, talvez seja o mais importante. Significa que as interações devem ser mais aditivas do que argumentativas. Esse gatilho é baseado na primeira regra da improvisação na comédia. Se um roteiro abre com "Ei, tem um elefante azul no banheiro", então uma resposta "Não, não tem" não leva a cena a lugar nenhum. Mas, se a resposta é afirmativa — "Uau, espero que ele não esteja usando todo o papel higiênico" — bem... agora a história tomará um rumo interessante.

Ao dizer sim, você ajuda a outra pessoa, reduzindo a carga cognitiva dela e mantendo-a envolvida no momento. Essas afirmações de ideias impulsionam dopamina e oxitocina em nosso sistema, ampliando o reconhecimento de padrões e o conforto social, o que, por sua vez, traz à tona ideias novas e aumenta nossa disposição para compartilhá-las. É assim que construímos o momento coletivo.

Mas isso não significa que você tenha que concordar com todos o tempo todo. Na verdade, pesquisas revelam que essa é uma receita para o pensamento grupal, e não para o fluxo grupal. Em vez disso, é necessário simplesmente encontrar algo aí dentro para construir. Em uma sessão de *brainstorming*, é simples assim: "Bem, discordo de algumas coisas que a Sarah falou, mas a ideia dela sobre usar computação quântica para descobrir novas drogas é brilhante, e o motivo é este." Manter o resultado em movimento é a dinâmica final, uma vez que é o movimento exato que está sendo conduzido para o fluxo.

UM CONSELHO FINAL SOBRE GATILHOS

Um dos fatos mais consolidados sobre o fluxo é que esse estado é onipresente. Ele surge em qualquer lugar e em qualquer pessoa, contanto que se cumpram determinadas condições iniciais. Quais são elas? Esses 22 gatilhos — isso mesmo, simples assim.

Também há um motivo para isso.

Somos organismos biológicos, e a evolução é propositalmente conservadora. Quando uma adaptação particular funciona, essa funcionalidade básica se repete diversas vezes. O fluxo certamente funciona. Consequentemente, o cérebro é programado para a experiência. Todos somos projetados para o desempenho máximo. Portanto, todos somos suscetíveis aos gatilhos do fluxo, uma vez que esses elementos são as 22 coisas que a evolução julgou excepcionalmente fundamentais à sobrevivência, ou seja, são as 22 coisas a que o cérebro automaticamente presta atenção.

Para realmente cultivar o fluxo em sua vida, insira esses gatilhos em todas as facetas da existência. Corra riscos, busque novidades, restrinja circuitos de feedback, mantenha o sistema de reconhecimento de padrões repleto de informações, para que o gatilho da criatividade esteja sempre à mão, jogue o jogo do "sempre diga sim" em seus relacionamentos pessoais, pratique a fusão do ego em todas as conversas que tiver, e assim por diante.

O Ciclo do Fluxo

Costumávamos acreditar que o fluxo funcionava como um interruptor de luz, que podia ser ligado ou desligado. Ou você está na zona ou não está. Graças a uma pesquisa feita pelo cardiologista de Harvard, Herbert Benson, no entanto, agora sabemos que o fluxo é um ciclo de quatro etapas, e cada etapa é sustentada por mudanças diferentes e precisas na função cerebral.[1] É preciso passar por cada etapa do ciclo antes de entrar no próximo. Não é possível pular etapas, e é necessário completar um ciclo inteiro para entrar novamente no fluxo — é exatamente por isso que não se pode viver em estado de fluxo.

Entretanto, mesmo que não seja possível viver no fluxo, definitivamente é possível maximizar o tempo que se passa nesse estado. Compreender esse ciclo é um passo fundamental nessa direção. Esse conhecimento fornece um mapa do território. Se você sabe onde está agora, sabe o que fazer em seguida. Portanto, mesmo que não possa viver na zona, indubitavelmente pode acelerar sua passagem por todas as etapas do ciclo e aumentar de maneira significativa a quantidade de fluxo em sua vida.

Uma observação: mesmo que a sensação do fluxo seja incrível, isso é apenas um passo de um processo de quatro passos. E há um ou outro passo cuja sensação é bastante desagradável. De fato, conforme veremos, essa sensação desagradável faz parte da experiência. É uma necessidade biológica inevitável.

A boa notícia é que todas as habilidades que aprendemos neste livro dobra as tarefas desse ciclo, acelerando o progresso por meio dessas etapas traiçoeiras e difíceis, ajudando-nos a ampliar e maximizar as etapas positivas.

Vamos analisar com mais profundidade.

ETAPA UM: BATALHA

Um desempenho otimizado começa com uma frustração extrema. Mesmo que o fluxo seja uma alta incrível, ele pode começar por uma baixa enorme. Bem-vindo à *batalha* — a primeira etapa do ciclo do fluxo.

A batalha é uma fase de carregamento. Estamos carregando, depois sobrecarregando, o cérebro com informações. E é por isso que o córtex pré-frontal, que está desativado no fluxo, fica hiperativo na batalha. Nessa etapa, estamos aprendendo. Precisamos que a mente consciente adquira habilidades e informações. Porém, isso significa que o crítico interno, silencioso durante o fluxo, infelizmente pode estar falando alto durante a luta.

Então aperte o cinto.

Eis o porquê: o fluxo é elaborado ao redor do processamento automático, mas a automatização exige esforço. Você domina habilidades de forma lenta e consciente, antes que o cérebro possa executá-las sem falhas e de maneira inconsciente. O processo inconsciente e sem falhas é um dos motivos pelo qual o fluxo é fluido. Quando o cérebro sabe o que fazer, ele faz. Mas primeiro temos que aprender o que fazer, que é o que acontece na luta.

Para um escritor, batalha é quando você está dominando o assunto, conduzindo entrevistas, lendo materiais relevantes, fazendo esboços de capítulos, socando o chão porque os capítulos estão uma droga, diagramando possíveis estruturas de enredos nas paredes recém-pintadas do escritório com caneta marca-texto vermelha, porque é burro demais para guardá-las na porcaria da sua cabeça — ou talvez apenas eu seja assim.

Para um engenheiro, uma batalha significa delinear o problema, definir condições de contornos, projetar modelos matemáticos, pesar possíveis resultados e coisas do tipo.

Para um atleta, adquirir habilidades pode ser uma batalha. No futebol americano, é o caso de um *wide receiver* que aprende a correr rotas precisas, depois aprende a usar o corpo para bloquear os adversários e, mais tarde, a fazer uma captura com uma só mão durante a passagem da bola. O fluxo, por sua vez, é o que acontece quando todas essas habilidades automatizadas se juntam em um só momento de glória do tipo "a pegada do ano".

O CICLO DO FLUXO

Durante esse processo, coisas agradáveis são praticamente inevitáveis. A batalha tem a ver com o aprendizado, mas a memória de trabalho é um recurso limitado. Quando adquirimos três ou quatro informações novas, o espaço fica esgotado. Estamos encurralados. Tudo o que tentamos incutir posteriormente produz um sentimento de frustração. E, como o inconsciente adora ter muitas informações com as quais trabalhar, você realmente precisa se forçar até o limite da sobrecarga para maximizar o processo.

Na batalha, redescobrimos aquela lição permanente do desempenho máximo: nossas emoções não significam o que pensamos que significam. A etapa é frustrante propositalmente. Para a maioria das pessoas, a frustração é um sinal de que estão indo na direção errada, que é hora de parar, repensar e reagrupar. Porém, na batalha, a frustração é um sinal de que você está indo na direção correta. Assim a vida flui. Continue.

É por isso que este livro começa com a tríade motivacional do impulso, determinação e objetivos. É por isso que passamos tanto tempo no aprendizado e na criatividade. Sem essas habilidades, empacamos na batalha. E é esse o problema: o fluxo, na verdade, redime a batalha. É nossa recompensa por todo o trabalho árduo. O psicólogo Abraham Maslow — que chamava o fluxo por seu antigo nome, "experiências no auge" — explicou isso desta forma:

> A experiência no auge é sentida como um momento de autovalidação e autojustificativa... Ela é sentida como uma experiência altamente valiosa — inclusive, valiosa de uma forma única —, por vezes uma experiência tão incrível que a mera tentativa de justificá-la reduz sua dignidade e seu valor. Na realidade, muitas pessoas acham essa experiência tão fantástica e elevada que ela não apenas se justifica, como também justifica vivê-la. Experiências no auge podem fazer a vida valer a pena por ocorrerem eventualmente. Elas dão sentido à vida em si. Provam que viver vale a pena. Levando para o lado negativo, eu poderia supor que experiências no auge ajudam a evitar o suicídio.[2]

No entanto, se você não consegue lidar com a frustração da batalha, não pode ter acesso ao fluxo, e isso significa que não pode redimir o sofrimento da luta. Esse sofrimento dá as caras independentemente de a batalha durar milissegundos ou meses.

Em termos neurobiológicos, o fluxo surge momentos depois de nossos sentidos detectarem um aumento sério na relevância. Informações novas e cruciais estão sendo derramadas no cérebro. Se você não sabe como lidar com esse influxo, se está triste ou estressado, o resultado pode ser a frustração e a sobrecarga. Se a situação é perigosa, esse influxo de informações pode se tornar estresse traumático e impotência presumida. No entanto, se esse influxo chega e se você treinou para esse momento e automatizou as respostas, o cérebro decide "revidar".

Essa decisão é a parte da "luta" da expressão há muito tempo descrita como lutar ou fugir. A nomenclatura não é mais apropriada, uma vez que um trabalho realizado por Andrew Huberman, neurocientista de Stanford, revela que lutar e fugir são, na verdade, respostas diferentes produzidas por regiões distintas do cérebro.[3]

Na parte da luta, o sinal é gerado no centro do tálamo, a estação retransmissora do cérebro. Quando ativada, vivenciamos um paradoxo: a sensação que temos é de frustração, mas nós a adoramos. Seres humanos, autorizados a autoestimular qualquer região do cérebro, bombardearão esse local repetidas vezes. Por quê? Não porque gostamos de ficar frustrados, mas porque essa frustração em particular é tecida por meio de um sentimento que nunca recusamos: a coragem.

A batalha é uma conversa. Quando aquele influxo de informações surge, o cérebro faz uma pergunta: "Ei, isso que você está fazendo é muito mais difícil do que esperava. Você quer despender uma quantidade imensa de energia e revidar, ou quer recuar e procurar outras opções?"

O fluxo tem início com a decisão de revidar. A frustração se transforma em coragem ao respondermos à pergunta do cérebro. Dizemos: "Diabos, vou lutar, sim. É aqui que me defendo!"

O CICLO DO FLUXO

Esse é outro motivo pelo qual o hábito da ferocidade é tão crucial. Sem a habilidade de reagir instintivamente a qualquer desafio, na maior parte do tempo nos retrairemos. Se não automatizamos a "luta", tendemos a procurar outras opções.

Isso também é biologia. O cérebro é um devorador de energia. Ele usa 25% de nossa energia, mas contém menos de 2% de nossa massa corporal. Portanto, sua primeira prioridade é a eficiência. Sempre preserve calorias. Dessa forma, na maior parte das circunstâncias, o cérebro dá preferência à opção de fuga.

O fluxo começa quando dizemos "sim" à luta.

Observação prática final: quando estiver na batalha, use os gatilhos a seu favor. Nunca assuma a batalha fora do ponto ideal entre desafios e habilidades, sem objetivos claros ou estruturas a postos para fornecer um feedback imediato. Se ficar realmente travado, implemente a novidade, a complexidade e a imprevisibilidade — isto é, vá batalhar em um lugar novo e original. Certifique-se de que o sistema de reconhecimento de padrões esteja bem abastecido e de não bloquear a criatividade com o mau humor (se isso acontecer, aplique a gratidão, a atenção plena, os exercícios, o sono, e assim por diante, para reiniciar seu humor).

O único gatilho a ser evitado na batalha são as "grandes consequências". Sem dúvida, você precisa de perigo o suficiente para se manter no ponto ideal entre desafios e habilidades, mas tentar forçar a questão raramente dá certo — algo que todos os atletas de esporte de ação aprendem do jeito difícil. Em meu caso, lembro-me de dizer claramente a mim mesmo: "É só esquiar esse desfiladeiro que você ficará no fluxo pelo resto do dia." Bem, o que realmente aconteceu foi que eu passei o restante do dia no hospital e a madrugada toda em cirurgia e, quando tudo terminou, sim, eles conseguiram recolocar minha mão no punho, mas não houve fluxo nenhum ao longo do caminho.

Você deve assumir riscos quando estiver no fluxo, como uma maneira de aprofundar esse estado. Via de regra, riscos não são uma forma de adentrar o estado, a menos, é claro, que você também queira ir parar no hospital.

241

ETAPA DOIS: LIBERAÇÃO

A segunda etapa do ciclo é a fase de *liberação*.

Durante a batalha, o córtex pré-frontal fica hiperativo. Ele está trabalhando com afinco para resolver um problema. Na liberação, queremos relaxar e esquecer. O objetivo é afastar a mente do problema. Isso nos permite passar a responsabilidade de processar as informações do consciente para o inconsciente. A atenção executiva se desconecta, e a rede de modo padrão assume seu lugar. A liberação é um período de incubação. Ela permite que o sistema de reconhecimento de padrões do cérebro rumine o problema durante um tempo, enquanto você faz outras coisas.

Que outras coisas?

Para a liberação, pesquisas mostram que atividades físicas leves funcionam melhor. Faça uma viagem longa de carro. Construa aeromodelos. Trabalhe no jardim. Toque violão. Gosto de desenhar, fazer trilhas ou ler. Sabe-se que Albert Einstein gostava de andar de barco no meio do lago Genebra. Infelizmente, Einstein não sabia nadar e não era lá um bom marinheiro.[4] Como a região é propensa a tempestades inesperadas, com frequência ele era resgatado do meio desse lago. Entretanto, a liberação de navegar era tão importante para seu processo de trabalho que ele escolhia correr o risco de se afogar em vez de desistir.

Além disso, use a etapa de liberação como um momento para utilizar o método MacGyver. Programe sua etapa de liberação tanto para afastar a mente do problema quanto para ajudá-la a resolver esse problema. Isso também dá aos durões — aqueles que nunca querem parar de trabalhar — um motivo para uma pausa. Com esse método, você descobre que, ao retomar a tarefa, estará muito mais longe do que estava antes de parar.

Três lembretes.

Primeiro, não se esgote durante a liberação. A etapa exige que, por ora, você afaste sua mente do problema, mas será necessário energia para mergulhar novamente nela mais tarde. Se ficar esgotado — com exercícios pesados, por exemplo —, você precisará comer e dormir antes de recomeçar.

Segundo, ver TV não dará certo. A liberação necessita de ondas cerebrais na faixa alfa, mas os cortes rápidos do televisor ficam nos puxando de volta para a beta.

O CICLO DO FLUXO

Terceiro, nem todas as batalhas são as mesmas. Quando envolvidos em uma etapa longa de batalha — como tentar escrever um livro, abrir uma empresa ou aprender detalhes sobre a teoria das probabilidades —, fazer uma atividade de liberação depois de uma sessão pauleira de trabalho faz sentido. Porém, em situações em que a batalha chega em um instante — quando você sai para um passeio de mountain bike e, de repente, a trilha fica íngreme e perigosa —, como mudar da batalha para a liberação?

Mesmo processo em menor tempo. Você precisa ativar a resposta de luta para entrar no fluxo, portanto mude para o modo de ataque. Despenda esforço. Estimule o desejo do cérebro de conservar energia.

Depois, imediatamente, relaxe.

"Confie em seu treinamento", como dizem os fuzileiros navais dos EUA. Mergulhe de cabeça no problema; em seguida, acredite na capacidade do cérebro de descobrir e executar a solução perfeita. Foi por isso que você entrou na batalha, para automatizar esses planos de ação. Agora, saia do caminho. Essa é a verdadeira liberação na etapa de liberação — você está liberando a mente consciente para que a inconsciente assuma.

Uma observação final prática: a corporificação profunda é o gatilho a se atingir durante a liberação. Esse é o verdadeiro significado de uma atividade física leve. Também é por isso que Zlotoff e tantas outras pessoas têm insights durante o banho. Você chega em casa sem ter conseguido resolver um problema no trabalho, toma um banho para se livrar do peso, e a combinação relaxante da água batendo no corpo e a própria mão movendo o sabonete é o bastante para ativar esse gatilho e levá-lo à liberação e ao fluxo.

ETAPA TRÊS: FLUXO

Chegamos, finalmente, à terceira etapa do fluxo — o estado de fluxo em si.

Por já conhecermos a sensação do fluxo, focaremos maneiras de maximizar nosso tempo nesse estado.

Vamos começar com a preservação do fluxo.

A ARTE DO IMPOSSÍVEL

Uma vez na zona, a melhor forma de permanecer nela é evitar os quatro temíveis "bloqueadores de fluxo", ou as maneiras mais rápidas de ser excluído da zona.[5]

Distração: As interrupções são o motivo principal pelo qual as pessoas saem do fluxo. E, uma vez fora, é difícil voltar. Em estudos feitos com programadores de computador, pesquisadores descobriram que, quando fora da zona, leva-se no mínimo 15 minutos para voltar — se é que você consegue voltar.

Esse é outro motivo para praticar o gerenciamento das distrações e pelo qual se deve desligar tudo o que possa interromper o foco — e, consequentemente, o fluxo — na noite anterior. Sério, para que se arriscar?

Pensamento Negativo: Lembra por que o bom humor é tão crucial para a criatividade? Porque ele permite ao córtex cingulado anterior buscar associações remotas entre ideias. O fluxo é um estado altamente criativo, em que o cérebro está à caça dessas associações. No instante em que se começa a ter pensamentos negativos, perde-se essa habilidade. Pior: isso reativa o córtex pré-frontal, religando o crítico interno e nocauteando todo o processo.

Estímulos Não Otimizados: Esse é outro motivo pelo qual treinamos a motivação. Se você não tem energia para lutar, não consegue entrar no fluxo. Mas as mesmas coisas se aplicam quando se está no fluxo. Se você não tem energia para manter essa luta, sucumbirá ao cansaço e não conseguirá jogar na zona por muito tempo. É por isso, também, que a nutrição, a recuperação ativa, a higiene do sono e os exercícios regulares são importantes. Eles lhe dão as melhores chances de estímulos otimizados em qualquer situação.

Falta de Preparo: Pode ser preparo físico ou mental. Em ambos os casos, se você não automatizou habilidades e as capacidades-chave, não é possível entrar no fluxo.

Enquanto isso, uma vez no fluxo, se o nível de desafios aumenta — muitas vezes, por motivos além de nosso controle —, você precisará das habilidades para dar conta desses novos desafios. Minha sugestão: ao aprender alguma coisa, cerque o problema. Analise-o de todos os ângulos, para que não haja nenhuma ligação frágil em seu jogo. Resumindo, domine o conhecimento profundo.

O CICLO DO FLUXO

Próximo passo: dê vazão à ampliação.

O que é melhor do que o fluxo? Mais fluxo. Experiências que duram. Estados mais profundos de fluxo. Qual é o segredo? Viver melhor por meio da neuroquímica.

Basicamente, se você está no fluxo, a maneira de transformar um estado de microfluxo em um estado de macrofluxo é por meio da dopamina e da norepinefrina. Os gatilhos do fluxo são a forma como isso acontece. Se você está no fluxo e quer permanecer mais tempo ou se aprofundar, acrescente mais gatilhos. Suba o nível de novidade, complexidade ou imprevisibilidade naquilo que estiver fazendo. Seja mais criativo em sua abordagem. Aumente ligeiramente o nível do desafio. Acrescente um pouco mais de risco.

Isso mesmo, risco.

No fluxo, quando já estamos em nosso melhor desempenho, podemos realmente nos apoiar nas "grandes consequências" para nos impulsionar mais no fluxo. Por exemplo, se você está dando uma palestra (atividade repleta de ativadores do fluxo e que, muitas vezes, tende a produzir esse estado), sair do roteiro às vezes e improvisar durante um ou dois minutos é uma forma fantástica de aprofundar esse estado (e, consequentemente, aprimorar a qualidade do discurso).

Ao mesmo tempo, permaneça focado e controle um pouco os pensamentos. Queremos excluir distrações externas para entrar no fluxo, mas, uma vez nesse estado, temos tendência a distrações internas. Isso acontece porque o reconhecimento de padrões está elevado e estamos inundados de ideias "incríveis". Uma vez que a dopamina e a norepinefrina em nossos sistemas já estão produzindo sensações de interesse e empolgação, não custa muito querer explorar essas ideias e ser sugado pelo buraco do coelho de uma tangente.

Você precisa aprender a se controlar um pouco. Sem dúvida, siga a tangente — é onde moram os insights criativos —, mas reconheça os becos sem saída. Saiba quando cortar as perdas e voltar à tarefa em mãos. Isso requer um pouco de prática. Espere desperdiçar alguns estados de fluxo ao longo do caminho. Estando no fluxo, aprenda a maximizar a experiência — isso também dá trabalho.

Isso nos leva a algumas palavras de precaução. Apesar do poder do fluxo, o estado é ideal para algumas tarefas, mas para outras ele não serve. No fluxo, com pedaços grandes do córtex pré-frontal ativados, não há muita tomada lógica de decisões ou planejamento de longo prazo. Portanto, tenha insights profundos no estado, mas espere um pouco para fazer os planos passo a passo e transformá-los em realidade.

Além disso, saiba que cometemos erros no fluxo; no entanto, a sensação não é de erro. A vantagem dupla do reconhecimento elevado de padrões e das substâncias neuroquímicas de prazer significa que realizações surpreendentes realmente poderiam ser decisões ruins. Por exemplo, nunca vá comprar roupas durante o estado de fluxo. Com o planejamento de longo prazo reduzido e o reconhecimento de padrões amplificado, tudo parece lindo, e sua decisão de reviver sozinho a moda do poliéster à la discoteca dos anos 1970 parecerá inteligente. Resumindo, uma regra curta e grossa: Nunca Confie na dopamina.

ETAPA QUATRO: RECUPERAÇÃO

O fluxo é um estado de energia elevada. Mas tudo o que sobe tem que descer. É por isso que, na parte final do fluxo, há uma etapa de recuperação.

Na recuperação, carregamos nossas baterias. As substâncias neuroquímicas usadas no fluxo são dispendiosas para o cérebro produzir. Pode levar um pouco de tempo para encher novamente o tanque. A alimentação é importante, a luz do sol é importante, o sono é importante.

Na verdade, o sono é muito importante. No fluxo, o aprendizado é significativamente ampliado. Porém, para o cérebro mover informações do armazenamento de curto prazo para o de longo prazo, é necessário um sono profundo com ondas delta. A consolidação da memória, como o processo é conhecido, exige essas ondas delta. Esse é outro motivo por que é difícil levar uma vida de fluxo elevado sem o descanso regular.

No entanto, a recuperação não está relacionada apenas ao sono.

O CICLO DO FLUXO

Um estilo de vida de fluxo elevado exige um protocolo ativo de recuperação. É por isso que ela é uma ferramenta de determinação. E nem todas as estratégias de recuperação são geradas da mesma maneira. A recuperação passiva — TV e cerveja — não funcionará.[6] Recuperação ativa é atenção plena, sauna, alongamento, sais de banho, massagem, banheira de gelo e coisas do tipo.

A recuperação ativa dá trabalho.

Depois de um dia difícil, mesmo a energia extra necessária para tomar um banho demorado pode parecer uma tarefa hercúlea. Então coloque o Hércules para funcionar, porque não há escolha.

Se seu interesse é se mover pelo ciclo do fluxo o mais rapidamente possível — para que possa voltar a esse estado —, você precisa levar a recuperação a sério. Se não reabastecer o tanque nessa etapa, nunca estará pronto para o que vem em seguida: a luta árdua da batalha. E, se você não consegue se preparar para a batalha, não consegue voltar para o fluxo.

Por fim, aprenda a usar a etapa de recuperação.

No fluxo, com o reconhecimento de padrões em alta, toda ideia parece ótima. Na recuperação, sem as substâncias neuroquímicas do prazer e o crítico interno reativado, estamos no estado de espírito ideal para analisar essas possíveis ideias ótimas.

Mas nada de exageros.

Para mim, se entro no fluxo ao escrever, passarei por um protocolo de recuperação ativo de madrugada e, então, verificarei meu trabalho na manhã seguinte. Ainda estou no modo recuperação — portanto não tentarei resolver nenhum dos problemas que eu descobrir. Em vez disso, apenas faço uma observação para revisá-los durante minha próxima etapa de batalha e, então, volto a relaxar. Sem a neuroquímica feliz para obnubilar minhas opiniões, se ainda gosto de meu trabalho, então vale a pena gostar dele.

Quando esses tanques de recuperação ficarem cheios, vá para a batalha e reinicie o ciclo.

23

Tudo Junto e Misturado

Ao longo deste livro, analisamos uma quantidade considerável de dicas, técnicas, táticas, estratégias e coisas do tipo para um desempenho alto. Neste último capítulo, quero lhe fornecer uma estrutura para unir todas essas ideias. É uma metaestratégia para um desempenho máximo consistente. Trocando em miúdos: o impossível é uma checklist. Este capítulo é sobre todos os itens que precisam entrar nessa checklist.

Vamos abordar isso de duas maneiras. Primeiro, falaremos sobre organização. Depois, analisaremos horários.

Vamos começar pela organização.

Por conta do caráter da motivação intrínseca, você precisa dar início a uma busca pelo desempenho máximo onde este livro começou: curiosidade, paixão e propósito. Se você estiver realmente seguindo os passos da receita da paixão sem tentar apressar o processo, descobrirá que isso pode levar um tempo.

Você precisa continuar brincando com as interseções de curiosidades durante tempo suficiente para descobrir se uma interseção em particular é verdadeiramente interessante para manter o foco por um bom tempo. Lembre-se, você não vai querer ficar dois anos "em busca de sua paixão" apenas para descobrir que era apenas uma fase. Como saber se uma interseção é perfeita? Bem, se quase todas as vezes em que explorá-la você descobrir que está ficando mais curioso e resvalando para o fluxo, é um bom sinal de que está exatamente onde precisa estar.

Quanto tempo você passa por dia jogando nessas interseções? Uma hora é perfeito, mas de 20 a 30 minutos com frequência é o suficiente. Aprenda algo interessante sobre algo que lhe interesse, deixe o sistema de reconhecimento de padrões do cérebro ruminar isso por um tempo e, então, acrescente mais informações. Isso não apenas lhe permite alinhar curiosidade, paixão e propósito, como também adiciona o próximo motivador: a autonomia. Se você está jogando com suas curiosidades, suas paixões e seus propósitos, está, por definição, fazendo exatamente o que quer fazer. Finalmente, por estar aprendendo um pouco mais a cada dia, também está treinando a si mesmo a trilhar o caminho do conhecimento profundo.

Em seguida, defina metas.

Comece por seu propósito maciçamente transformador — a afirmação de sua missão de vida. Depois, transforme essa afirmação em uma série fragmentada de objetivos elevados e difíceis, ou todos os passos necessários para realizar esses PMTs. Então, reduza esses objetivos elevados e difíceis a objetivos claros — seu plano diário de ataque, uma série de alvos pequenos e precisos que se encontram dentro do ponto ideal entre as habilidades e os desafios.

Estes são, de fato, os itens de uma checklist: crie os primeiros dez slides de uma apresentação em PowerPoint. Converse com um fornecedor. Escreva quinhentas palavras do boletim informativo da empresa. Tarefas simples. Itens da checklist.

Da mesma forma, lembre-se de descobrir quantos objetivos claros você consegue realizar em um dia e, então, realize essa quantidade de objetivos a cada dia e diariamente. Se está na sua lista, você deu sua palavra a si mesmo. Risque-o da lista ou — quando o desafio se revelar muito mais difícil do que o esperado — reduza-o a uma tarefa menor, faça-a e, depois, coloque o restante na checklist do dia seguinte.

TUDO JUNTO E MISTURADO

Se você fizer tudo da lista de objetivos claros de hoje, isso significa que está a um passo mais próximo de seus objetivos elevados e difíceis, o que significa que está cumprindo a missão, ou seja, seus motivadores intrínsecos estão cumprindo a função. Risque um item da lista, obtenha um pouco de dopamina; risque outro e obtenha um pouco mais dessa substância. Uma pequena vitória de cada vez é como o esquema funciona. Porém, empilhar uma vitória pequena em cima da outra, e da outra, e assim sucessivamente — sobretudo se algumas dessas vitórias produzem fluxo — é a maneira como você adquire momento.

Simples assim.

Depois que os motivadores intrínsecos estão alinhados e os objetivos empilhados, o restante é tudo agendamento. Isto é, todas as outras coisas que você precisa fazer são feitas ao adicionar a atividade à sua checklist diária.

No total, há sete práticas diárias e seis práticas semanais inegociáveis. Se quiser manter um desempenho máximo por tempo suficiente para realizar o impossível — o que quer que isso signifique para você —, será preciso encaixar esses itens em sua agenda.

Mas isso não precisa acontecer de uma só vez. Comece pelo começo. Acrescente o que for possível neste instante e, conforme as práticas começarem a aprimorar seu desempenho, elas acabarão poupando seu tempo. Agora que tem um pouco mais de tempo livre, coloque outras atividades.

Uma observação: as duas coisas dessa lista que mais consomem tempo são a necessidade de começar o dia com 90 a 120 minutos de concentração ininterrupta dedicada à sua tarefa mais difícil e a necessidade de, pelo menos uma vez por semana, gastar de 2 a 6 horas executando a atividade de fluxo mais elevado. Se não puder comprometer tanto tempo no início, comprometa menos. Comece com 20 minutos de concentração diária ininterrupta e 40 minutos de atividades semanais de fluxo elevado. Comece com 10 e 20. Depois, uma vez que essas práticas pagarem os dividendos do desempenho, reinvista o tempo extra em sua agenda.

Aqui está a lista completa:

DIARIAMENTE

- De 90 a 120 minutos de concentração ininterrupta. Passe esse tempo em sua tarefa mais importante — a que produzirá a maior vitória, aquela que, uma vez finalizada, fará com que você sinta que ganhou o dia. Igualmente, tente aplicar uma única força de uma nova maneira enquanto estiver nesse bloco de 90 a 120 minutos (o que lhe permite incluir o treinamento de força em sua atividade diária). E certifique-se de fazer esforços durante essa atividade, para que fique um pouco fora da zona de conforto e sempre dentro do ponto ideal entre desafios e habilidades. Com o tempo, esse esforço constante e suas habilidades resultarão em uma quantidade impressionante de determinação e, melhor ainda, no hábito da ferocidade.

- Deixe 5 minutos para gerenciar distrações. Coloque esses minutos no final do expediente, para se preparar para o período de concentração ininterrupta do dia seguinte. Desligue tudo o que geralmente interrompe seu foco: mensagens, alertas, e-mail, mídias sociais, toques de celular e coisas do tipo.

- Deixe 5 minutos para elaborar uma lista de objetivos claros — em geral, também no final do expediente, para se preparar para o período de concentração ininterrupta do dia seguinte. Lembre-se de organizar as tarefas, começando pela mais difícil (e mais gratificante) para a menos difícil. Da mesma forma, não coloque apenas "tarefas de trabalho" em sua lista de objetivos claros. Inclua tudo o que deseja fazer em um dia, até mesmo exercícios físicos e períodos de recuperação ativa (isto é, escreva: "ir à academia" ou "tomar um banho quente" ou "praticar atenção plena por 20 minutos") em sua lista. Por fim, sempre risque todos os itens da lista. Essa é a única regra que você não pode quebrar. Se o item está na lista, você o cumpre durante o dia. A única exceção são aquelas situações raras em que você perde o ponto ideal entre desafios e habilidades, e a tarefa que está tentando fazer é difícil demais. Então, reduza, faça o que consegue fazer hoje e jogue o restante para a lista do dia seguinte.

TUDO JUNTO E MISTURADO

- Reserve 5 minutos para uma prática diária de gratidão.

- Reserve 20 minutos para liberação e/ou 20 minutos para atenção plena. Você pode ir além, mas, aparentemente, essas são as estruturas mínimas de tempo necessárias para começar a obter resultados. Lembre-se de pré-carregar essa etapa de liberação com o método MacGyver, para que o cérebro possa resolver problemas enquanto você faz uma pausa na resolução de problemas.

- Reserve 25 minutos para carregar o sistema de reconhecimento de padrões (leituras fora de sua área central). Lembre-se, o ROI na leitura diz que livros são o melhor caminho. Se está tentando dominar uma habilidade em vez de aprender uma informação nova, esses 25 minutos também podem ser gastos no esquema de 80/20. Além disso, esses 25 minutos são uma estimativa. Seu objetivo é um mínimo de cerca de 25 páginas que valem a pena serem lidas.

- De 7 a 8 horas diárias de sono.

SEMANALMENTE

- De 2 a 6 horas, uma ou duas vezes por semana: atividades de fluxo máximo (esqui, dança, canto, não importa). Essas são as atividades frequentemente eliminadas de nossa vida conforme as responsabilidades vão se acumulando e os horários ficam apertados. Porém, quanto mais fluxo você obtém, mais fluxo você obtém. É uma habilidade de foco. Assim, gastar um tempo a mais em uma atividade que praticamente garante fluxo o ajudará a maximizá-lo em atividades que não são tão fluidas assim. Durante essa atividade, tente aplicar o máximo de gatilhos de fluxo que conseguir. Sempre pressione o ponto ideal entre desafios e habilidades. Seja criativo. Assuma riscos. Busque a novidade, a complexidade e a imprevisibilidade. Da mesma forma, tente usar essas sessões para praticar a determinação e para usar um ou mais de seus pontos fortes principais de um jeito novo.

- Três vezes por semana, 60 minutos: exercícios regulares. Certifique-se de ir além durante essas sessões. Valem as mesmas regras do equilíbrio entre desafios e habilidades. Se você está fora de sua zona de conforto, exercícios são uma ótima maneira de treinar a determinação e, também, de reiniciar o sistema nervoso. Igualmente, por motivos relacionados à maneira como o exercício impacta a função cerebral, tenha como meta atividades que desafiem as funções cognitivas — ou seja, correr uma trilha ao ar livre (para que o cérebro precise encontrar rotas, fazer mapeamento espacial e coisas do tipo) em vez de correr na esteira.

- Três vezes por semana, de 20 a 40 minutos: recuperação ativa (sauna, massagem, sessão longa de atenção plena, ioga leve, e assim por diante).

- Uma vez por semana, de 30 a 60 minutos: treine um ponto fraco, e/ou treine dar o seu melhor quando está na pior, e/ou pratique assumir riscos.

- Uma vez por semana, de 30 a 60 minutos: obtenha feedback sobre o trabalho que tem feito durante esses períodos de 90 a 120 minutos de concentração ininterrupta.

- Em torno de 120 minutos por semana: apoio social. Reserve um tempo para outras pessoas, principalmente se você é introvertido. Ter pessoas amorosas e incentivadoras em nossa vida e ser uma pessoa amorosa e incentivadora ajuda a nos mantermos calmos e felizes, mas também psicologicamente preparados para atacar o ponto ideal entre desafios e habilidades. Além disso, é o que nos dá espaço para praticar nossas habilidades de inteligência emocional.

TUDO JUNTO E MISTURADO

PRÁTICAS DE EMPILHAMENTO

- Use suas sessões de exercícios de três vezes por semana como um momento para praticar a determinação. Esse é um ótimo local para trabalhar a persistência, mas você sempre pode triplicar a pilha e usar essa sessão para treinar um ponto fraco e, se ficar esgotado durante a malhação e ainda quiser forçar um pouco mais, também é possível treinar a determinação para dar o melhor de si quando estiver na pior.

- Use alguns de seus períodos de recuperação ativa — vulgo sauna e banho — para praticar atenção plena e/ou carregar o sistema de reconhecimento de padrões. Ao carregá-lo, tente fazer dos livros sua fonte primária de informações, já que não é possível combinar a densidade de suas informações com qualquer outro material.

- Use o método MacGyver antes de iniciar sua prática de liberação. Assim, a prática executa o dobro de tarefas.

- Enquanto ainda estiver trabalhando na receita da paixão, use a necessidade de brincar com as interseções como um momento para carregar o sistema de reconhecimento de padrões com as informações de que ele precisa para encontrar conexões entre ideias.

- Sempre coloque gatilhos de fluxo em cada atividade. Faça uma boa amizade com a novidade, a complexidade e a imprevisibilidade. Garanta que os itens de sua lista de objetivos claros estejam no ponto ideal entre desafios e habilidades. Encontre um amigo de feedback. Pratique correr riscos seguros. Repita.

- Ao dedicar 120 minutos por semana ao apoio social, use esse período para treinar o QE e praticar gatilhos de fluxo grupal.

- A criatividade e a busca pelo conhecimento profundo devem ser incorporadas em tudo o que você faz.

A ARTE DO IMPOSSÍVEL

Agora que você conhece o segredo, não é nenhum bicho de sete cabeças, certo? E é aí que mora o problema. Nenhuma dessas intervenções é particularmente atraente. Não há nenhuma tecnologia interessante com que brincar ou uma substância incomum para ingerir. São apenas itens de uma checklist. Pior: muitas vezes, o progresso é invisível. O desempenho máximo funciona como juros compostos. Um pouquinho hoje, um pouquinho amanhã. Faça isso durante semanas, meses e anos, e o resultado não será somente uma vida além das expectativas, será uma vida que excede sua imaginação.

O mais importante: acredito que toda informação contida neste guia gera um fardo enorme, ainda que terrível, para cada um de nós. Pense nisso desta maneira: Quais desafios impossíveis você enfrentaria se soubesse que pode ficar 500% mais produtivo? E se pudesse ser 600% mais criativo? E se pudesse cortar pela metade o tempo de aprendizagem? Isso é exatamente o que as ferramentas e técnicas deste livro podem proporcionar, o que significa que elas são exatamente o que está disponível para cada um de nós e para todos nós. O que fazer com todas essas informações? Bem, depende totalmente de você.

Então, vá atrás delas, fera!

Posfácio

Se você chegou até aqui, entendeu as bases do desempenho máximo. O próximo passo é dominar essas bases e reuni-las em busca de objetivos incrivelmente grandes. Como fazer isso?

Mãos à obra, simples assim.

O projeto destacado neste livro contém tudo aquilo de que você precisa para romper seus limites, superar as expectativas e transformar sonhos loucos em realizações. Porém, se você tem interesse em pisar fundo, vale a pena explorar o treinamento de referência em desempenho máximo Zero-to-Dangerous, do Flow Research Collective.

Elaborado com base em mais de 20 anos de pesquisas sobre o fluxo, o Zero-to-Dangerous é tão, mas tão bom e tão bombástico que deveria ser ilegal — é sério. Já que ele não é, já que, de alguma forma, é bom para mim lhe oferecer o caminho rápido para a excelência, o melhor treinamento de desempenho máximo com base em ciência da história do universo, deixe-me contar um pouco mais.

O Zero-to-Dangerous é elaborado com base em três elementos centrais. Primeiro, há um treinamento individual com um psicólogo ou neurocientista com PhD do Flow Research Collective. Depois, um programa passo a passo que fornece todas as ferramentas e técnicas de desempenho máximo de que você precisará para realizar objetivos difíceis e elevados. Por fim, você obtém acesso vitalício a chamadas semanais de treinamento em grupo, facilitadas por nossa equipe de psicólogos e neurocientistas, e frequentadas pelo grupo absolutamente incrível de pessoas de desempenho máximo que fazem parte do coletivo.

Se você tem interesse em se inscrever no Zero-to-Dangerous, acesse: zerotodangerous.com/impossible [conteúdo em inglês]. Você agendará uma reunião rápida com um membro de minha equipe. A ligação garante um treinamento sólido.

Por fim, um pequeno bônus.

O Flow Research Collective identificou dez obstáculos para o desempenho máximo. São os lugares problemáticos em que a maioria de nós tropeça. Nós os chamamos de "bloqueadores do fluxo". Para ajudá-lo a descobrir o que o está impedindo e ajudá-lo a superar o problema, criamos um diagnóstico gratuito. Dê uma olhada nele em: flowresearchcollective.com/flowblocker [conteúdo em inglês].

— Steven Kotler

Notas

Introdução

1. Jeremy Jones, entrevista com o autor, 2012.
2. Matt Warshaw. *The Encyclopedia of Surfing* (San Diego: Harcourt, 2005), p. 79.
3. Susan Casey, *The Wave* (Farmington Hills, MI: Gale, 2011), p. 14.
4. A TV internacional fez um documentário pequeno e excelente sobre surfar as ondas de 30m de Nazaré, Portugal. Veja https://www.youtube.com/watch?v=vDzXerJkBwY.
5. Thomas Pynchon, *Gravity's Rainbow* (Nova York: Vintage, 2013), p. 735.
6. Steven Kotler, *Tomorrowland* (Nova York: New Harvest, 2015).
7. Peter Diamandis e Steven Kotler, *Bold* (Nova York: Simon & Schuster, 2015).
8. Steven Kotler e Peter Diamandis, *Abundance* (Nova York: Free Press, 2012). [Obra disponível em português com o título *Abundância: O Fututor é Melhor do que Você Imagina*.]
9. Coletivo Flow Research (site), www.flowresearchcollective.com.
10. Mihaly Csikszentmihalyi, *Flow: The Psychology of Optimal Experience* (Nova York: HarperPerennial, 2008), p. 4–5.
11. Para uma análise completa sobre o impacto do fluxo no desempenho, veja Steven Kotler, *The Rise of Superman* (Nova York: New Harvest, 2014).
12. James Carse, *Finite and Infinite Games* (Nova York: Free Press, 1986.)
13. William James, "Energies of Man", *Journal of Philosophical Review* (1907), p. 15.
14. Chuck Barris e Charlie Kaufman, *Confessions of a Dangerous Mind* (Miramax, 2002).

Parte I – Motivação

1. William James, *The Will to Believe* (Mineola, NY: Dover Publications, 2015), p. 61.

A ARTE DO IMPOSSÍVEL

Capítulo 1 – A Motivação Decodificada

1. Celeste Kidd e Benjamin Y. Hayden, "The Psychology and Neuroscience of Curiosity", *Neuron* 88, nº 3 (2015): 449–60; veja também George Loewenstein, "The Psychology of Curiosity: A Review and Reinterpretation,"*Psychological Bulletin* 116, nº 1 (1994); p. 75–98.

2. Lao Tzu, *Tao Te Ching* (Nova York: Harper Perennial, 1992), p. 38.

3. Edward Deci e Richard Ryan, "Self-Determination Theory and the Facilitation of Intrinsic Motivation, Social Development and Well-Being", *American Psychologist* 55, nº 1 (Janeiro de 2000), 68–78; veja também Dan Pink, *Drive* (Nova York: Riverhead, 2009).

4. D. Kahneman e A. Deaton, "High Income Improves Evaluation of Life but Not Emotional Well-Being", *Proceedings of the National Academy of Sciences* 107, nº 38 (2010), 16489–93.

5. Para uma análise completa sobre a neurobiologia da sinalização química e elétrica, veja Marie T. Banich e Rebecca J. Compton, *Cognitive Neuroscience* (Nova York: Cambridge, 2018).

6. Ibid.

7. David R. Euston, Aaron J. Gruber e Bruce L. McNaughton, "The Role of Medial Prefrontal Cortex in Memory and Decision Making", *Neuron* 76, nº 6 (2012): 1057–70.

8. Para uma discussão completa sobre redes, veja György Buzsáki, *Rhythms of the Brain* (Nova York: Oxford University Press, 2011).

9. Jaak Panksepp, *Affective Neuroscience: The Foundations of Human and Animal Emotions* (Nova York: Oxford University Press, 1998).

10. Há uma excelente obra sobre a evolução da ética fora do comportamento lúdico. Veja Steven Kotler, *A Small Furry Prayer* (New York: Bloomsbury, 2010) ou Marc Bekoff, *The Emotional Lives of Animals* (Novato, CA: New World Library, 2007), p. 85–109.

11. Sobre a dopamina, veja Oscar Arias-Carrión, Maria Stamelou, Eric Murillo-Rodríguez, Manuel Menéndez-González e Ernst Pöppel, "Dopaminergic Reward System: a Short Integrative Review", *International Archives of Medicine* 3, nº 1 (2010), 24; veja também Daniel Z. Lieberman e Michael E. Long, *The Molecule of More: How a Single Chemical in Your Brain Controls Love, Sex, and Creativity — and Will Determine the Fate of the Human Race* (Dallas: BenBella, 2019).

12. Sobre a oxitocina, veja Paul Zak, *The Moral Molecule* (Nova York: Penguin, 2012).

13. Helen Fisher, *Why We Love: The Nature and Chemistry of Romantic Love* (New York: Owl Books, 2004), p. 55–98; veja também Adrian Fischer e Markus Ullsperger, "An Update on the Role of Serotonin and its Interplay with Dopamine for Reward", *Frontiers in Human Neuroscience*, 11 de outubro de 2017, https://www.frontiersin.org/articles/10.3389/fnhum.2017.00484/full.

14. Helen Fisher, p. 55–98.

NOTAS

15. Jaak Panksepp, "Affective Neuroscience of the Emotional BrainMind: Evolutionary Perspectives and Implications for Understanding Depression", *Dialogues Clin Neuroscience* 12 nº 4 (Dezembro 2010), 533–45; sobre oxitocina e jogos, veja Sarah F. Brosnan et al., "Urinary Oxytocin in Capuchin Monkeys: Validation and the Influence of Social Behavior", *American Journal of Primatology* 80, nº 10 (2018); para dopamina e jogos, veja Louk J.M.J. Vanderschuren, E. J. Marijke Achterberg e Viviana Trezza, "The Neurobiology of Social Play and Its Rewarding Value in Rats", *Neuroscience and Biobehavioral Reviews* 70 (2016), p. 86–105.

16. Steven Kotler, *The Rise of Superman*, 86; entrevistas do autor com Shane McConkey, 1996, 1997, 1998; Steve Winter, AI, 26 de maio de 2011. Uma versão dessa citação e um artigo excelente sobre a importância dos esportes de ação e aventura de McConkey'aparece em "Skiing Will Never Be the Same: The Lif and Death of Shane McConkey", *Skiing*, agosto de 2009.

17. Kidd e Benjamin Y. Hayden, "The Psychology and Neuroscience of Curiosity", *Neuron* 88, nº 3 (2015), p. 449–60.

18. Adriana Kraig et al., "Social Purpose Increases Direct-to-Borrower Microfinance Investments by Reducing Physiologic Arousal", *Journal of Neuroscience, Psychology, and Economics* 11, nº 2 (2018), p. 116–26.

Capítulo 2 – A Receita da Paixão

1. Timothy J. Smoker, Carrie E. Murphy e Alison K. Rockwell, "Comparing Memory for Handwriting versus Typing", *Proceedings of the Human Factors and Ergonomics Society Annual Meeting* 53, nº 22 (2009), p. 1744–47.

2. Para mais sobre o reconhecimento de padrões e a dopamina, veja Andrei T. Popescu, Michael R. Zhou e Mu-Ming Poo, "Phasic Dopamine Release in the Medial Prefrontal Cortex Enhances Stimulus Discrimination", *Proceedings of the National Academy of Sciences* 113, nº 22 (2016); para mais sobre a atenção e a dopamina, veja A. Nieoullon, "Dopamine and the Regulation of Cognition and Attention", *Progress in Neurobiology* 67, nº 1 (2002), p. 53–83; para mais sobre a relação entre barulho e sinalização, veja Caitlin M. Vander Weel, Cody A. Siciliano, Gillian A. Matthews, Praneeth Namburi, Ehsan M. Izadmehr, Isabella C. Espinel, Edward H. Nieh et al., "Dopamine Enhances Signal-to-Noise Ratio in Cortical-Brainstem Encoding of Aversive Stimuli", *Nature* 563, nº 7731 (2018), 397–401.

3. Oscar Arias-Carrión, Maria Stamelou, Eric Murillo-Rodríguez, Manuel Menéndez-González e Ernst Pöppel, "Dopaminergic Reward System: A Short Integrative Review", *International Archives of Medicine* 3, nº 1 (2010), p. 24, https://doi.org/10.1186/1755-7682-3-24.

4. Eric Nestler, "The Neurobiology of Cocaine Addiction", *Science & Practice Perspectives* 3, nº 1 (2005), p. 4–10, https://doi.org/10.1151/spp0531.

5. M. Victoria Puig, Jonas Rose, Robert Schmidt e Nadja Freund, "Dopamine Modulation of Learning and Memory in the Prefrontal Cortex: Insights from Studies in Primates, Rodents, and Birds", *Frontiers in Neural Circuits* 8 (2014); para uma visão breve sobre a memória, aprendizado e os neurotransmissores, veja

S. Ackerman, "Learning, Recalling, and Thinking", capítulo 8 em *Discovering the Brain* (Washington, DC: National Academies Press, 1992), https://www.ncbi.nlm.nih.gov/books/NBK234153/.

6. Wendy Wood e Dennis Rünger, "Psychology of Habit", *Annual Review of Psychology* 67, nº 1 (2016), p. 289–314.

7. Para uma visão geral excelente sobre a incubação criativa, veja Keith Sawyer, "Enhancing Creative Incubation",19 de abril de 2013, https://www.psychologytoday.com/us/blog/zig-zag/201304/enhancing-creative-incubation; para mais pesquisas sobre a incubação, veja Simone M. Ritter e Ap Dijksterhuis, "Creativity — the Unconscious Foundations of the Incubation Period", *Frontiers in Human Neuroscience* 8 (2014).

8. Para mais sobre o reconhecimento de padrões, Arkady Konovalov e Ian Krajbich, "Neurocomputational Dynamics of Sequence Learning", *Neuron* 98, nº 6 (2018), p. 13; Allan M. Collins e Elizabeth F. Loftus, "A Spreading-Activation Theory of Semantic Processing", *Psychological Review* 82, nº 6 (1975), p. 407–28.

9. Susanne Vogel e Lars Schwabe, "Learning and Memory under Stress: Implications for the Classroom", *Science of Learning*, nº 1 (2016), https://doi.org/10.1038/npjscilearn.2016.11.

10. Para um estudo sobre as respostas de leitores a limites dos eventos em histórias, veja https://www.theatlantic.com/health/archive/2014/11/the-psychological-comforts-of-storytelling/381964/; Nicole K.Speer, Jeffrey M. Zacks e Jeremy R. Reynolds, "Human Brain Activity Time-Locked to Narrative Event Boundaries", *Psychological Science* 18, nº 5 (2007), p. 449–55.

11. Primeiros sinais de inferência de causa e efeito em bebês e crianças pequenas: David M. Sobel e Natasha Z. Kirkham, "Blickets and Babies: The Development of Causal Reasoning in Toddlers and Infants", *Developmental Psychology* 42, nº 6 (2006), p. 1103–15.

12. Sören Krach, "The Rewarding Nature of Social Interactions", *Frontiers in Behavioral Neuroscience* (2010), https://doi.org/10.3389/fnbeh.2010.00022; veja também R. M. Jones; L. H. Somerville; J. Li; E. J. Ruberry; V. Libby; G. Glover; H. U. Voss; D. J. Ballon e B. J. Casey, "Behavioral and Neural Properties of Social Reinforcement Learning", *Journal of Neuroscience* 31, nº 37 (2011), p. 13039–45.

13. Krach et al.

14. Edward Deci e Richard Ryan, *Intrinsic Motivation and Self-Determination in Human Behavior* (Nova York: Plenum Press, 1985).

15. Sobre a amídala, veja Richard Davidson et. al., "Purpose in Life Predicts Better Emotional Recovery from Negative Stimuli", *PLoS One* 8, nº 11 (2013), p. 80329; para o córtex insular e o córtex medial temporal, veja Gary Lewis et al., "Neural Correlates of the 'Good Life'", *Soc Cogn Affective Neuroscience* 5 (9 de maio de 2014), p. 615–18.

16. Adam Kaplan e Laura Anzaldi, "New Movement in Neuroscience: A Purpose Driven Life", *Cerebrum* (maio–junho de 2015), p. 7.

NOTAS

17. Davidson, "Purpose in Life Predicts Better Emotional Recovery from Negative Stimuli"; sobre produtividade, veja https://www.mortenhansen.com/find-success-in-your-career-by-learning-how-to-match-your-passion-with-your-purpose/.

18. Keisuke Takano e Yoshihiko Tanno, "Self-Rumination, Self-Reflection, and Depression: Self-Rumination Counteracts the Adaptive Effect of Self-Reflection", *Behavior Research and Therapy* 47, nº 3 (2009), p. 260–64.

19. Steven Kotler e Peter Diamandis, *Bold: How to Go Big, Create Wealth and Impact the World* (Nova York: Simon & Schuster, 2015).

20. A expressão "Massively Transformative Purpose" foi cunhada por Salim Ismail, que mais tarde explorou ao longo do excelente livro *Exponential Organizations* (Nova York: Diversion Books, 2014).

21. Tim Ferriss, entrevista com o autor, 2015.

Capítulo 3 – A Pilha Intrínseca Completa

1. Para uma visão geral breve sobre a história de Ryan e Deci, veja Delia O'Hara, "The Intrinsic Motivation of Richard Ryan and Edward Deci", *American Psychological Association*, 18 de dezembro de 2017, https://www.apa.org/members/content/intrinsic-motivation.

2. Dan N. Stone, Edward L. Deci e Richard M. Ryan, "Beyond talk: Creating Autonomous Motivation Through Self-Determination Theory", *Journal of General Management* 34, nº 3 (2009), p. 75–91.

3. Ibid.

4. Veja a entrevista de Mashable com Eric Schmidt: Petrana Radulovic, "How the '20% Time' Rule Led to Google's Most Innovative Products", Mashable, 11 de maio de 2018, https://mashable.com/2018/05/11/google-20-percent-rule/.

5. Kaomi Goetz, "How 3M Gave Everyone Days Off and Created an Innovation Dynamo", *Fast Company*, 9 de julho de 2018.

6. Ryan Tate, "Google Couldn't Kill 20 Percent Time Even If They Wanted To", *Wired*, 21 de agosto de 2013, https://www.wired.com/2013/08/20-percent-time-will-never-die/.

7. Kacy Burdette, "Patagonia", *Fortune*, 14 de fevereiro de 2019, https://fortune.com/best-companies/2019/patagonia/.

8. Yvon Chouinard, *Let My People Go Surfing* (Nova York: Penguin, 2016).

9. "How Much Sleep Do I Need? Sleep and Sleep Disorders", *Centers for Disease Control and Prevention*, 2 de março de 2017, https://www.cdc.gov/sleep/about_sleep/how_much_sleep.html.

10. June J. Pilcher e Allen I. Huffcutt, "Effects of Sleep Deprivation on Performance: A Meta-analysis", *Sleep* 19, nº 4, 1996, p. 318–26.

11. Laura Mandolesi, "Effects of Physical Exercise on Cognitive Functioning and Wellbeing", *Frontiers of Psychology*, 27 de abril de 2018; veja também https://www.apa.org/news/press/releases/stress/2013/exercise.

A ARTE DO IMPOSSÍVEL

12. Sobre endorfinas, veja Hannah Steinberg e Elizabeth Sykers, "Introduction to Symposium on Behavioral Processes: Review of Literature on Endorphins and Exercise", *Pharmacology Biochemistry and Behavior* 5, nº 23, (Novembro de 1985), p. 857–62; para anandamida, veja Arne Dietrich e William F. McDaniel, "Endocannabinoids and Exercise", *British Journal of Sports Medicine* 38, nº 5 (2004), p. 536–41.

13. David C. McClelland, John W. Atkinson, Russell A. Clark e Edgar L. Lowell, *The Achievement Motive* (Nova York: Appleton-Century-Crofts, 1953), p. 195.

14. Gregory Berns, *Satisfaction: Sensation Seeking, Novelty, and the Science of Seeking True Fulfillment* (New York: Henry Holt, 2005), p. 3–5; veja também Gregory Berns, *Iconoclast: A Neuroscientist Reveals How to Think Differently* (Cambridge, MA: Harvard Business Press, 2008), p. 44–45.

15. Daniel H. Pink, *Drive: The Surprising Truth About What Motivates Us* (Nova York: Riverhead, 2009).

16. Para um relato completo da biografia de Csikszentmihalyi, veja Steven Kotler, *The Rise of Superman* (Nova York: New Harvest, 2014), p. 17–22; veja também sua TED talk: https://www.ted.com/talks/mihaly_csikszentmihalyi_flow_the_secret_to_happiness?language=en.

17. Jeanne Nakamura e Mihaly Csikszentmihalyi, "The Concept of Flow", em C. R. Snyder e S. J. Lopez, *The Oxford Handbook of Positive Psychology* (Nova York: Oxford University Press, 2009), p. 89–105.

18. Para uma análise completa sobre os gatilhos do fluxo, veja Kotler, *The Rise of Superman*, p. 93-153.

19. Para uma discussão realmente boa sobre o que acontece quando a motivação intrínseca dá errado, veja Johann Hari, *Lost Connections* (Nova York: Bloomsbury Circus, 2018).

20. Mihaly Csikszentmihalyi, *Flow: The Psychology of Optimal Experience* (New York: HarperPerennial, 2008), p. 71–76; veja também Stefan Engeser, *Further Advances in Flow Research* (Nova York: Springer, 2012), p. 54–57.

21. Hari, *Lost Connections*, p. 71–128.

Capítulo 4 – Objetivos

1. Andrea Falcon, "Aristotle on Causality", *Stanford Encyclopedia of Philosophy* (Universidade Stanford), 7 de março de 2019, https://plato.stanford.edu/entries/aristotle-causality.

2. Edwin A. Locke, "Toward a Theory of Task Motivation and Incentives", *Organizational Behavior and Human Performance* 3, nº 2 (1968), p. 157–89.

3. Edwin Locke e Gary Latham, *Goal Setting: A Motivational Technique That Works!* (Englewood Cliffs, NJ: Prentice-Hall, 1984), p. 10–19.

4. Gary P. Latham e Gary A. Yukl, "Assigned versus Participative Goal Setting with Educated and Uneducated Woods Workers", *Journal of Applied Psychology* 60, nº 3 (1975), p. 299–302.

5. E. L. Deci and R. M. Ryan, "The 'What' and 'Why'of Goal Pursuits: Human Needs and the Self-Determination of Behavior", *Psychol. Inquiry* 11 (2000), p. 227–68.

6. David Eagleman, *Incognito: The Secret Lives of the Brain* (Nova York: Pantheon, 2011), p. 46–54.

7. George A. Miller, "The Magical Number Seven, Plus or Minus Two: Some Limits on Our Capacity for Processing Information", *Psychological Review* 63, nº 2 (1956), p. 81–97.

8. Mihaly Csikszentmihalyi, *Flow: The Psychology of Optimal Experience* (Nova York: HarperPerennial, 2008), p. 29.

9. Richard M. Ryan e Edward L. Deci, "Self-Determination Theory and the Facilitation of Intrinsic Motivation, Social Development, and Well-Being", *American Psychologist* 55, nº 1 (2000), 68–78.

10. Gary Latham, entrevista com o autor, 2014.

11. Peter M. Gollwitzer, Paschal Sheeran, Verena Michalski e Andrea E. Seifert, "When Intentions Go Public", *Psychological Science* 20, nº 5 (2009), p. 612–18.

12. M. Csikszentmihalyi, *Flow*, p. 54–59; veja também M. Csikszentmihalyi, *Flow and the Foundations of Positive Psychology* (Nova York: Springer, 2014), p. 204–7.

Capítulo 5 – Determinação

1. Pode ser boato. Carlyle tem citações em todo lugar dizendo isso, mas, aparentemente, não há fonte original.

2. Angela Duckworth, *Grit: The Power of Passion and Perseverance* (New York: Scribner, 2018), p. 8.

3. David Eagleman, *Incognito*, p. 182–86.

4. Song Wang, Zing Zhou, Taolin Chen, Xun Yang, Guangxiang Chen, Meiyun Wang e Qiyong Gong, "Grit and the Brain: Spontaneous Activity of the Dorsomedial Prefrontal Cortex Mediates the Relationship between the Trait Grit and Academic Performance", *Social Cognitive and Affective Neuroscience* 12, nº 3 (2016), p. 452–60.

5. Irma Triasih Kurniawan, Marc Guitart-Masip e Ray J. Dolan, "Dopamine and Effort-Based Decision Making", *Frontiers in Neuroscience* 5 (2011), p. 8.

6. Essa descoberta é o resultado de 20 anos entrevistando pessoas de desempenho máximo sobre determinação e persistência. Entre os que mais contribuíram para essa ideia, estão Michael Gervais, Josh Waitzkin, Tim Ferriss, Angela Duckworth, Scott Barry Kauffman, Rich Diviney, Bryon Fergusson, e todos nas conferências do Santa Fe Institute sobre alto desempenho.

7. Francis Galton, *Hereditary Genius: An Inquiry into Its Laws and Consequences.* (Londres: Macmillan, 1869).

8. Duckworth, *Grit*, 14.

9. Martin E. P. Seligman, *Authentic Happiness: Using the New Positive Psychology to Realize Your Potential for Lasting Fulfillment* (Nova York: Random House, 2002), p. 102–39.

10. Katherine R. Von Culin, Eli Tsukayama e Angela L. Duckworth, "Unpacking Grit: Motivational Correlates of Perseverance and Passion for Long-Term Goals", *Journal of Positive Psychology* 9, nº 4 (2014), p. 306–12.

11. Apesar do alvoroço, ainda acho que o livro de Baumeister sobre o assunto é uma obra imprescindível sobre o desempenho máximo, Roy F. Baumeister e John Tierney, *Willpower: Rediscovering the Greatest Human Strength* (Nova York: Penguin Books, 2012).

12. Carol Dweck, *Mindset: The New Psychology of Success* (Nova York: Ballantine, 2006), p. 1–14.

13. Jennifer A. Mangels, Brady Butterfield, Justin Lamb, Catherine Good e Carol S. Dweck, "Why Do Beliefs about Intelligence Influence Learning Success? A Social Cognitive Neuroscience Model", *Social Cognitive and Affective Neuroscience* 1, nº 2 (2006), p. 75–86.

14. John Irving, *The Hotel New Hampshire* (Nova York: Dutton, 1981), p. 401.

15. Todas as citações de Michael Gervais vêm de uma série de entrevistas com o autor concedidas entre 2011 e 2020.

16. Discurso publicado em formato de livro: David Foster Wallace, *This Is Water: Some Thoughts, Delivered on a Significant Occasion about Living a Compassionate Life* (Nova York: Little, Brown, 2009).

17. Para um relato sobre a vida, as contribuições e o suicídio de Wallace, veja Tom Bissell, "Great and Terrible Truths", *New York Times*, 24 de abril de 2009.

18. Stewart I. Donaldson, Barbara L. Fredrickson e Laura E Kurtz, "Cultivating Positive Emotions to Enhance Human Flourishing", em *Applied Positive Psychology: Improving Everyday Life, Schools, Work, Health, and Society* (Nova York: Routledge Academic, 2011).

19. Michele M. Tugade e Barbara L. Fredrickson, "Resilient Individuals Use Positive Emotions to Bounce Back from Negative Emotional Experiences", *Journal of Personality and Social Psychology* 86, nº 2 (2004), p. 320.

20. Joanne V. Wood, W. Q. Elaine Perunovic e John W. Lee, "Positive Self-Statements: Power for Some, Peril for Others", *Psychological Science 20*, nº 7 (2009), p. 860–66.

21. M. Zimmermann, "Neurophysiology of Sensory Systems", *Fundamentals of Sensory Physiology* (1986), p. 115.

22. Joseph LeDoux, *The Emotional Brain: The Mysterious Underpinnings of Emotional Life* (Nova York: Simon & Schuster, 2004), p. 159–78.

23. Shawn Achor, *The Happiness Advantage: How a Positive Brain Fuels Success in Work and Life* (Nova York: Crown Business, 2010).

24. Mark Beeman e John Kounios, *The Eureka Factor: Aha Moments, Creative Insight, and the Brain* (Nova York: Windmill Books, 2016), p. 119.

25. Glenn R. Fox, Jonas Kaplan, Hanna Damasio e Antonio Damasio, "Neural Correlates of Gratitude", *Frontiers in Psychology* 6 (2015), p. 1491.

26. Roderik Gerritsen e Guido Band, "Breath of Life", *Frontiers in Human Neuroscience*, 9 de outubro de 2018, p. 397.

NOTAS

27. Amy Lam, "Effects of Five-Minute Mindfulness Meditation on Mental Health Care Professionals", *Journal of Psychology and Clinical Psychiatry*, 26 de março, 2015.

28. Para uma análise realmente boa sobre os benefícios da atenção plena, veja Daniel Goleman e Richard J. Davidson, *Altered Traits: Science Reveals How Meditation Changes Your Mind, Brain, and Body* (Nova York: Avery Publishing, 2018).

29. Lorenza S. Colzato, Ayca Szapora e Bernhard Hommel, "Meditate to Create: The Impact of Focused-Attention and Open-Monitoring Training on Convergent and Divergent Thinking", *Frontiers in Psychology* 3 (2012), p. 116.

30. Respiração traqueal é uma técnica desenvolvida pelo falecido SEAL, Mark Divine. Veja https://www.youtube.com/watch?v=GZzhk9jEkkI. Veja também Ana Gotter, "Box Breathing." Healthline. Healthline Media, 26 de junho de 2011, https://www.healthline.com/health/box-breathing.

31. Steven Kotler, "They've Been around the Block More than a Few Times, but Shaun Palmer, Laird Hamilton and Tony Hawk Can Still Rev It Up", *ESPN*, 10 de julho de 2012, https://tv5.espn.com/espn/magazine/archives/news/story?page=magazine-19990222-article11.

32. Todas as citações de Laird Hamilton vêm de uma série de entrevistas conduzidas entre 1999 e 2020.

33. Kristin Ulmer, entrevistas com o autor, 2014–2020.

34. Michael Gervais, entrevista com o autor, 2019.

35. Crystal A. Clark e Alain Dagher, "The Role of Dopamine in Risk Taking: A Specific Look at Parkinson's Disease and Gambling", *Frontiers in Behavioral Neuroscience* 8 (2014).

36. Todas as citações vêm de uma série de entrevistas com Josh Waitzkin entre 2013 e 2016, mas veja também Josh Waitzkin, *The Art of Learning: An Inner Journey to Optimal Performance* (Nova York: Free Press, 2008). Posteriormente, Tim Ferriss conduziu dois podcasts incríveis com Josh; veja https://www.youtube.com/watch?v=LYaMtGuCgm8.

37. William James, "The Energies of Men", *Philosophical Review* 16, nº 1 (1907), p. 1.

38. Harry D. Krop, Cecilia E. Alegre e Carl D. Williams, "Effect of Induced Stress on Convergent and Divergent Thinking", *Psychological Reports* 24, nº 3 (1969), p. 895–98.

39. Keith Ablow, entrevista com o autor, 2015.

40. Novamente, pode ser apócrifo, mas o Quora faz um bom trabalho de checagem de fatos: https://www.quora.com/What-is-the-origin-of-the-quote-attributed-to-a-Navy-SEAL-Under-pressure-you-dont-rise-to-the-occasion-you-sink-to-the-level-of-your-training-Where-and-when-was-this-said.

41. Norman B. Schmidt, J. Anthony Richey, Michael J. Zvolensky e Jon K. Maner, "Exploring Human Freeze Responses to a Threat Stressor", *Journal of Behavior Therapy and Experimental Psychiatry* 39, nº 3 (2008), p. 292–304.

42. Richard Feynman, *Surely You're Joking, Mr. Feynman* (Nova York: W. W. Norton, 1997).

A ARTE DO IMPOSSÍVEL

43. "Burn-out an'Occupational Phenomenon': International Classification of Diseases", *World Health Organization*, 28 de maio de 2019. https://www.who.int/mental_health/evidence/burn-out/en/; veja também Harry Levinson, "When Executives Burn Out", *Harvard Business Review*, 21 de agosto de 2014, https://hbr.org/1996/07/when-executives-burn-out.

44. Irshaad O. Ebrahim, Colin M. Shapiro, Adrian J. Williams e Peter B. Fenwick, "Alcohol and Sleep I: Effects on Normal Sleep", *Alcoholism: Clinical and Experimental Research* 37, nº 4 (2013).

45. Esther Thorson e Annie Lang, "The Effects of Television Videographics and Lecture Familiarity on Adult Cardiac Orienting Responses and Memory", *Communication Research* 19, nº 3 (1992), p. 346–69; veja também Meghan Neal, "Is Watching TV Actually a Good Way to Rest Your Brain?"*Vice*, 18 de janeiro de 2016, https://www.vice.com/en_us/article/3daqaj/is-watching-tv-actually-a-good-way-to-rest-your-brain.

46. Björn Rasch e Jan Born, "About Sleep's Role in Memory", *Physiological Reviews* 93, nº 2 (2013), p. 681–766.

47. Harry Levinson, "When Executives Burn Out".

Capítulo 6 – A Ferocidade é um Hábito

1. Todas as citações vêm de entrevistas com Peter Diamandis conduzidas entre 1997 e 2020, www.diamandis.com.

2. Luke J. Norman, tephan F. Taylor, Yanni Liu, Joaquim Radua, Yann Chye, Stella J. De Wit, Chaim Huyser et al., "Error Processing and Inhibitory Control in Obsessive-Compulsive Disorder: A Meta-Analysis Using Statistical Parametric Maps", *Biological Psychiatry* 85, nº 9 (2019), p. 713–25.

3. Michael Wharton, entrevista com o autor, 2019.

4. William James, *Psychology: The Briefer Course* (Nova York: Henry Holt, 1892), p. 1–17.

Parte II – Aprendizado

1. Anne Dillard, *The Writing Life* (Nova York: Harper Perennial, 2013), p. 32.

Capítulo 7 – Os Ingredientes do Impossível

1. Gary Klein, *Sources of Power: How People Make Decisions* (Cambridge, MA: MIT Press, 2017), p. 149.

2. Commission of the European Communities, "Adult Learning: It Is Never Too Late to Learn", COM, 614 final. Brussels, October 23, 2006; veja também Patricia M. Simone e Melinda Scuilli, "Cognitive Benefits of Participation in Lifelong Learning Institutes", *LLI Review* 1 (2006), p. 44–51, https://scholarcommons.scu.edu/cgi/viewcontent.cgi?article=1144&context=psych.

NOTAS

Capítulo 8 – Mentalidades de Crescimento e Filtros da Verdade

1. Carol Dweck, *Mindset: the New Psychology of Success* (Nova York: Ballantine, 2006).
2. Steven Kotler e Peter Diamandis, *Bold* (Nova York: Simon & Schuster, 2015), p. 120.
3. Veja a entrevista de Kevin Rose de 2012 com Elon Musk, https://www.youtube.com/watch?v=L-s_3b5fRd8.
4. Chris Anderson, "Elon Musk's Mission to Mars", *Wired*, 21 de outubro de 2012.

Capítulo 9 – O ROI na Leitura

1. "To Read or Not to Read: A Question of National Consequence: Executive Summary", *Arts Education Policy Review* 110, nº 1 (2008), p. 9–22, https://doi.org/10.3200/aepr.110.1.9-22.
2. Andrew Perrin, "Who Doesn't Read Books in America?"*Pew Research Center*, 26 de setembro de 2019.
3. Marc Brysbaert, "How Many Words Do We Read per Minute?" https://www.researchgate.net/publication/332380784_How_many_words_do_we_read_per_minute_A_review_and_meta-analysis_of_reading_rate.
4. Para uma visão geral sobre os benefícios da leitura, veja Honor Whiteman, "Five Ways Reading Can Improve Health and Well-Being", *Medical News Today*, 12 de outubro de 2016.
5. Chris Weller, "9 Of the Most Successful People Share Their Reading Habits", *Business Insider*, 20 de julho de 2017.
6. J. B. Bobo, *Modern Coin Magic* (Nova York: Dover Publications, 1952).

Capítulo 10 – Cinco Passos Não-Tão-Simples-Assim para Aprender Quase Tudo

1. Hailan Hu, Eleonore Real, Kogo Takamiya, Myoung-Goo Kang, Joseph Ledoux, Richard L. Huganir e Roberto Malinow, "Emotion Enhances Learning via Norepinephrine Regulation of AMPA-Receptor Trafficking", *Cell 131*, nº 1 (2007).
2. Craig Thorley, "Note Taking and Note Reviewing Enhance Jurors' Recall of Trial Information", *Applied Cognitive Psychology* 30, nº 5 (2016), p. 655–63.
3. Steven Kotler, *The Angle Quickest for Flight* (Nova York: Four Walls Eight Windows, 2001).
4. Thomas Gifford, *Assassini* (Nova York: Bantam, 1991).
5. Malachi Martin, *The Decline and Fall of the Roman Church* (Nova York: G. P. Putnam's Sons, 1981).
6. Karen Armstrong, *A History of God: The 4,000-Year Quest of Judaism, Christianity and Islam* (Nova York: Vintage, 1999).
7. Maria Luisa Ambrosini e Mary Willis, *The Secret Archives of the Vatican* (Boston: Little, Brown, 1969).

A ARTE DO IMPOSSÍVEL

8. Thomas Reese, *Inside the Vatican* (Cambridge, MA: Harvard University Press, 1998).

9. Dan Rowinski, "The Slow Hunch: How Innovation Is Created Through Group Intelligence."*ReadWrite*, 9 de junho de 2011, https://readwrite.com/2011/06/09/the_slow_hunch_how_innovation_is_created_through_g/; see also Steven Johnson, Where Good Ideas Come From (Nova York: Riverhead, 2011).

10. Wolfram Schultz, "Predictive Reward Signal of Dopamine Neurons", *Journal of Neurophysiology* 80, 1998, p. 1–27.

11. Diana Martinez, Daria Orlowska, Rajesh Narendran, Mark Slifstein, Fei Liu, Dileep Kumar, Allegra Broft, Ronald Van Heertum e Herbert D. Kleber, "Dopamine Type 2/3 Receptor Availability in the Striatum and Social Status in Human Volunteers", *Biological Psychiatry* 67, nº 3 (2010), p. 275–78.

12. Alfredo Meneses, "Neurotransmitters and Memory", *Identification of Neural Markers Accompanying Memory* (Amsterdã: Elsevier, 2014), p. 5–45.

Capítulo 11 – A Habilidade da Habilidade

1. Esta entrevista apareceu pela primeira vem em um blog que escrevi para a *Forbes*; veja Steven Kotler, "Tim Ferriss and the Secrets of Accelerated Learning", *Forbes*, 4 de maio de 2015, https://www.forbes.com/sites/stevenkotler/2015/05/04/tim-ferriss-and-the-secrets-of-accelerated-learning/.

Capítulo 12 – Mais Forte

1. Christopher Peterson, Willibald Ruch, Ursula Beermann, Nansook Park e Martin E. P. Seligman, "Strengths of Character, Orientations to Happiness, and Life Satisfaction", *Journal of Positive Psychology* 2, nº 3, 2007, p. 149–56.

2. Christopher Peterson e Martin E. P. Seligman, *Character Strengths and Virtues: A Handbook and Classification* (Oxford: Oxford University Press, 2004).

3. Dr. Andrew Huberman, da Stanford University, e Dr. Glenn Fox, of USC, entrevistas com o autor, 2020.

4. Gallup, Inc., "CliftonStrengths", *Gallup.com*, 13 de junho de 2020, https://www.gallup.com/cliftonstrengths/en/252137/home.aspx; veja também "Be Your Best SELF with STRENGTHS", *Strengths Profile*, https://www.strengthsprofile.com/.

5. Martin E. P. Seligman, Tracy A. Steen, Nansook Park e Christopher Peterson, "Positive Psychology Progress: Empirical Validation of Interventions", *American Psychologist* 60, nº 5 (2005), p. 410; veja também Fabian Gander, René T. Proyer, Willibald Ruch e Tobias Wyss, "Strength-Based Positive Interventions: Further Evidence for Their Potential in Enhancing Well-Being and Alleviating Depression", *Journal of Happiness Studies* 14, nº 4 (2013), p. 1241–59.

NOTAS

Capítulo 13 – O 80/20 da Inteligência Emocional

1. Christopher Peterson, "Other People Matter: Two Examples", *Psychology Today*, 17 de junho de 2008, https://www.psychologytoday.com/us/blog/the-good-life/200806/other-people-matter-two-examples.

2. Daniel Goleman, *Emotional Intelligence: Why It Can Matter More Than IQ* (Nova York: Bantam, 2005).

3. Para uma visão geral sobre o behaviorismo e as opiniões de Skinner, veja George Graham, "Behaviorism", *Stanford Encyclopedia of Philosophy*, Stanford University, 19 de março de 2019.

4. Jaak Panksepp, *Affective Neuroscience: The Foundations of Human and Animal Emotions* (Oxford: Oxford University Press, 2014).

5. Ibid. Veja também Li He et al., "Examining Brain Structures Associated with Emotional Intelligence and the Mediated Effect on Trait Creativity in Young Adults", *Frontiers in Psychology*, 15 de junho de 2018.

6. Nancy Gibbs, "The EQ Factor", *Time*, 24 de junho de 2001.

7. Goleman, *Emotional Intelligence*.

8. William James, *Psychology: The Briefer Course* (New York: Henry Holt, 1892), p. 10.

9. Charles Duhigg, *The Power of Habit: Why We Do What We Do in Life & Business* (Nova York: Random House, 2012), p. 16; veja também Timothy Wilson, *Strangers to Ourselves: Discovering the Adaptive Unconscious* (Nova York: Harvard University Press, 2002).

10. Ludwig Wittgenstein, *Tractatus Logico-Philosophicus* (Nova York: Cosimo Classics, 2010), p. 43.

11. Keith Sawyer, "What Mel Brooks Can Teach Us about 'Group Flow,'" *Greater Good Magazine*, 24 de janeiro de 2012.

12. Claus Lamm e Jasminka Majdandžić, "The Role of Shared Neural Activations, Mirror Neurons, and Morality in Empathy—A Critical Comment", *Neuroscience Research* 90 (2015), p. 15–24; veja também Zarinah Agnew et al., "The Human Mirror System: A Motor-Resonance Theory of Mind Reading", Brain Research Reviews 54, nº 2, (junho de 2007), p. 286–93.

13. Daniel Goleman e Richard J. Davidson, *Altered Traits: Science Reveals How Meditation Changes Your Mind, Brain, and Body* (Nova York: Random House, 2018), p. 250.

14. Rich Bellis, "Actually, We Don't Need More Empathy", *Fast Company*, 20 de outubro de 2017.

15. Olga M. Klimecki, Susanne Leiberg, Claus Lamm e Tania Singer, "Functional Neural Plasticity and Associated Changes in Positive Affect After Compassion Training", *Cerebral Cortex 23*, nº 7 (2012), p. 1552–61.

A ARTE DO IMPOSSÍVEL

Capítulo 14 – O Caminho Mais Curto para o Super-Homem

1. K. Anders Ericsson, Ralf T. Krampe e Clemens Tesch-Römer, "The Role of Deliberate Practice in the Acquisition of Expert Performance", *Psychological Review* 100, nº 3 (1993), p. 363–406.

2. Anders Ericsson, *The Cambridge Handbook of Expertise and Expert Performance* (Cambridge, UK: Cambridge University Press, 2018); veja também Malcolm Gladwell, *Outliers* (Nova York: Little, Brown, 2013).

3. David Epstein, *Range: Why Generalists Triumph in a Specialized* World (New York: Riverhead, 2019), p. 15–35.

4. Nic Skillicorn, "The 10,000-Hour Rule Was Wrong, According to the People Who Wrote the Original Study", *Inc.*, 9 de junho de 2016.

5. Anders Ericcson, entrevista com o autor, 2016.

6. Steven Kotler, *The Rise of Superman* (Nova York: New Harvest, 2014), p. 78–82.

7. Robert Plomin, Nicholas G. Shakeshaft, Andrew McMillan e Maciej Trzaskowski, "Nature, Nurture, and Expertise", *Intelligence* 45 (2014), p. 46–59.

8. W. Mischel, Y. Shoda e M. Rodriguez, "Delay of Gratification in Children", *Science* 244, nº 4907 (1989), p. 933–38.

9. David Epstein, "Fit Looks Like Grit", *Franklin Covey*, 5 de dezembro de 2019, YouTube video, https://www.youtube.com/watch?v=v27 vQCGCCLs.

10. Chloe Gibbs, Jens Ludwig, Douglas L. Miller e Na'ama Shenhav, "Short-Run Fade-out in Head Start and Implications for Long-Run Effectiveness", UC Davis Center for Poverty Research, *Policy Brief* 4, nº 8 (fevereiro de 2016), https://poverty.ucdavis.edu/policy-brief/short-run-fade-out-head-start-and-implications-long-run-effectiveness.

11. Epstein, *Range*.

12. Chris Berka, "A Window on the Brain", TEDx San Diego, 2013, https://www.youtube.com/watch?v=rBt7LMrIkxg&feature=emb_logo.

Parte III – Criatividade

1. Javier Pérez Andújar, *Salvador Dalí: a la conquista de lo irracional* (Madrid: Algaba Ediciones, 2003), p. 245.

Capítulo 15 – A Vantagem Criativa

1. Bri Stauffer, "What Are the 4 C's of 21st Century Skills?" *Applied Educational Systems*, 7 de maio 7 de 2020, https://www.aeseducation.com/blog/four-cs-21st-century-skills; veja também Preparing 21st CenturyStudents for a Global Society: An Educator's Guide to the "Four Cs", *National Education Association report*, http://www.nea.org/assets/docs/A-Guide-to-Four-Cs.pdf.

2. "IBM 2010 Global CEO Study", IBM, May 18, 2010, Veja https://www-03.ibm.com/press/us/en/pressrelease/31670.wss.

NOTAS

3. Adobe, "State of Create Study: Global Benchmark Study on Attitudes and Beliefs about Creativity at Work, Home and School", abril de 2012, https://www.adobe.com/aboutadobe/pressroom/pdfs/Adobe_State_of_Create_Global_Benchmark_Study.pdf.

4. Tom Sturges, *Every Idea Is a Good Idea* (Nova York: Penguin, 2014), p. 29.

5. Gerhard Heinzmann e David Stump, "Henri Poincaré" *Stanford Encyclopedia of Philosophy*, Stanford University, 10 de outubro de 2017; veja também Dean Keith Simonton, *Origins of Genius: Darwinian Perspectives on Creativity* (Nova York: Oxford University Press, 1999).

6. Graham Wallas, *The Art of Thought* (Tunbridge Wells, RU: Solis Press, 2014), p. 37–55.

7. A. N. Whitehead, *Process and Reality. An Essay in Cosmology. Gifford Lectures Delivered in the University of Edinburgh During the Session 1927–1928* (Nova York: Macmillan, 1927).

8. Alex Osborn, *Your Creative Power* (Gorham, ME: Myers Education Press, 2007).

9. Lori Flint, "How Creativity Came to Reside in the Land of the Gifted", *Knowledge Quest* 42, nº 5 (maio-junho de 2014), p. 64–74.

10. Para uma análise ótima de Guilford, veja https://www.newworldencyclopedia.org/entry/J._P._Guilford.

11. Lisa Learman, "Left vs. Right Brained", *iPerspective in research*, 22 de maio de 2019, https://biomedicalodyssey.blogs.hopkinsmedicine.org/2019/05/left-vs-right-brained-why-the-brain-laterality-myth-persists/.

12. Arne Dietrich, *How Creativity Happens in the Brain* (Nova York: Palgrave Macmillan, 2015), p. 3–6.

13. Anthony Brandt e David Eagleman, *The Runaway Species* (Edinburgo: Canongate Books, 2017), p. 24–27.

14. Ibid., p. 27–29.

15. Teresa M. Amabile e Michael G. Pratt, "The Dynamic Componential Model of Creativity and Innovation in Organizations: Making Progress, Making Meaning", *Research in Organizational Behavior* 36 (2016), p. 157–83.

16. Scott Barry Kaufman, "The Real Neuroscience of Creativity", *Scientific American*, 19 de abril de 2013.

17. William James, *Principle of Psychology* (New York: Cosimo Classics, 2013), p. 402.

18. Michael I. Posner, Charles R. Snyder e Brian J. Davidson, "Attention and the Detection of Signals", *Journal of Experimental Psychology* 109, nº 2 (1980), p. 160–74.

19. Michael I. Posner e Steven E. Petersen, "The Attention System of the Human Brain", *Annual Review of Neuroscience* 13, nº 1 (1990), p. 25–42.

20. Scott Barry Kaufman e Carolyn Gregoire, *Wired to Create: Unraveling the Mysteries of the Creative Mind* (Nova York: TarcherPerigee, 2016), xxvii.

A ARTE DO IMPOSSÍVEL

21. Roger Beaty et al., "Creativity and the Default Mode Network", *Neuropsychologia* 64 (novembro de 2014), p. 92–98.

22. R. L. Buckner, "The Serendipitous Discovery of the Brain's Default Mode Network", *NeuroImage* 62, p. 1137–45.

23. Laura Krause et al., "The Role of Medial Prefrontal Cortex in Theory of Mind: A Deep rTMS Study", *Behavioural Brain Research* 228, nº 1 (2012), p. 87–90.

24. Brandt e Eagleman, *Runaway Species*, p. 55–104.

25. Lucina Uddin, *Salience Network of the Human Brain* (Amsterdam: Elsevier, 2017).

26. Posner, Snyder e Davidson, "Attention and the Detection of Signals".

27. "The Creative Brain Is Wired Differently", *Neuroscience News*, 23 de janeiro de 2018.

28. David Eagleman, entrevista com o autor, 2017; Scott Barry Kaufman, entrevista com o autor, 2019. Da mesma forma, na psicologia chamam isso de "inibição latente"; Shelley Crason, Jordan Peterson e Daniel Higging, "Latent Inhibition Is Associated with Increased Creative Achievement in High-Functioning Individuals", *Journal of Personality and Social Psychology* 85, nº 3 (2003), p. 499–506.

29. Scott Barry Kaufman, "The Myth of the Neurotic Creative", *The Atlantic*, 29 de fevereiro de 2016, https://www.theatlantic.com/science/archive/2016/02/myth-of-the-neurotic-creative/471447/.

Capítulo 16 – Hackeando a Criatividade

1. John Kounios e Mark Beeman, *The Eureka Factor: Aha Moments, Creative Insight, and the Brain* (Nova York: Windmill Books, 2015), p. 89–90.

2. G. Rowe, J. B. Hirsh e A.K. Anderson, "Positive Affect Increases the Breadth of Attentional Selection", *Proceedings of the National Academy of Sciences USA* 104 (2007), p. 383–88; veja também Barbara Fredrickson, "Positive Emotions Open Our Mind", *Greater Good Science Center*, 21 de junho de 2011, https://www.youtube.com/watch?time_continue=1&v=Z7dFDHzV36g&feature=emb_logo.

3. Glenn Fox, entrevista com o autor, 2020; Kate Harrison, "How Gratitude Can Make You More Creative and Innovative", *Inc.*, 16 de novembro de 2016.

4. Lorenza S. Colzato, Ayca Szapora e Bernhard Hommel, "Meditate to Create: the Impact of Focused-Attention and Open-Monitoring Training on Convergent and Divergent Thinking", *Frontiers in Psychology* 3 (2012), 116; Viviana Capurso, Franco Fabbro e Christiano Crescentini, "Mindful Creativity", *Frontiers in Psychology*, 10 de janeiro de 2014.

5. John Kounios, entrevista com o autor, 2019; veja também Penelope Lewis, Gunther Noblich, Gina Poe, "How Memory Replay in Sleep Boosts Creative Problem Solving", *Trends in Cognitive Sciences 22*, nº 6 (2018), p. 491–503.

6. Para uma discussão realmente boa sobre as diferenças entre os hemisférios, veja Iain McGilchrist, *The Master and His Emissary* (New Haven, CT: Yale University Press, 2009).

7. Kounis e Beeman, *The Eureka Factor*, p. 171.

NOTAS

8. Mark Burgess e Michael E. Enzle, "Defeating the Potentially Deleterious Effects of Externally Imposed Deadlines: Practitioners' Rules-of-Thumb", *PsycEXTRA Dataset* (2000).

9. Ruth Ann Atchley, David L. Strayer e Paul Atchley, "Creativity in the Wild", *PLoS ONE* 7, nº 12, 12 de dezembro de 2012.

10. Andrew F. Jarosz, Gregory J. H. Colflesh e Jennifer Wiley, "Uncorking the Muse: Alcohol Intoxication Facilitates Creative Problem Solving", *Consciousness and Cognition* 21, nº 1 (2012), p. 487–93.

11. John Kounios, entrevista com o autor, 2019.

12. Kiki De Jonge, Eric Rietzschel, Nico Van Yperen, "Stimulated by Novelty", *Personality and Social Psychology Bulletin 44*, nº 6 (Junho 2018), p. 851–67.

13. David Cropley e Arthur Cropley, "Functional Creativity: 'Products' and the Generation of Effective Novelty", in James C. Kaufman e Robert J. Sternberg (eds.), *The Cambridge Handbook of Creativity* (Nova York: Cambridge University Press, 2010), p. 301–17.

14. Gene Santoro, *Myself When I Am Real: The Life and Music of Charles Mingus* (New York: Oxford University Press, 2001), p. 197; aparentemente, Mingus disse isso a Timothy Leary. Pessoalmente, adoraria saber o que Leary respondeu.

15. Catrinel Haught-Tromp, "The Green Eggs and Ham Hypothesis", *Psychology of Aesthetics, Creativity and the Arts*, 14 de abril de 2016.

16. Chip Heath e Dan Heath, *The Myth of the Garage: And Other Minor Surprises* (Nova York: Currency, 2011); veja também Keith Sawyer, *Group Genius: The Creative Power of Collaboration* (Nova York: Basic Books, 2017).

17. Scott Barry Kaufman, entrevista com o autor, 2019.

18. Lee Zlotoff, entrevista com o autor, 2015; veja também The MacGyver Secret (website), https://macgyversecret.com; Kenneth Gilhooly, *Incubation in Problem Solving and Creativity* (Nova York: Routledge, 2019).

Capítulo 17 – Criatividade de Longo Prazo

1. Isso não quer dizer que outras pessoas não tenham abordado a ideia. Uma obra que adoro sobre como envelhecer impacta a criatividade e por que a criatividade a longo prazo é Gene Cohen, *The Creative Age* (Nova York: William Morrow, 2000).

2. John Barth, entrevista com o autor, 1993. Há que se observar que estou recontando o que me lembro dessa conversa e que as palavras exatas podem ter mudado ao longo dos anos.

3. Para os nerds de Pynchon como eu, as duas histórias são "Byron the Lightbulb" e a de Franz Pokler, o cientista espacial cuja filha foi raptada pelos nazistas.

4. Tim Ferriss, entrevista com o autor, 2017.

5. Veja Paul Graham, "Maker's Schedule, Manager's Schedule", Paul Graham (website), julho de 2009, http://www.paulgraham.com/makersschedule.html.

6. Tim Ferriss, entrevista com o autor, 2017.

A ARTE DO IMPOSSÍVEL

7. Não é apenas Ferriss que se sente assim; pesquisadores de Stanford descobriram a mesma coisa: Marily Oppezzo e Daniel Schwarts, "Give Your Ideas Some Legs", *Experimental Psychology, Learning, Memory and Cognition* 40, nº 4 (julho de 2014), p. 1142–52.

8. Há um artigo excelente sobre a entrevista (que se tornou conhecido também): Cristobal Vasquez, "The Interview Playboy Magazine Did with Gabriel Garcia Marquez", *ViceVersa*, 25 de agosto de 2014.

9. Ernest Hemingway e Larry W. Phillips, *Ernest Hemingway on Writing* (New York: Scribner, 2004).

10. Sigmund Freud, *Civilization and its Discontents in The Complete Psychological Works of Sigmund Freud: The Future of an Illusion, Civilization and its Discontents, and Other Works* (Richmond: Hogarth Press, 1961), p. 79–80.

11. Roger Barker, Tamara Dembo e Kurt Lewin, *Frustration and Regression. An Experiment with Young Children, Studies in Topological and Vector Psychology II* (Iowa City: University of Iowa Press, 1941), p. 216–19.

12. Mark Beeman e John Kounios, *The Eureka Factor: Aha Moments, Creative Insight, and the Brain* (Nova York: Windmill Books, 2016), p. 102–3.

13. Edward Albee, *The Zoo Story* (Nova York: Penguin, 1960); veja http://edwardalbeesociety.org/works/the-zoo-story/.

14. Sir Ken Robinson, "Do Schools Kill Creativity", TED Talk, 2006, https://www.ted.com/talks/sir_ken_robinson_do_schools_kill_creativity?language=en.

15. Ken Robinson, entrevista com o autor, 2016.

16. Burk Sharpless, entrevista com o autor, 2014.

17. Gretchen Bleiler, entrevista com o autor, 2016

18. Mihaly Csikszentmihalyi, *Creativity: The Psychology of Discovery and Invention* (Nova York: Harper Perennial, 1996), p. 51–76.

19. Ibid.

Capítulo 18 – O Fluxo da Criatividade

1. George Land, "The Failure of Success", TEDxTuscon, 16 de fevereiro de 2011, https://www.youtube.com/watch?v=ZfKMq-rYtnc.

2. Para mais sobre essa história, veja George Land e Beth Jarman, *Breakpoint and Beyond: Mastering the Future—Today* (Nova York: HarperCollins, 1992).

3. John Kounios, entrevista com o autor, 2019.

4. Para uma ótima discussão sobre a criatividade, o fluxo e as redes, veja Scott Barry Kaufman, "The Neuroscience of Creativity, Flow, and Openness to Experience", *BTC Institute*, 17 de julho de 2014, https://www.youtube.com/watch?v=Un_LroX0DAA.

NOTAS

Parte IV – Fluxo

1. Friedrich Nietzsche, *Beyond Good and Evil*, tradução de Helen Zimmern (Hampshire, RU: Value Classics Reprints, 2018), p. 212.

Capítulo 19 – O Decodificador Secreto

1. Para um relato completo sobre essa história, veja Steven Kotler, *West of Jesus: Surfing, Science and the Origin of Belief* (Nova York: Bloomsbury, 2006). Também falei mais sobre isso no podcast de Joe Rogan: https://www.youtube.com/watch?v=X_yq-4remO0.
2. Rob Schultheis, *Bone Games: One Man's Search for the Ultimate Athletic High* (Breakaway Books, 1996).
3. Andrew Newberg e Eugene D'Aquili, *Why God Won't Go Away: Brain Science and the Biology of Belief* (Nova York: Ballantine, 2001), p. 120–27.
4. Andrew Newberg, entrevistas com o autor, 2000–2020.

Capítulo 20 – A Ciência do Fluxo

1. Friedrich Nietzsche, *Thus Spoke Zarathustra* (Digireads.com, 2016), p. 25. [Obra disponível em português com o título *Assim Falava Zaratustra*.]
2. Charles Darwin, *On the Origin of Species by Means of Natural Selection, or, The Preservation of Favoured Races in the Struggle for Life* (London, 1859; reimpressão digital, Adam Goldstein, ed., American Museum of Natural History, 2019), https://darwin.amnh.org/files/images/pdfs/e83461.pdf. [Obra disponível em português com o título *A Origem das Espécies*.]
3. Para uma discussão muito boa sobre Nietzsche e muitas das ideias apresentadas nesta seção, a Academy of Ideas fez uma série excelente de palestras em vídeo sobre o tópico. Veja https://academyofideas.com/tag/nietzsche/.
4. Friedrich Nietzsche, *Ecce Homo: How One Becomes What One Is*, trans. R. J. Hollingdale (New York: Penguin Books, 2004), 44. [Obra disponível em português com o título *Ecce Homo*.]
5. Friedrich Nietzche, *Beyond Good and Evil,* trad. de Helen Zimmern (Hampshire, UK: Value Classics Reprints, 2018), p. 90. [Obra disponível em português com o título *Além do Bem e do Mal*.]
6. Nietzsche e Zapffe, "Beauty, Suffering, and the Nature of Genius", *Academy of Ideas*, 6 de dezembro de 2015, https://academyofideas.com/2015/12/nietzsche-zapffe-beauty-suffering-nature-of-genius/; veja também Nitzan Lebovic, "Dionysian Politics and the Discourse of 'Rausch,' " em Arpad von Klimo e Malte Rolf, eds., *Rausch und Diktatur:Inszenierung, Mobilisierung und Kontrolle in totalitären Systemen* (Frankfurt: Campus Verlag, 2006), https://www.academia.edu/310323 / Dionysian_Politics_and_The_Discourse_of_Rausch.
7. Friedrich Nietzsche, *Twilight of the Idols* (New York: Penguin Classics, 1990), p. 55. [Obra disponível em português com o título *Crepúsuclo dos Ídolos*.]

A ARTE DO IMPOSSÍVEL

8. Mihaly Csikszentmihalyi, *Flow: The Psychology of Optimal Experience* (Nova York: HarperPerennial, 2008). Da mesma forma, se você tem interesse por sua metodologia, veja Joel Hektner, Jennifer Schmidt e Mihaly Csikszentmihalyi, *Experience Sampling Method* (Nova York: Sage Publications, 2007).

9. Richard Ryan, *The Oxford Handbook of Human Motivation* (Nova York: Oxford University Press, 2005), p. 128.

10. Christian Jarrett, "All You Need to Know about the 10 Percent Brain Myth in 60 Seconds", *Wired*, 24 de julho de 2014.

11. Arne Dietrich, "Transient Hypofrontality as a Mechanism for the Psychological Effects of Exercise", *Psychiatry Research* 145, nº 1 (2006), p. 79–83; veja também Arne Dietrich, Introduction to Consciousness (Nova York: Palgrave Macmillan, 2007), p. 242–44.

12. Arne Dietrich, entrevista de 2012.

13. Rhailana Fontes, Jéssica Ribeiro, Daya S. Gupta, Dionis Machado, Fernando Lopes-Júnior, Francisco Magalhães, Victor Hugo Bastos et al., "Time Perception Mechanisms at Central Nervous System", *Neurology International* 8, nº 1, 2016.

14. Istvan Molnar-Szakacs e Lucina Q. Uddin, "Self-Processing and the Default Mode Network: Interactions with the Mirror Neuron System", *Frontiers in Human Neuroscience* 7 (2013).

15. Charles J. Limb e Allen R. Braun, "Neural Substrates of Spontaneous Musical Performance: An FMRI Study of Jazz Improvisation", *PLoS ONE* 3, nº 2, 2008.

16. Frances A. Maratos, Paul Gilbert, Gaynor Evans, Faye Volker, Helen Rockliff e Gina Rippon, "Having a Word with Yourself: Neural Correlates of Self-Criticism and Self-Reassurance", *NeuroImage* 49, nº 2 (2010), p. 1849–56.

17. A primeira vez que ouvi falar a respeito foi por meio do Dr. Leslie Sherlin, que ainda não publicou este trabalho, mas a história é integralmente contada em *The Rise of Superman*. Veja também Kenji Katahira et al., "EEG Correlates of the Flow State", *Frontiers in Psychology*, 9 de março de 2018; E. Garcia-Rill et al., "The 10 Hz Frequency", *Translation Brain Rhythm* 1, nº 1, 24 de março de 2016. Por fim, Csikszentmihalyi e muitos outros examinaram o cérebro de jogadores de xadrez em fluxo e descobriram algo similar. Para uma versão popular dessa história, veja Amy Brann, *Engaged* (Nova York: Palgrave Macmillan, 2015), p. 103–5.

18. Mark Beeman e John Kounios, *The Eureka Factor* (Nova York: Windmill Books, 2016), p. 71–74.

19. Gina Kolata, "Runner's High? Endorphins? Fiction, Some Scientists Say", *New York Times*, 21 de maio de 2002, https://www.nytimes.com/2002/05/21/health/runner-s-high-endorphins-fiction-some-scientists-say.html.

20. Arne Dietrich, "Endocannabinoids and Exercise", *British Journal of Sports Medicine* 38, nº 5 (2004), p. 536–41, https://doi.org/10.1136/bjsm.2004.011718.

21. Henning Boecker, Till Sprenger, Mary E. Spilker, Gjermund Henriksen, Marcus Koppenhoefer, Klaus J. Wagner, Michael Valet, Achim Berthele e Thomas R. Tolle, "The Runner's High: Opioidergic Mechanisms in the Human Brain", *Cerebral*

NOTAS

> *Cortex* 18, nº 11 (2008), p. 2523–31; veja também Henning Boecker, "Brain Imaging Explores the Myth of Runner's High", *Medical News Today*, 4 de março de 2008.

22. Gregory Berns, *Satisfaction: Sensation Seeking, Novelty, and the Science of Seeking True Fulfillment* (Nova York: Henry Holt, 2005), p. 146–74.

23. Corinna Peifer, "Psychophysiological Correlates of Flow-Experience", em S. Engeser, ed., *Advances in Flow Research* (Nova York: Springer, 2007), p. 151–52; A. J. Marr, "In the Zone: A Behavioral Theory of the Flow Experience", *Athletic Insight: The Online Journal of Sport Psychology* 3 (2001).

24. Para uma visão geral sobre a norepinefrina, veja Eddie Harmon-Jones e Piotr Winkielman, *Social Neuroscience: Integrating Biological and Psychological Explanations of Social Behavior* (Nova York: Guilford Press, 2007), p. 306; da mesma forma, para uma ótima análise sobre toda a neurociência que aborda a atenção, veja Michael Posner, *Cognitive Neuroscience of Attention* (Nova York: Guilford Press, 2004). Por fim, para uma visão sobre a relação entre a norepinefrina e o fluxo, consulte o cardiologista de Harvard Herbert Benson. Para uma versão para leigos de seu trabalho, veja Herbert Benson e William Proctor, *The Breakout Principle: How to Activate the Natural Trigger That Maximizes Creativity, Athletic Performance, Productivity and Personal Well-Being* (Nova York: Scribner, 2003), p. 46–68.

25. Paul Zak, entrevista com o autor, 2020.

26. Scott Keller e Susie Cranston, "Increasing the 'Meaning Quotient' of Work", *McKinsey & Company*, 2013, https://www.mckinsey.com/business-functions/organization/our-insights/increasing-the-meaning-quotient-of-work.

27. O CEO Chris Berka, da ABM, deu uma palestra excelente na TEDx sobre essa pesquisa: "What's Next—A Window on the Brain: Chris Berka at TEDxSanDiego 2013", 5 de fevereiro de 2014, https://www.youtube.com/watch?v=rBt7LMrIkxg; veja também"9-Volt Nirvana", *Radiolab*, junho de 2014, http://www.radiolab.org/story/9-volt-nirvana/; Sally Adee, "Zap Your Brain into the Zone", *New Scientist*, 1 de fevereiro de 2012.

28. Teresa M. Amabile, Sigal G. Barsade, Jennifer S. Mueller e Barry M. Staw, "Affect and Creativity at Work", *Administrative Science Quarterly* 50, nº 3 (2005), p. 367–403.

29. Peifer, "Psychophysiological Correlates of Flow-Experience", p. 149–51; Andrew Huberman, entrevista com o autor, 2020; Scott Barry Kaufman, "Flow: Instead of Losing Yourself, You Are Being Yourself", *SBK* (blog), 28 de janeiro de 2016, https://scottbarrykaufman.com/flow-instead-of-losing-yourself-you-are-being-yourself/.

Capítulo 21 – Gatilhos do Fluxo

1. Jeanne Nakamura e Mihaly Csikszentmihalyi, "The Concept of Flow", em *The Oxford Handbook of Positive Psychology* (Nova York: Oxford University Press, 2009), p. 89–105.

2. Para uma das tentativas mais interessantes de se chegar à neurobiologia de ambos os gatilhos do fluxo e seus efeitos fenomenológicos, veja Martin Klasen, Rene Weber, Tilo Kircher, Krystyna Mathiak e Klaus Mathiak, "Neural Contributions to Flow Experience during Video Gaming", *Social Cognition and Affective Neuroscience* 7, nº 4, abril de 2012, p. 485–95.

3. Gatilhos do fluxo são um conceito muito recente que foram identificados e expandidos com o tempo. Para uma discussão completa, veja *The Rise of Superman* (Nova York: New Harvest, 2014). Mas o conceito também recebe atenção em Johannes Keller e Anne Landhasser, "The Flow Model Revisited", em Stefan Engeser, ed., *Advances in Flow Research* (New York: Springer, 2007), p. 61.

4. Mihaly Csikszentmihalyi, "Attention and the Holistic Approach to Behavior", em Kenneth S. Pope e Jerome L. Singer, eds., *The Stream of Consciousness: Scientific Investigations into the Flow of Human Experience* (Boston: Springer, 1978), p. 335–58.

5. Ernest Becker, *The Denial of Death* (Nova York: Free Press, 1997).

6. John Hagel, entrevista com o autor, 2016.

7. Wanda Thibodeaux, "Why Working in 90-Minute Intervals Is Powerful for Your Body and Job, According to Science", *Inc.*, 27 de janeiro de 2019; veja também Drake Baer, "Why You Need to Unplug Every 90 Minutes", *Fast Company*, 19 de junho de 2013.

8. Mihaly Csikszentmihalyi, *Good Business: Leadership, Flow, and the Making of Meaning* (Nova York: Penguin, 2004), p. 42–43; para uma visão sobre "objetivos claros compartilhados", um gatilho de fluxo grupal e trabalho em organizações, veja também Good Business, p. 113–22.

9. Ibid, p. 43–44.

10. Adrian Brady, "Error and Discrepancy in Radiology", *Insights Imaging* 8, nº 1 (7 de dezembro de 2016), p. 171–82; veja também Stephen Dunbar e Jonathon Levitt, "A Star Is Made", *New York Times*, 7 de maio de 2006.

11. Mihaly Csikszentmihalyi, *Flow and Foundations of Positive Psychology: The Collected Works of Mihaly Csikszentmihalyi* (Nova York: Springer, 2014), p. 191–93.

12. A maioria dos gatilhos da dopamina (riscos, reconhecimento de padrões, novidade, complexidade e imprevisibilidade) foram descritos pela primeira vez em *West of Jesus: Surfing, Science and the Origin of Belief* (2006) e, posteriormente, em *The Rise of Superman* (2013). Para saber mais, veja Elaine Houston, "11 Activities and Exercises to Induce Flow", *PositivePsychology.com*, 29 de maio de 2020; Robert Sapolsky fala exaustivamente sobre novidade, complexidade e imprevisibilidade e dopamina em https://www.youtube.com/watch?v=axrywDP9Ii0. A complexidade também aparece em Melanie Rudd, Kathleen Vohs e Jennifer Aaker, "Awe Expands People's Perception of Time and Enhances Well-Being", *Psychological Science* 23, nº 10 (2012), p. 1130–36.

13. Ned Hallowell, entrevista com o autor, 2012.

14. Kotler, *The Rise of Superman* e *West of Jesus*.

NOTAS

15. Até onde sei, a incorporação profunda aparece pela primeira vez na literatura em E. J. Chavez, "Flow in Sport", *Imagination, Cognition and Personality* 28, nº 1 (2008), p. 69–91. A ideia é totalmente explorada mais uma vez em *The Rise of Superman* e aparece repetidas vezes nas obras de Christian Swann; veja Christian Swann, Richard Keegan, Lee Crust, David Piggot, "Exploring Flow Occurrence in Elite Golf", *Athletic Insight: The Online Journal of Sport Psychology* 4, nº 2 (2011).

16. Kevin Rathunde, "Montessori Education and Optimal Experience", NAMTA 26, nº 1 (2001), p. 11–43.

17. Para uma análise completa do trabalho sobre fluxo em grupo de Keith Sawyer e os gatilhos do fluxo grupal, veja Keith Sawyer, *Group Genius: The Creative Power of Collaboration* (Nova York: Basic Books, 2017).

18. Jef JJ van den Hout, Orin Davis e Mathieu Weggenman, "The Conceptualization of Team Flow", *Journal of Psychology* 152, nº 6 (2018).

19. Marisa Salanova, Eva Cifre, Isabel Martinex e Susana Gumbau, "Preceived Collective Efficacy, Subjective Well-Being and Task Performance among Electronic Work Groups", Small Group Research 34, nº 1 (Fevereiro 2003).

Capítulo 22 – O Ciclo do Fluxo

1. Benson, seguindo uma longa história sobre pesquisadores do fluxo, escolhe renomear esse estado (o breakout) neste livro. No entanto, sua pesquisa está certa. Veja Herbert Bensen, MD, e William Proctor, *The Breakout Principle: How to Activate the Natural Trigger That Maximizes Creativity, Athletic Performance, Productivity, and Personal Well-Being* (Nova York: Scribner, 2004).

2. Abraham Maslow, *Religion, Values and Peak-Experiences* (Nova York: Compass, 1994), p. 62.

3. Lindsey D. Salay, Nao Ishiko e Andrew D. Huberman, "A Midline Thalamic Circuit Determines Reactions to Visual Threat", *Nature* 557, nº 7704 (2018), p. 183–89.

4. Benyamin Cohen, "Albert Einstein Loved Sailing (but Didn't Even Know How to Swim)", From the Grapevine, 27 de julho de 2016, https://www.fromthegrapevine.com/nature/albert-einstein-fascination-sailing.

5. Há pesquisas amplas sobre os bloqueadores. Para "distração", veja Tom DeMarco e Timothy Lister, Peopleware (Nova York: Dorset House, 1999), p. 62–68. Para "pensamento negativo", veja J. A. Schmidt, "Flow in Education", Elsevier, 2010; veja também E. J. Chavez, "Flow in Sport", *Imagination, Cognition and Personality* 28, nº 1 (2008), p. 69–91. Para "energia baixa", veja Stefan Engeser, *Advances in Flow Research* (Nova York: Springer, 2007), p. 62. Para "falta de preparo" veja A. Delle Fave, M. Bassi e F. Massimini, "Quality of Experience and Daily Social Context of Italian Adolescents", em A. L. Comunian e U. P. Gielen, eds., *It's All About Relationships* (Lengerich, Alemanha: Pabst, 2003), p. 159–72.

6. Esther Thorson e Annie Lang, "The Effects of Television Videographics and Lecture Familiarity on Adult Cardiac Orienting Responses", *Communication, Media Studies, Language & Linguistics*, 1 de junho de 1992.

Índice

A

Abordagem
  80/20, 132–136
  de múltiplas redes,
    188–190
Abraham Maslow, 239–242
Ação orientada, 92–94
Adobe, 147–151
  State of Create, 147–150
Advanced Brain Monitoring,
  143–144
Albert Einstein, 242–246
Alex Osborn, 149–153
Alfred North Whitehead,
  149–152
  "Criatividade", 149–151
Ambição coletiva, 231–235
Ambiente rico, 225–229
Amídala, 72–76
Anandamida, 23, 42, 210
Andrew Huberman, 212, 240
Angela Duckworth, 60, 62
Ansiedade, 35, 73–77, 91
  ansiedade ontológica,
    215–218
  autorruminação, 35–36
  níveis de ansiedade,
    130–133
Aprender a pensar, 69–73
Aprendizado, 97–98
  aprendizado constante,
    100–102
  aprendizado
    permanente, 98
  aprendizagem acelerada,
    141–144
  material do aprendizado,
    103–106
Aprimoramento pessoal, 2–5
Aristóteles, 49–52, 101
  objetivos, 49–51
  primeiros princípios,
    101–102
Arne Dietrich, 207, 210

Arte
  do não, 216–220
  liberais, 69–73
Associação remota, 162–166
Atenção
  executiva, 159–160,
    164–168
  plena, 74–78, 164–168
Atividade
  de repouso, 60–63
  físicas, 68–72
Atlantic Monthly, 104–106
Autocontrole, 63–67
Autoeficácia, 54–57
Autonomia, 20–23, 37–39,
    214. *Consulte* Impulsos
Autorregulação, 60–64
Autovigilância, 207–211

B

Barbara Fredrickson, 71–75
Bem-estar, 83–87
B. F. Skinner, 130–134
  behaviorismo, 130–132
Biologia, 8–11
Blogs, 104–106
Bloqueadores de fluxo,
    244–248, 258–261
Boa comunicação, 232–236
Bom humor, 163–167
Brainstorming, 234–236
Burk Sharpless, 183–186
Burnout, 42–45

C

Carga
  cognitiva, 45, 93–94, 102
  cognitiva persistente,
    215–219
Carol Dweck, 65–69
Causa do efeito, 118–120
CCA, 162–166
Charles Darwin, 199–202
Charles Limb, 207–211
Charles Mingus, 169–173

Checklist diária, 70–74,
    249–253
Chris Peterson, 129–133
  psicologia positiva,
    129–132
Ciclo do Fluxo, 237–241
  batalha, 238–241
  liberação, 242–245
Ciência da motivação, 38–41
Circuitos da curiosidade,
    28–31
Comportamento instintivo,
    152–156
Comprometimento, 62–66
Concentração, 56–58, 66–70
  concentração total,
    203–207, 214–217
Conectoma, 212
Confrontar seus medos,
    79–83
Conhecimento profundo, 20–
    23, 43–46, 143–144.
    Consulte Impulsos
Consciência do piloto
    automático, 132–135
Consolidação da memória,
    246–248
Controlar os pensamentos,
    69–72
Corporificação profunda,
    227–230
Córtex cerebral, 152–156
  córtex medial
    pré-frontal, 212
  córtex pré-frontal, 208–211
Cortisol, 119, 164
Criatividade, 13, 72–76,
    147–151
  criatividade de longo prazo,
    175–178
  criatividade nos negócios,
    183–186
  processo criativo, 181–184
  processo recombinatório,
    153–156

Cronograma do criador, 178–182
Culto da especialização, 140–143
 David Epstein, 140–142
Cultura, 200–203
Curiosidade, 19–23, 37–40, 66–70, 115, 249. *Consulte* Impulsos

D

Daniel Goleman, 134–136
David Foster Wallace, 69, 70
Definir metas, 50–53
Depressão, 35, 86
Desafios factíveis, 219–223
Desempenho, 11–13
 alto desempenho, 82–86
 desempenho máximo, 69–72, 199–202
Dessensibilização sistemática, 80–83
Determinação, 59–62
Diálogos internos, 71–75
 afirmação fantasiosa, 71–74
 diálogos internos negativos, 99–102
 diálogos internos positivos, 71–74
 realidade factual, 71–75
Dilação temporal, 203–207
 agora profundo, 203–205
Distração, 244–248
 cognitivas, 85–88
Doença de Lyme, 193–196
 névoa cerebral, 193–195
Dopamina, 44–47, 68–72, 117–120
Dúvida, 69–73

E

Elon Musk, 8–12, 101–102, 106
 SolarCity, 102
 SpaceX, 102
Emoção, 71–75
 do corredor, 209–212
 emoções positivas, 71–73

Empatia, 133–136
Endereço somático, 73–77
Endorfinas, 23, 42, 164, 209, 210
Equilíbrio entre desafios e habilidades, 213–217
Escuta ativa, 133–136
Esgotamento do ego, 64–68
Espaço psicológico, 80–84
Especialização, 171–174
Espectro de experiências, 204–207
 macrofluxo, 204–206
 microfluxo, 204–206
Estímulos não otimizados, 244–248
Estratégias de recuperação, 87–88
 recuperação ativa, 87–88, 247–248
 recuperação passiva, 87–88
Estresse, 84–88
 estresse crônico, 88
 hormônios do estresse, 87–88
Evolução, 19–23
 aquisição de recursos, 19–21
Exercícios regulares, 254–256
Experiência
 autotélica, 204–207
 místicas, 195–198
Expression session, 228–232

F

Fadiga
 decisória, 63–66
 emocional, 2–5
Falta
 de preparo, 244–248
 de resistência, 85–88
Familiaridade, 233–236
Fast Company, 135–136
Fator de qualidade, 140–144
Feedback imediato, 213–217
Felicidade, 62–65
Felt-sense, 197–198
Ferramenta cognitiva, 74–78

Filtro
 da verdade, 100–102, 116–119
 filtro da verdade reduzido, 101–102
 sensorial, 126–128
Flow Research Collective, 8, 73, 212, 257–261
Fluxo, 9–13, 24–26, 68–72, 196–198
 aumento no fluxo, 66–69
 canal do fluxo, 221–224
 êxtase do fluxo, 68–71
 fluxo grupal, 211–212, 234–236
 hiperimpulso criativo, 189–190
 permanecer no fluxo, 66–70
FMF, 220–224
Foco, 26
 foco externo, 35–36
 circuito de atenção executiva, 35–36
 foco extremo, 196–198
 foco interno, 35–36
 maximizar o foco, 217–220
Força de vontade, 63–67
Francis Galton, 61–65
Fraqueza física, 85–88
Free Ride, 228–232
Freud, 181–185
 sublimação, 181–183
Friedrich Nietzsche, 199–202, 222–225
 aprenda a sofrer, 201–203
 ideia organizada, 201–204
Frustração, 69–72, 181–185, 239–243
 pequenas frustrações, 70–74
Função cerebral, 162–166
Fusão de egos, 232–235

G

Gabriel García Márquez, 179–183
Gallup Organization, 126–128
   CliftonStrengths, 126–128
Gary Klein, 97, 124
Gatilhos
   Criativos, 228–232
   do fluxo, 91–94, 213–216
      gatilhos internos, 214–216
   sociais, 229–233
George Land, 187–190
George Lucas, 182–185
   Star Wars, 182–184
Gerenciar distrações, 252–256
Glenn Fox, 73–77
Google, 40–43, 215–218
Graham Wallas, 149–153
Grandes consequências, 224–228, 241–245
Gratidão, 72–76, 164–168
   prática de gratidão, 73–77
Gravity Games, 3–6
Greg Berns, 210–212
Gregos antigos, 199–202
Gretchen Bleiler, 184–186
Guilford, 150–154

H

Habilidades, 66–70
   habilidades cognitivas, 11–13
   habilidades comunicativas, 98
   habilidades invisíveis, 66–69, 98
   habilidades psicológicas, 80–83
   meta-habilidades, 100–102, 125–128

Hábito, 92–94
   hábito da ferocidade, 91–94, 143–144
   hábitos fora do comum, 93–94
Hackear, 161–165
   solução rápida, 161–163
Head Start, 141–144
Henri Poincaré, 148–152
Herbert Benson, 237–241
Hierarquia motivacional, 20–23
Higiene mental, 70–74
Hiperimpulsos, 206–210
Hipocampo, 205–209
Hipofrontalidade transitória, 206–210
   senso de eu, 212
Huda Akil, 209–212

I

IBM, 147–151
Imaginação, 134–136, 148–151
   rede da imaginação, 155–158
Ímpeto motivacional, 55–58
Imprevisibilidade, 245–248, 255–256
Impulsos, 19–23
   impulsos extrínsecos, 20
   impulsos intrínsecos, 26, 49–52, 184
Índice de positividade, 71–75
   três para um, 71–75
Ineditismo, 72–76
Inovação extrema, 4–10, 129–132
Insight, 162–166, 245–248
   momento 'eureca', 162–164
Instinto
   seletivo, 153–157

Inteligência emocional, 80–84, 130–133, 254–256
   QE, 130–132
   autoconsciência, 131–135
   autogestão, 131–135
   consciência social, 131–134
   gestão de relacionamentos, 131–134
Interação social, 33–36
Inundação, 80–84

J

James Carse, 11–13
   jogos finitos, 11–14
   jogos infinitos, 11–14
Joe Lefler, 106
   Pandora's Box, 106
Johann Goethe, 201–205
John Barth, 176–180
John Hagel, 216–220
John Irving, 67–71
John Kounios, 162, 181, 209
Jornalismo, 3–6, 100–102
Josh Waitzkin, 82, 86

K

Katherine Von Culin, 62–66
Keith Ablow, 84–88
Keith Sawyer, 133, 170, 229
Kenyon College, 69–73
Kevin Rathunde, 227–231
Kristen Ulmer, 78–82
Kurt Lewin, 181–185

L

Lacunas, 115–119
Laird Hamilton, 76–80, 122–124
LeBron James, 67–71
Liberdade de escolha, 74–78
Limites, 170–174
Linguagem
   especializada, 109–113
   técnica, 32–35

A ARTE DO IMPOSSÍVEL

Lista
de afazeres diários, 55–58
de objetivos, 67–71
Livros, 103–106
London
Metal Exchange, 102
School of Economics,
149–153

M

MacGyver, 172, 242
método MacGyver,
173–174, 242–245
Malcolm Gladwell, 137–141
Manter o desempenho, 69–73
Marisa Salanova, 233–236
Mark Beeman, 162, 181, 209
Max Planck Institutes,
135–136
Meditação, 134–136
estilo aberto, 164–167
meditação da
compaixão, 134
meditação dos sentidos,
75–79
meditação extática,
196–198
Medo, 19–23, 77–81
consciência do medo,
79–83
estímulo, 79–81
medo de falar em público,
80–83
prática do medo, 78–82
Mentalidade, 63–67
mentalidade de
crescimento, 65–68,
99–102
mentalidade fixa, 65–68,
99–102
Metas, 250–254
Método Montessori, 227–231
educação corporificada,
227–229
Michael Gervais, 69–73,
80–84

Mihaly Csikszentmihalyi, 44,
185, 202, 213–216
psicologia do fluxo, 45–48
Mito dos 10% do cérebro,
206–210
Moderadores, 53–56
comprometimento, 53–55
condições "se-então",
53–55
Modo padrão, 159–160
Motivação, 17–21.
Consulte Quarteto de
habilidades
determinação, 17–19
impulso, 17–19
motivação extrínseca,
38–40
motivação controlada,
38–40
motivação intrínseca,
38–40, 52–55, 59–61.
Consulte Impulsos
motivação autônoma,
38–40
motivação por sedução,
39–41
objetivos, 17–19

N

Não tempo, 166–170
Narrativa, 109–113, 119–120
cadeia de causa e efeito,
119–120
NASA, 89–92, 187–190
teste de usos alternativos,
187–190
National
Education Association,
147–151
Endowment for the Arts,
103–106
Ned Hallowell, 225–229
Negação da morte, 215–219
Ernest Becker, 215–217
Neuroanatomia, 22–25, 205
ínsula, 22–24

Neurobiologia, 8–11, 52–56,
99–102, 119–120
sistema nervoso, 8–10
Neurociência, 205–209
Neuroeletricidade, 206–209
Neuroquímica, 54–57,
142–144, 205–208
Níveis de energia, 63–66
Norepinefrina, 23–26, 46–
48, 108–112, 164–168,
215, 245
noradrenalina, 23–25
Novidade, 225–229

O

Objetivos, 18–21, 51–54
objetivos claros, 213–216
objetivos elevados e difíceis
(HHG), 52–55
Objetos
da atenção, 197–198
Ocitocina, 23–26, 33–36
Onda de adrenalina,
224–228
Ondas, 208–212
ondas alfa, 208–211
ondas beta, 208–210
beta elevada, 208
ondas gama, 209–211
conexão entre ideias,
209–211
ondas teta, 208–210
Otimismo, 72–76
Oxitocina, 119–120,
210–212, 234–236

P

Paciência, 133–136
Paixão, 19–22, 37–40,
63–67, 249.
Consulte Impulsos
agonia da paixão, 68–71
Palpite lento, 114–118
Paradoxo do controle,
204–207
Participação igualitária,
232–236
Paul Graham, 178–182

ÍNDICE

Pensadores iluministas, 199–202

Pensamentos, 71–75
pensamentos convergentes, 149–152
pensamentos divergentes, 149–153
J. P. Guilford, 149–152
pensamentos negativos, 72–76
pensamentos positivos, 71–75
pensamentos restritivos, 71–75

Persistência, 63–66

Peter Diamandis, 65, 89–93

Pew Research Center, 103–106

PMT, 127–128

Poincaré, 150–154

Pontos fracos, 84–88

Prática de riscos regulares, 79–83

Princípio de Pareto, 123–124
regra 80/20, 123–124

Problema
cognitivo, 85–88
emocional, 85–88

Processamento consciente, 206–209

Proeminência, 159–160

Propósito, 34–36, 62–66
ajuda externa, 35
felicidade máxima, 62–64
maciçamente transformador (PMT), 35, 53–56

Propósito maciçamente transformador (PMT)
Edward Deci e Richard Ryan, 38–41

Psychology Today, 129–133

Q

QI, 62–66, 149–153

Qualidade de vida, 63–67

Quantidade de fluxo, 91–94

Quarteto de habilidades, 17–21
aprendizado, 17–19
criatividade, 17–19
fluxo, 17–19
motivação, 17–19

R

Rausch, 201–205

Recompensa postergada, 139–143
Walter Mischel, 139–141

Reconhecimento de padrões, 28–31, 109–113, 171–174

Redes, 212
rede de atenção executiva, 188–190, 212
rede de modo padrão, 178–181, 188–190, 212
rede da imaginação, 178–180
rede de proeminência, 212

Regra das 10 mil horas, 137–141
Anders Ericsson, 137–140
especialização precoce, 137–139
prática deliberada, 137–139
repetições ao extremo, 137–139

Relação sinal-ruído, 29–32

Reservatórios de energia, 82–86
segunda tentativa, 82–84

Resiliência, 26, 71–75
efeito bumerangue, 71

Ressignificação cognitiva, 84–88

Restrições de tempo, 170–174

Retenção mnemônica, 78–82

Rigor intelectual, 127–128

Risco
compartilhado, 231–235
sociais, 81–85, 224–227

RMF, 60–64

Robert Sapolsky, 226–230

Rob Schultheis, 195–198

ROI, 103–106

Rotina, 70–74

Roy Baumeister, 63–67

S

Scott Barry Kaufman, 155, 159, 171

Senso
alterado de tempo, 203–207
de controle, 233–236

Serotonina, 24, 119, 164, 206, 210

Sigmund Freud, 222–226

Sinais neuroquímicos, 22–25

Sinestesia, 74–78

Singularity University, 89–93

Sir Ken Robinson, 182–186

Sistema
de atenção executiva, 153–157
de recompensa, 25–26

Sobrecarga, 67–71

Solidão, 167–171

Sono, 87–88, 246–248
sono REM, 208–211

Steve Jobs, 226–230

Strengths Profiler, 126–128

Subconsciente, 172–174

Sucesso
de longo prazo, 57–58
público, 32–35
feedback positivo, 32–34

Supressão de repetição, 159–160

T

Técnica dos Primeiros Princípios, 101–102

Tédio, 70–74

Temperamento explosivo, 85–88

Teoria da autodeterminação, 34–36
ciência da motivação, 34–36

Teresa Amabile, 211–212
Terminologia, 109–112
Testes de aptidão, 66–70
THC, 210–212
Thomas Carlyle, 59–63
Time, 131–135
Tim Ferriss, 121–124,
177–180
Tim Ferriss Experiment,
122–124
TOC, 91–94
Tow-in surfing, 76–80
Tríade motivacional, 91–94
Turbulência emocional,
99–102

U
Übermensch, 200–204
Super-Homem, 201–204
Unidade cósmica, 196–198
Andrew Newberg,
196–198
Universidade
Americana de Beirute,
207–211
Columbia, 159–160
da Califórnia, 72–76
da Carolina do Norte, 71,
133, 170
da Pennsylvania, 60–64
de Michigan, 129–133
Johns Hopkins, 207–211
Rider, 169–173

Tufts, 84–88
Yale, 62–66
USC, 73–77

V
Vale do Silício, 225–229
Valores sociais, 221–224
Vantagem
cognitivas, 74–78
de sobrevivência, 63–66
mental, 69–73
Viés negativo do cérebro,
72–76
Vigor animal, 201–205
Vocabulário emocional,
133–136

W
Walter Mischel, 139–143
Warren Buffet, 106
William James, 12, 82, 92,
132, 153, 222
Wired, 102, 104–106
Wolfram Schultz, 117–120
Workaholic, 57–58

X
Xadrez, 82–86
X Games, 3–6, 184–186
XPRIZE Foundation, 89–93

Y
Y Combinator, 178–182
Yvon Chouinard, 41–44

Z
Zelo, 61–65
Zero
distrações, 217–221
Zero-to-Dangerous,
257–261
Zlotoff, 172–174, 243
Zona de conforto, 222–226

Projetos corporativos e edições personalizadas dentro da sua estratégia de negócio. Já pensou nisso?

Coordenação de Eventos
Viviane Paiva
viviane@altabooks.com.br

Assistente Comercial
Fillipe Amorim
vendas.corporativas@altabooks.com.br

A Alta Books tem criado experiências incríveis no meio corporativo. Com a crescente implementação da educação corporativa nas empresas, o livro entra como uma importante fonte de conhecimento. Com atendimento personalizado, conseguimos identificar as principais necessidades, e criar uma seleção de livros que podem ser utilizados de diversas maneiras, como por exemplo, para fortalecer relacionamento com suas equipes/ seus clientes. Você já utilizou o livro para alguma ação estratégica na sua empresa?

Entre em contato com nosso time para entender melhor as possibilidades de personalização e incentivo ao desenvolvimento pessoal e profissional.

PUBLIQUE
SEU LIVRO

Publique seu livro com a Alta Books.
Para mais informações envie um e-mail para: autoria@altabooks.com.br

 /altabooks   /alta-books   /altabooks   /altabooks

CONHEÇA OUTROS LIVROS DA **ALTA LIFE**

Todas as imagens são meramente ilustrativas.